中国《チャイナ》ファクターの政治社会学

台湾への影響力の浸透

川上桃子・呉介民 編
川上桃子 監訳
津村あおい 訳

白水社

中国《チャイナ》ファクターの政治社会学
——台湾への影響力の浸透

凡例

一、本書は、呉介民・蔡宏政・鄭祖邦編『吊燈裡的巨蟒：中國因素作用力與反作用力』（新北市：左岸文化出版、二〇一七年）所収の七つの論文を日本語版用に選んで編集し、翻訳したものである。ここに収められた論文はいずれも大幅に改稿されているが、初出時の表題その他の書誌情報は各章注記の冒頭に記してある。

一、監訳者による文章の補足および簡単な訳注については、すべて〔　〕で括った。

一、監訳者が付けた訳注は、＊〔1〕というかたちで番号を付し、各章末の注記に続けて掲載した。

一、人名・事項索引は監訳者が新たに作成した。

目　次

第1章　台湾における「中国《チャイナ》ファクター」

その作用と反作用

呉介民・川上桃子

はじめに

二〇一三年の末、台湾東部の台東県で、県政府の幹部にインタビューしたときのことである。筆者（呉）が腰を下ろすと、こちらが質問もしないうちに、相手は開口一番こう切り出した。

中国資本の件ですか？　それなら隣の花蓮県の県長に聞いてくださいよ。われわれ台東県政府は、花蓮県とは違って中国資本との提携や中国人観光客へのＰＲなどしていません。花蓮の人たちは中国資本に土地を売ったり、キックバックで潤ったりしていますけどね。

これに続く一時間、彼と話してわかったのは、みな県の公式サイトにあるようなことばかりだった。しかし、この幹部の最初の発言には、何かしらピンとくるものがあった。最初から「弁明」なのだ。中国資本という話題は、地方政治にとって明らかにデリケートな件だから台東は手を出さない、と先に宣言したわけである。だが、なぜこれほど急いで弁明をするのだろう。彼は何を気にしているのか。

つぎに「隠匿」である。この手の話では、しばしば話されないことにこそ物事の本質がある。台東は当時、中国人の台湾一周観光ツアーが必ず訪れる場所だった。食事、宿泊、買い物と、ビジネスチャンスは大きい。では、そういった施設を経営しているのは誰なのだろう。資本はどこからきているのだろうか。

そこで筆者は、「どこにでもある」と聞く中国資本系のホテルについて、いったいどこがそうなのか、聞いてまわった。中国人観光客相手の宝石サンゴ店の従業員が言った。「〝正典ホテル〟（仮名）のオーナーは中国資本ですよ」。そこで私はこのホテルに行ってみた。このホテルのオーナーの息子は、「うちは噂で中国資本といわれていますけれど、違うんです。いずれ、中国資本に株主に入ってもらうかもしれませんけれど。でも、〝海湾飯店〟（仮名）は五〜六年は赤字が続いていたのに、中国資本を受け入れてから中国人観光客が来るようになって、息を吹き返したそうですよ」と言う。

調査を進めているうちに、何が事実なのか、よくわからなくなってきた。ホテルの関係者らは「あっちが中国資本だ」と互いに指さすのだが、誰もそれを認めず、はっきりした証拠も見つからなかった。

太陽がきらめく静かな台湾東部の風景のなかに、ぼんやりと見え隠れする中国資本の影。真っ先に弁明する政治家たちに、腹を探られたくない企業家たち。「それ」が自分たちに影響を及ぼしていることは誰もが知っているのに、いざ聞かれると言いよどむ。「それ」と付き合うとおいしいことがあるのに、人から指をさされるのは恐い。

しかし、中国資本と手を結ぶと、なぜ指をさされるのだろうか？　その原因のひとつは、二〇〇八年の中国国民党（国民党）・馬英九政権の成立と中台関係の改善を機に、大勢の中国人団体観光客が台湾にやってきたことによって、一部の人に短期間で相当の利益がもたらされたことにある。だがその収益モデルは、政治とビジネスの癒着から生み出される特権性をもっていたり、法律のグレーゾーンをかすめるものであったりといった、人びとが眉をひそめる（あるいは羨む）ものであった。

台東は、馬英九政権期に急増した中国人観光客相手の「オール・イン・ワン」型ビジネスモデル（第二章）のなかで、「ベニサンゴのショッピングスポット」に仕立て上げられた土地だ。筆者は、中国人ツアー客向けに宝石サンゴを販売する店で働いていたという元販売員に話を聞くことができた。この女性によれば、サンゴの販売では、品物の価値をどれだけ持ち上げるかの話術がいちばん重要で、店内はまるで詐欺グループのようだったという。

中国人の団体客が来ると、表のシャッターを下ろして、中で三〇分から一時間過ごさせるんです。売り場はたくさんの高い棚で仕切られていて、出口の場所がわかりにくくなっています。売り値は高く、ティアドロップ型のベニサンゴは一つで一万～二万人民元（約一三～二六万円）、小さいものでも一つ五〇〇〇台湾元（一万三〇〇〇円）もします。アカサンゴなら普通の店では、うんと値下げして三〇〇～四〇〇台湾元（八〇〇～一一〇〇円）くらいで売られることもありますが、ここでは大きなものであれば、四〇万台湾元（一〇〇万円強）でも売れます。本物かどうかなんて私だって知らないけど、見た目には、よそで売っている偽物よりはきれいです。(1)（キックバックは）旅行社に対して五割です。旅行社がそこからガイドにキックバックを支払います。

この女性が話してくれた宝石サンゴ店の数字とルールは、もやもやして姿のつかめない中国資本の影とは対照的に、明確で具体的なものだった。中国人団体ツアーを相手とする「オール・イン・ワン」のビジネスモデルは、中国資本と台湾の地元資本が手を組んで、中国人団体観光客がもたらす経済効果を独占する利益獲得のチェーンである。そしてこれは、人には知られたくない政治・ビジネスのネットワークを形成している。いわゆる「オール・イン・ワン」のビジネスモデルは、複雑に入り組んだ政治・ビジネスネットワークの一部を成すにすぎない。

資本の流れは往々にして法の目をかいくぐろうとする。それは資本というものの本質だ。これに加えて、台湾における中国資本には政治的な色彩があり、これがその不透明さをいっそう深めている。

台湾における中国企業や中国人観光客をめぐる現象は、調査をしていけばその輪郭がみえてくる。しかしその姿は同時にあやふやで、意図的に「隠蔽」されもする。中国資本とその協力相手は、人に見られたくないし、知られたくもない。そして、研究者というものは、隠蔽されているものを見ると、かえってじっくりと調べたいという気持ちをかきたてられるものだ。本書には、この「よく見えないもの、覆い隠されているもの」を調べ、その背後にあるものを解明したいと考えた研究者たちによる七篇の論考が収録されている。

一　「中国ファクター」——概念の生成と定着

「中国ファクター」の作用と反作用

本書では、台湾の日常生活のいたるところに現れていながら、その実態が捉えがたい中国の影響力に、「中国ファクター」（〈中国因素〉）という視点を通じて光をあてていく。具体的には、馬英九政権期に急増した中国人観光客の台湾来訪、中国企業による投資、マスメディア、教科書、民間宗教といったさまざまな領域での中国の影響力についてのケーススタディをおこない、台湾社会における中国の政治的影響力の浸透がどのような構図のもとで進んできたのかをみる。二〇一六年の蔡英文政権成立後の変化も論じるが、本書においてケーススタディをおこなうなかで主に焦点をあてるのは、中国ファクターが急速に強まった馬英九政権期である。

本書でみていくように、中国の影響力は台湾社会のなかに広く浸透している。しかし、台湾社会の側に、このような圧力行使を受け止める力がないわけではない。圧力にさらされれば、しばしば抵抗が起こる。作用は反作用をともなう。

「中国ファクター」の作用が生み出す反作用のひとつの事例として、台湾の人びとによるささやかな反撃の実例をみてみよう。二〇一六年の総統選挙では、民主進歩党（民進党）候補の蔡英文が国民党候補の朱立倫を破り勝利をおさめた。蔡英文は総統就任後、中国が台湾に対して受け入れを求める「九二年コンセンサス」を認めない旨を表明した。「九二年コンセンサス」とは、一九九二年に中国と台湾の窓口機関が交わしたとされる、「一つの中国」原則をめぐる中台双方の解釈上の「コンセンサス」である。国民党・馬英九政権はこの「九二年コンセンサス」を認めることで中国との関係改善を進めた、という経緯があった[(2)]。

中国は、「九二年コンセンサス」を認めない蔡英文政権に対してさまざまな圧力を行使したが、そのひとつが「中国人観光客の『元栓を締める』」ことであった。中国からの観光客の台湾訪問は、民進党・陳水扁政権（二〇〇〇〜二〇〇八年）からの政権交代によって成立した馬英九政権のもと、二〇〇八年に開始され、二〇一四年には台湾を訪れる観光客全体の四〇％を占めるまでに増えて、台湾の観光関連業に大きなインパクトをもたらしていた。

中国政府が訪台中国人観光客を減らす方針を明らかにすると、台湾の中国寄りのメディアや利益団体、国民党系の政治家からは、蔡英文政権の姿勢を批判する声があがった。また、観光業関係者らはデモをおこなって経済的打撃の大きさを訴えた（本書第二章参照）。中国政府はさらに、「九二年コンセンサス」を支持する国民党系の地方政府の首長らを中国に招いてもてなすなど、蔡政権への圧力を強めた。

このとき、台湾の社会では、中国の圧力に対する草の根の抗議が起こった。とくに「ネット民」の自発的な行動が目立った。ユーモアにあふれたツッコミで、中国人観光客が減ると台湾経済が大きな打撃を受ける、とする「中国人観光客の経済効果論」を「論破」したのである。たとえば、台湾の代表的な中国寄りメディアとされる『中国時報』ではつぎのような報道がなされた。

〔台湾土産の定番品である〕パイナップルケーキの年間生産額は約二〇〇億台湾元であるが、現在、店頭では〔売り上げが〕二割強減少しており、通年換算では四〇～五〇億台湾元の減少となる見通しである。通常、手土産はツアー最終日の前日に台北地域で購入されるため、影響は主に台北とその周辺地域に集中するだろう。欧米客で穴埋めしようにも、欧米人はパイナップルケーキを好まないため無用な努力だ。(3)

しかし、この報道はすぐさまネット民に「論破」された。彼らは経済部の統計資料を調べたうえで、こう指摘したのだ。

台湾全体のすべてのベーカリー業界を合わせても年間売り上げは二四〇億台湾元なのに、パイナップルケーキの年間生産額が二〇〇億元？　肉まん、マントウ、パン、クッキー、太陽餅など、数えきれない種類の商品があるなかで、パイナップルケーキの比重がそんなに大きいか？（中略）経済部のデータを調べる奴なんかいないから騙せるとでも思ったの(4)？

台湾最大のネット掲示板ＰＴＴ（『批踢踢実業坊』）に書き込まれたこの文章は、フェイスブックなどのソーシャルメディアで瞬く間に拡散され、メディアで引用されて、さらに広く知られることとなった。こうしたネット民の論破は「中国人観光客の経済効果論」に対抗する反撃のひとつのパターンとなった。中国政府の圧力も、ネット民の嘲笑の前に力をなくしていったのである。

「パイナップルケーキ論争」のような、中国およびその同盟者たちと台湾のネット民のあいだの小さな攻防戦は、中国が台湾に対して行使する影響力へのごくささやかな反撃にすぎない。というのも、中国の影響力の浸透は、すでに台湾の日常生活の一部になっているからだ。たとえば、芸能界では、いわゆる「台湾独立派芸能人」と分類された俳優や歌手に対して中国政府が圧力をかける事件が幾度も起きてきた。周子瑜（ツゥイ）や戴立忍（レオン・ダイ）の謝罪事件など(5)、枚挙に暇がない。台湾では、中国からの影響力の作用と、これに対する社会の側からの反作用が、日々繰り返されているのだ。

「中国ファクター」概念の生い立ち

本書が台湾の日常生活のなかの中国の影響力を論じるうえでの手がかりとする「中国ファクター」という概念は、中国の政治的影響力の作用のなかから「認識コミュニティ」が現れ、かつこのコミュニティのなかで共有される「認識の枠組み」が創り出されるなかから立ち現れてきたものだ。この観念的なネットワークを構成するのは、知識人、市民運動家、メディア関係者などである。彼（女）らは、中国ファクターに対する認識の枠組みや分析方法を共同で創り出してきた。

台湾の公共的コミュニケーション空間において、「中国ファクター」が概念として提示されたのは、二〇〇八年の「陳雲林事件」の後のことだろう。この年に成立した国民党・馬英九政権は、二〇〇五年の中国共産党と国民党との歴史的和解を基礎として(6)、急速な対中接近政策をとった。

二〇〇八年一一月に、中国の対台湾窓口機関である海峡両岸関係協会の陳雲林会長が台湾を訪れると、行く先々で、これに反発する学生や市民らが抗議行動をおこなった。警察側は抗議者らを暴力的に制圧し、反発した学生たちが中正紀念堂で座り込みの抗議をおこなった。「野いちご学生運動」と呼ばれるこの動きは、二〇一四年に、「海峡両岸サービス貿易協定」に反対する学生たちが立法院（国会）の本会議場を二四日間にわたって占拠し、多数の市民の連帯を得て、国民党政権から一定の譲歩を引き出した「ひまわり学生運動」の源流のひとつともなった。

この運動を機に、台湾では、中国との急速な関係の深まりが台湾の民主主義にもたらす負の影響を監視する、「台湾守護民主平台」などの市民団体が生まれた。[7] また、このころから、「中国ファクター」という認識枠組みのもと、つぎにみる「海峡を跨いだ政治・ビジネスネットワーク」や「現地協力者メカニズム」といった概念が徐々に社会的に共有され、さまざまな経験的含意が蓄えられていくこととなった。

一方、台湾の社会運動の現場で「中国ファクター」がはっきりとした標語として使われるようになった最初の事例は、二〇一二年下半期に起きた「反・旺旺中時グループ運動」（第七章参照）である。中国で大規模な食品製造事業を展開する旺旺グループは、二〇〇八年以降、台湾へのUターン投資により、『中国時報』などの報道機関を買収し、その報道や言論を親中的なものに変えた。[8] さらに、ケーブルテレビ大手の買収にも乗り出した。同グループの動きに危機感を覚えた学生や市民らは、報道の自由を訴え、同グループへの抗議活動をおこなったが、このなかで「中国ファクターを直視せよ」というスローガンを前面に出した。

「中国ファクターを直視せよ」というスローガンが掲げられたことは戦略的フレーミング（strategic framing）にあたる。この抗議運動を組織した人たちによると、組織内部で一定の時間をかけて議論をしたうえで共通認識を固め、この言葉を使うことに決めたのだという。

社会運動理論からみると、「認識の枠組み」の誕生は、すなわち言説枠組み（discursive frame）の提示プロセスであり、名付けのプロセスでもある。このような枠組みが生まれてはじめて集約作用が生まれ、人びとが怒りの源を定義し、行動の主体と行動の対象を見分け、公共的なディスコースが形成される[9]。言説の枠組みがあってこそ、抵抗者は、人びとをつないだり、情報を拡散したり、集団行動を取りまとめたりすることができる。

認識と言説の枠組みがなければ、筆者が台東でのフィールド調査のなかで見聞きした、中国資本に対する含みをもたせた話しぶりについて、それは「中国ファクター」なのだ、と認識することができない。抵抗する相手を指さすことができなければ、人びとの動員はできないし、市民社会が連帯することもできない。

「中国ファクター」という言葉の誕生は、それ自体が、中国ファクターの作用に対する台湾社会の集合的な反作用の産物なのである。

「中国ファクター」概念の裾野の広がり[10]

「中国ファクター」という言葉は、右でみたその「生い立ち」からわかるように、緻密な定義を持つ学術的概念というよりは、問題のありかを探し当てるうえでの助けとなる啓蒙的な概念である。英語の学術文献でも"China factor"という用語はよく用いられるが、厳密な定義はおこなわれていない[11]。これは、いまだ発展途上の概念である。

現在、台湾の社会的な議論や学術研究のなかで使われている「中国ファクター」という言葉は、以下のような多様なアジェンダや分析アプローチを指すのに用いられている。

第一に、安全保障面での中国の影響である。具体的には、「九二年コンセンサス」と深く関係する「一つの中国」原則をめぐる問題、中国空軍機の「台湾周回」や航空母艦による台湾海峡の通過、南シナ海の島礁の主権をめぐる対立などが招く台湾の主権、安全保障、国防上の懸念などである。

第二に、政治面での影響、とくに台湾の選挙への介入である。中国は一九九六年の台湾初の総統直接選挙以来、現在にいたるまで、台湾の選挙への介入をおこなってきた。後述するように、中国は当初は軍事威嚇という直接的な手段をとったが、二〇〇四年以降は、選挙のたびに、中国で事業を展開する台湾の企業家らを動員して投票のため台湾に一時帰国させている。二〇一二年には、彼らを動員して「九二年コンセンサス」への支持を表明させるといった手法も用いられた。

第三に、経済面での影響である。台湾企業の対中投資が引き起こす台湾の産業空洞化や、中国資本による台湾への投資、いわゆる「赤いサプライチェーン」の台頭が台湾の産業や経済に与える影響などである。

第四に、アイデンティティの面でのインパクトである。台湾人と結婚した中国人配偶者の法的位置づけをめぐる問題や、「統一か独立か」をめぐる議論、台湾内での各種のナショナリズム間の競争・対立関係などである。

第五に、社会面でのインパクトである。中国人観光客の増加が台湾にもたらす影響、高校教科書の学習指導要領に相当する課程綱要の修正をめぐる議論、中国との民間信仰交流が台湾の宗教界や地方政治に引き起こすインパクトなどが挙げられる。

第六に、マスメディアへの影響である。中国で事業を展開する台湾企業による台湾メディアの買収とこれを通じた台湾の世論への影響力行使、中国政府の台湾メディアに対するステルスマーケティング、台湾メディアの中国に対する迎合や忖度といった問題である。

以上の六つの側面は、実際には相互に絡み合っている。たとえば、本書でみていくように、観光客の来訪や民間宗教交流といった社会交流は経済的なインセンティブや政治的利益を内包している。また、経済面での対中依存がもたらす影響と安全保障面での懸念という論点も、重なりあうようになってきている。

二　影響力の作用の二つのパターン

直接モデルと間接モデル

中国ファクターを論じるにあたって注目すべきもうひとつのポイントは、中国による影響力の行使が直接的なかたちをとるか、迂回的・間接的なかたちをとるか、というチャネルの違いである。

直接的な影響力行使は、権力と強制力の行使であり、何らかの政治的意図を持った直接的な行動や政策の実施を通じて、台湾の行動に影響を与え、目標を達成しようとするものである。図1-1の実線矢印で表した（A）から直接的に（D）へと至るプロセスは、これを示したものだ。

しかし、中国政府のこのような直接的な圧力行使は逆効果となり、当初のもくろみを達成できないことが多い。そのため、二〇〇〇年代半ば以降は徐々に、間接的・迂回的な圧力行使が中心になってきた（図1―1の点線矢印）。

中国ファクターがしばしば一定の認識枠組みがなければ把握できない「捉えがたさ」をもつのは、その作用がこの迂回的な経路をとることが多いからだ。この間接的な経路は、概念的には、「台湾海峡を跨いだ政治・ビジネスネットワーク」の構築（B）と台湾内での「現地協力者ネットワーク」の構築（C）という、二つの段階から成るものとして捉えられる。

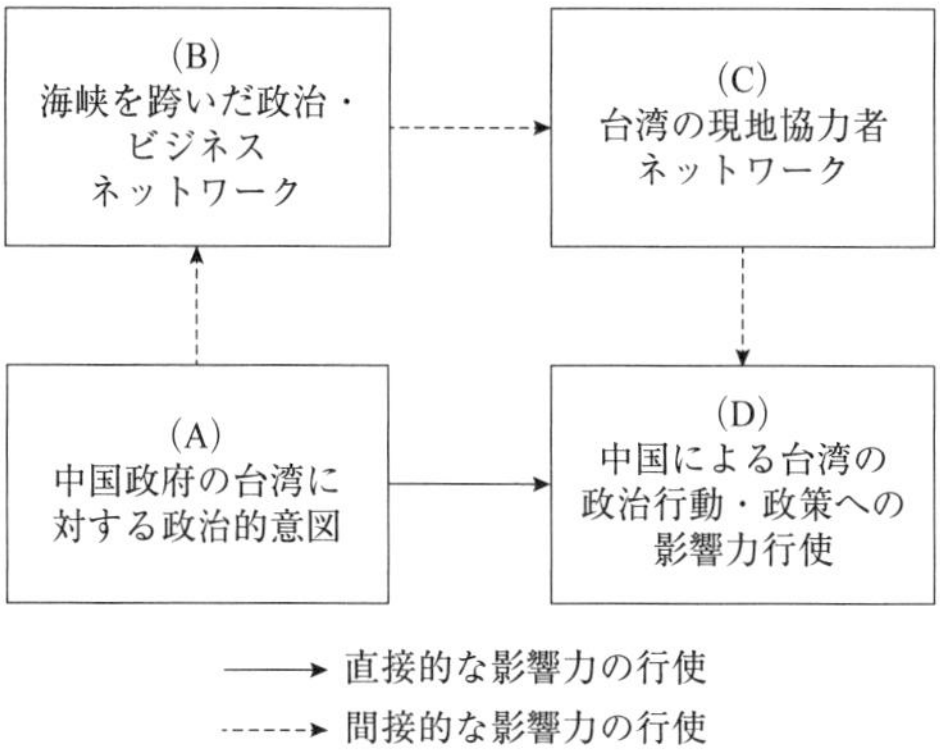

図1–1　影響力行使の直接モデルと間接モデル：
中国の台湾に対する政治的影響力の行使メカニズム
出所：筆者作成。

「台湾海峡を跨いだ政治・ビジネスネットワーク」（B）の構築は、一九九〇年代以降、台湾企業の中国での事業展開の拡大と軌を一にして、長い時間をかけて進んできた。台湾では、一九八〇年代後半に起きた台湾元の対米ドル為替レートの上昇と賃金の上昇が契機となって中国への投資が急拡大し、さまざまな規模の企業が中国に輸出拠点を設けて、生産をおこなうようになった。二〇〇〇年代以降は、輸出向けの生産に加えて中国市場での販売を目的とする投資も増加した。

中国では、各レベルの政府が企業活動に対して大きな許認可権限を持つ。そのため、中国語で「台商」と呼ばれる、中国で事業を展開する大小さまざまな規模の台湾企業とそのオーナー、経営幹部らは、中国の経済環境に適応し、政治リスクを引き下げるため、あるいは利益獲得機会へのアクセスを求めて、各レベルの党や政府の関係者たちとのあいだに協力関係を結んだ。こうして生まれた政治・ビジネスネットワークは、台湾内の政治・ビジネスネットワークとも結びついて、海峡を跨いだ広がりを獲得した。これが、（B）の「台湾海峡を跨いだ政治・ビジネスネットワーク」である。

「中国ファクター」が台湾内部で作用を及ぼすためには、これに加えて、「現地協力者」（代理人）が必要となる。現地協力者らは、海峡を跨いだ政治・ビジネスネットワークの利益の運搬者として、自らも利益を獲得する。中国側から台湾の協力者への利益の分配は、経済取引というかたちをとっておこなわれるため、表面をみただけでは、そこにある政治的動機を見極めることはできない。また、現地協力者に北京からの利益が届くのと、彼らが北京の代理人としておこなう政治的行為のあいだには、通常、時間的なギャップがある。贈答品のやり取りと同じで、このような利益の交換は、通常は同時にはおこなわれないものなのだ。しかし、台湾内に現地協力者がいることではじめて、中国ファクターは、台湾社会の奥深くにまでその作用を及ぼすことが可能になった。

この影響力行使のモデルを実際に動かすには、まず行為者の自己利益に訴えかけ、自らの利益にもとづいて、中国に依存したりその顔色をうかがうよう仕向けたりすることが必要だ。これを通じて、協力者が自らの行動を、中国政府の統一戦線工作（後述）の目標に合わせたり、絶好のタイミングで中国政府が求める政治的な行為をおこなったりするようコントロールすることができるようになる。

この間接的な影響力行使のモデルは、レーニン主義的な党国体制と国家資本主義が結びついた中国の政治経済体制の特質と密接に関わっている。このような体制のなかでは、政府による純粋な経済活動と純粋な政治的行為を切り分けるのはしばしば困難であり、区別しようとすること自体が無意味であることが多い。そして、政治行為と経済行為の直結構造は中国の国内にとどまらず、その対外的なふるまいの特徴でもある。

総統選への介入にみる直接モデルから間接モデルへの流れ

中国による台湾の総統選挙への介入のしかたには、「直接モデルから間接モデルへ」という変化の趨勢がもっともはっきり見て取れる。台湾では、一九九六年に初めて総統の直接選挙がおこなわれ、二〇二〇年までに七回の総統選挙がおこなわれた。この間、二〇〇〇年には国民党から民進党へ、二〇〇八年には民進党から国民党へ、そして二〇一六年にはふたたび国民党から民進党へと、三回の政権交代が実現した。

この間、中国政府は一貫して、さまざまな手段を講じて台湾の選挙結果に影響を及ぼそうとしてきた。その圧力のかけ方をみると、全体的な趨勢として、その主軸が直接的な圧力行使から間接的・迂回的な圧力行使へ、軍事的威圧から利益誘導型へとシフトしてきたことがわかる。

一九九六年の史上初の総統直接選挙の際には、中国はこれを混乱させようと、人民解放軍による台湾近海での軍事演習をおこなった。二〇〇〇年の選挙の直前にも、中国の朱鎔基総理が談話を発表し、台湾の人びとに民進党を支持しないよう警告した。

しかし、その後は、より間接的・迂回的な圧力行使の方法がとられるようになっている。たとえば、国務院台湾事務弁公室（国台弁）系統は、台湾の重要な選挙のたびに「台商」らを動員し、航空券の補助などを講じて、投票のための一時帰国をさせてきた（台湾には不在者投票制度がない）。

中国による台湾の選挙への介入の「代表作」が、二〇一二年の総統選である。[12] この年、国台弁は、全国台湾同胞投資企業聯誼会（台企聯）と各地の台湾企業協会（台商協会）を通じ、航空券の購入補助などを通じて、中国で働く台湾の有権者の帰台投票を奨励した。さらにこのときの選挙でもっとも注目を集めたのは、投票日の数週間前の二〇一一年一二月、中国で事業を展開する台湾のビジネスグループのオーナーや経営者たちが、つぎつぎに記者会見や新聞の意見広告などを通じて「九二年コンセンサス」の支持を表明したことだ。二〇一二年の選挙についての一連の研究は、いずれも「九二年コンセンサス」の論点化が選挙結果に影響を及ぼし、国民党から出馬した馬英九に有利に働いたことを実証している。[13]

また、本書の第二章でみるように、二〇一六年の総統選挙と蔡英文政権の発足の際には、中国は、中国人観光客の台湾ツアーを引き締め、台湾の観光業関係者らがデモをする事態となったが、これもまた、中国による「以商囲政」（ビジネスによって政治を囲い込む）戦略の典型的な事例である。

三　台湾にみる「中国ファクター」――本書の着眼点と内容

尖鋭的な事例としての台湾

中国の巨大な存在感は、周辺の国や地域に大きなインパクトを与えている。しかし、中国からの圧力という点で、台湾の事例は、世界の大部分の国が直面する状況とは大きく異なる。

中国共産党による「統一戦線工作」とは、コミンテルンを中心とした国際共産主義運動の「統一戦線」概念を独自に発展させたもので、共通の敵を倒すために、異なる政治勢力が合同・連携することを主張する。中国は、台湾に対して全面的に領有権を主張し、台湾を「核心的利益」とみなし、台湾に対して非常に活発な統一戦線工作を展開しているのだ。

さらに、台湾の経済が、一九九〇年代以来、中国の経済システムのなかに高度に統合、ないし吸収されてきたことが、中国の影響力行使のありかたに大きな影響を与えている。台湾にとって中国は、生産拠点としても市場としても重要性が著しく高い。その経済面での対中依存度は、ほかの周辺諸国と比べて顕著に高く、中台間の人的交流もきわめて盛んだ。台湾の人口は約二三〇〇万人だが、仕事のために中国に滞在している人の数は、主計総処のデータによると、二〇一八年の時点で四〇万人にのぼった。

中国の「台湾統一」という政治目標と、中台間の緊密な経済的・社会的結びつきがあいまって、台湾における中国ファクターは、他国には見られない尖鋭性を帯びている。

なかでも注目すべき点は、台湾における現地協力者のネットワークの広がりだ。現地協力者のネットワークは、台湾のさまざまな分野に張り巡らされている。中国は、一部の台湾企業家や政治家に特別な配慮や優遇を与え、彼（女）らを台湾における「協力者」または「政治代理人」としている。また、中国で投資や事業をおこなう台湾企業やそのオーナー、経営幹部たちといった、いわゆる「台商」のなか

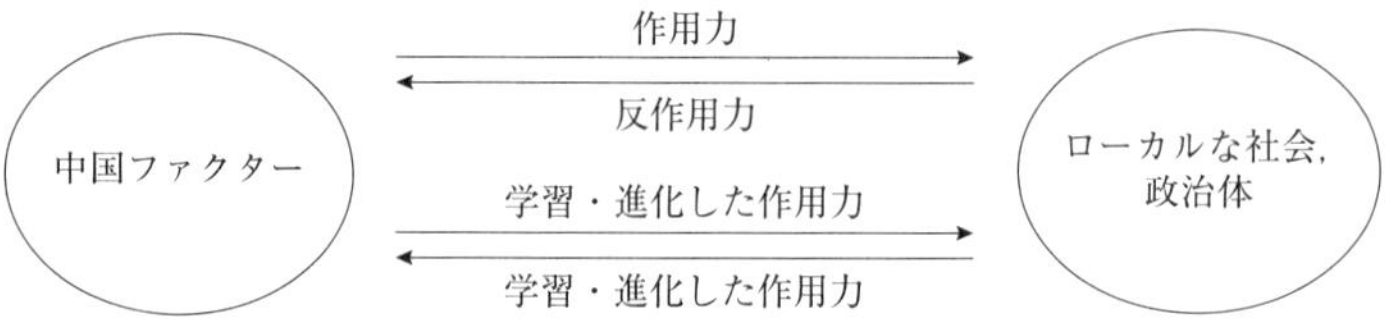

図 1–2　中国ファクターの作用と反作用が織りなすサイクル

出所：筆者作成。

でも、中台双方にまたがって事業を展開する大型企業の関係者らは、早い時期から中国による影響力行使の対象となってきた。メディア産業では親中派メディアが、中国人観光客相手のビジネスでは観光業関連団体や一部の政治家が、現地協力者の役割を果たしている。中国資本を誘致する政財界の名士の集まりや企業家団体、地方の政治勢力も、中国側が台湾に圧力をかけたり影響力を及ぼしたりするなかで、「代理人」の役割を演じている。

作用と反作用が織りなすサイクル

とはいえ、中国ファクターの実質的な効果は、中国と台湾それぞれの政治経済情勢や社会の動向と密接に関連しており、状況が変われればその効果も膨らんだりしぼんだりする。

中国ファクターが台湾社会に対して効果を発揮すると、社会の側の警戒心と反発が引き起こされる。台湾社会の抵抗は、中国政府とその現地協力者の学習を引き起こし、それにより中国ファクターの作用も進化する。その力がふたたび台湾社会にかかると、社会の側は、いっそう進化したパワーと手法でこれに対抗する。同時に、反作用の発生が、中国ファクターのありかたの進化を引き起こしもする。中国ファクターの作用とこれに対する抵抗としての反作用のあいだには、循環的な相互作用の関係があるのだ（図1–2参照）。

延々と続く応酬のなかで、中国ファクターは自ら学習し進化しなければ、すぐに退化したり縮小したりしてしまう。同様に、台湾社会の側も、中国ファクターの作用のありかたを学習し、新たな抵抗の手法を編み出さなければ、中国ファクターに取り込まれてしまう。

台湾の市民社会の抵抗は、台湾の民主主義の後退をおしとどめ、その主権が中国に脅かされているという現実を際立たせる効果を持っている。しかしそれは同時に、中国ファクターの側の学習と進化も引き起こす。二〇一四年の「ひまわり学生運動」の後、中国政府は統一戦線工作の重点を台湾の若い世代に移し、台湾の若者の中国での進学、就職、起業などに「優遇措置」を与えることで、彼（女）らを中国に呼び込もうとする政策を開始した。これは、「台湾への利益供与」という古いロジックのなかでの堂々巡りではあるが、手法としては新しく、中国政府が対台湾戦略の方針に調整を加えていることがうかがえる。

実際、二〇一八年にかけて、台湾の若者のあいだでは中国での進学やインターンシップ、就職への関心が高まった。しかし、二〇一九年に香港情勢が緊迫化し、台湾社会の対中観が悪化すると、中国による若者の優遇策は、その吸引力を失った(14)。

台湾に対する中国の働きかけは、その対象を、経済面での対中依存、価値観の面での中国の受け入れへと誘導しつつ、なるべく自らの痕跡を隠し、人びとの意識から逃れて日常生活のなかに溶け込もうとしている。この統一戦線工作は白昼堂々とおこなわれている営みでありながら、同時に、直視され、見抜かれ、研究の対象として取り上げられることを嫌う。統一戦線工作の最高の境地というのは、人びとを政治的不感症にし、その依存関係のなかにある政治的要素に疑念を抱いたりしないような状況をつくりだすことにあるからだ。中国の台湾への働きかけのバージョンアップと、これを見破り、対抗しようとする台湾側の反撃のバージョンアップのあいだの力比べは、現在進行形で日々続いている。

本書の内容と構成

新型コロナウイルス感染症の拡大によって観光客の受け入れが全面的に停止されるまで、台湾の著名な観光スポットでは、多数の中国人観光客が、買い物や写真撮影を楽しんでいた。その彼ら、彼女らの姿から、台北のランドマークタワー「一〇一ビル」のなかに拠点を構える中国の大企業のオフィスまで。人びとが日々触れる新聞やテレビの報道から、高校の教科書の歴史記述、生活に深く根づいた民間信仰にいたるまで。眼をこらせば、台湾の日常風景のなかに、中国の政治経済的な影響力は広く深く浸透してきた。

本書には、台湾社会のなかに広がる中国ファクターを、その台湾側の協力者に光をあてつつ論じた六つの事例研究が収められている。

第二章と第三章では、中国の台湾取り込み策の代表的な事例であり、かつ中国が台湾に圧力を加える際のカードのひとつとされてきた中国人観光客ビジネスを取り上げる。第二章では、中国政府による「観光を通じた統一戦線工作」の展開のなかで生まれた、中国人観光客相手の政治・ビジネスネットワークをみる。第三章は、米国人研究者が、中国人観光客の八日間の台湾一周ツアーに参加するなかで目の当たりにした「台湾を中国国内観光に組み込むパフォーマンスの脚本」を描き出す。このなかでは、中国による「観光を通じた統一戦線工作」に呼応するかのように、台湾側にも「統一のために買い物をしよう」という逆説的な言説が生まれていることが描かれている。

第四章では、中国企業の台湾進出をとりまく台湾側の協力ネットワークをみる。市場規模が小さく、中国からの投資に対する規制が幾重にも存在する台湾に、なぜ一部の中国企業はわざわざ進出してきたのか。その動機をみていくなかで、投資という経済行動に付随する政治的動機や政治・ビジネスネットワークの形成などを浮かび上がらせる。

第五章では、福建省と台湾に広がる媽祖信仰を事例として、「宗教を通じた統一戦線工作」の展開をみる。中国側、台湾側の媽祖信仰コミュニティが互いとの交流のなかにさまざまな利益を見いだし結びつきを深めたこと、交流をめぐる両者の思惑が一致するなかから、海峡を越えた一種の政治経済複合体が生まれたことが論じられる。

第六章では、台湾の教科書問題にみる中国ファクターを論じる。教科書問題は長年にわたって、台湾における政治的対立の焦点のひとつとなってきた。この章では、高校の教科書の学習指導要領にあたる課程綱要をめぐる対立において、中国ナショナリズムに近いイデオロギーを持ち、台湾に焦点をあてた記述内容を削減するよう主張する勢力に着目し、そこには利益的な動機があるのか、それとも純粋にイデオロギー的なインセンティブにもとづいているのか、という問いをみていく。

第七章では、米国・中国・台湾の三者間関係の地政学に視野を広げ、台湾における報道の自由の歴史をさかのぼり、台湾のマスメディアが大国のはざまでいかに生き残りを図ってきたかを振り返る。

なお、中国や台湾では、台湾海峡をはさんだ中台間の関係を「両岸関係」と表現することが多い。この二つの表現には微妙なニュアンスの違いがあるが、本書の各章では、「中台関係」とほぼ同義の言葉として「両岸関係」を用いる。

注記

＊ 本章は、呉介民「中國因素作用力與反作用力」（呉介民・蔡宏政・鄭祖邦編『吊燈裡的巨蟒：中國因素作用力與反作用力』新北市：左岸文化出版、二〇一七年、二一～八五頁）を本書収録用に再構成し、大幅に加筆・修正したものである。

（1） 二〇一二年の為替レート（年平均値）で、一人民元は一二・五円、一台湾元は二・六七円であった。

（2） 小笠原欣幸「馬英九政権の八年を回顧する」松田康博・清水麗編『現代台湾の政治経済と中台関係』（晃洋書房、二〇一八年）。

（3） 「陸客減、吃住生意差很有感、鳳梨酥少五十億、飯店減薪裁員」『中國時報』（二〇一六年八月二五日）〈http://www.chinatimes.com/newspapers/20160825000406-260102〉。

（4） 批踢踢實業坊（二〇一六年八月二五日一二時一九分）。なお、経済部統計処のデータによれば、二〇一五年のベーカリー業の売上額は約二七〇億台湾元であり、ネット掲示板中の数値も正確ではないが、『中国時報』の報道よりは実際のデータに近い。

（5） 二〇一六年一月、韓国のアイドルグループの台湾人メンバーである周子瑜（ツゥイ）が、配信動画のなかで中華民国の国旗を手に持った。このシーンをみた中国のネットユーザーがこれを強く非難し、韓国のマネジメント会社が、ツゥイに「海峡両岸は一つであり、私は中国人であることを誇りに思う」と謝罪させた。この謝罪会見がおこなわれたのが台湾の総統選挙の前日というタイミングであったこともあって、その様子はインターネットを通じて瞬く間に広がり、台湾の有権者のあいだに、対中融和策をとる国民党に対する反発が広がり、民進党の得票増に寄与したといわれている。小笠原は、国民党敗北の大勢はすでに決していたため、この事件が選挙結果に大きな影響を及ぼしたとは確認できないと指摘しているが（小笠原欣幸『台湾総統選挙』晃洋書房、二〇一九年、一八四頁）、この事件は、中国を市場とする台湾の芸能人たちがしばしば迫られる政治的な踏み絵を可視化することになり、台湾社会の「反作用」を引き起こしたできごとのひとつである。

（6）たとえば、呉介民「中國因素與台灣民主」『思想』一一（二〇〇九年）、一四一～一五七頁、林倖妃「報告主任、我們買了『中時』」『天下雜誌』四一六（二〇〇九年二月二五日）、三六頁などを参照。後者は中国ファクターという概念を用いてはいないが、「台商」の台湾マスメディアに対する影響力を論じている。

（7）台湾守護民主平台は二〇一三年四月に「自由人宣言」を発表し、「国際人権規約」にもとづき台湾と中国の関係を再構築することを提唱し、双方の人民が政治的な相互信頼を築くまではいかなる政治交渉や話し合いにも反対するという立場を表明した。

（8）詳しくは、川上桃子「反『旺中グループ』運動が問いかけるもの」（アジア経済研究所海外研究員レポート、二〇一二年九月）を参照。

（9）Doug McAdam et al. (eds.), *Comparative Perspectives on Social Movements: Political Opportunities, Mobilizing Structures, and Cultural Framings*（Cambridge: Cambridge University Press, 1996）; Robert Benford, and David Snow, "Framing Processes and Social Movements: An Overview and Assessment," *Annual Review of Sociology* 26 (2010), pp. 611–39; David Snow, "Framing Processes, Ideology, and Discursive Fields," in David A. Snow, Sarah A. Soule, and Hanspeter Kriesi, *The Blackwell Companion to Social Movements*（Malden, Mass.: Blackwell Publishing, 2004）, pp. 380–412.

（10）本項の記述の一部は、呉介民（平井新訳）「『太陽花運動』への道——台湾市民社会の中国要因に対する抵抗」『日本台湾学会報』第一七号（二〇一五年九月）、一～三七頁、呉介民「政治ゲームとしてのビジネス　台湾企業の政治的役割をめぐって」園田茂人・蕭新煌編著『チャイナ・リスクといかに向きあうか——日韓台の企業の挑戦』（東京大学出版会、二〇一六年）に依拠する。訳出にあっても、これらの訳文を参照した。

（11）たとえば、Chan Che-Po and Beatrice Leung, "The Voting Propensity of Hong Kong Christians: Individual Disposition, Church Influence, and the China Factor," *Journal for the Scientific Study of Religion* 39 (3) (2000), pp. 297–306; Lowell Dittmer, "Taiwan's Aim-Inhibited Quest for Identity and the China Factor," *Journal of Asian and African Studies* 40 (1–2) (2005), pp. 71–90; Emerson Niou, "The China Factor in Taiwanese Politics," Paper presented at the conference of Democracy and Diplomacy in East Asia hosted by University of Tokyo（2011）など。

（12）松本充豊「『両岸三党』政治とクライアンテリズム――中国の影響力メカニズムの比較政治学的分析」川上桃子・松本はる香編『中台関係のダイナミズムと台湾』（アジア経済研究所、二〇一九年）、三一～七九頁も参照。

（13）湯晏甄「『兩岸關係因素』真的影響了二〇一二年的台灣總統大選嗎?」『臺灣民主季刊』一〇（三）（二〇一三年）、九一～一三〇頁、蒙志成「『九二共識』對二〇一二年台灣總統大選的議題效果：『傾向分數配對法』的應用與實證估算」『選舉研究』二一（一）（二〇一四年）、一～四五頁、呉介民・廖美「從統獨到中國因素――政治認同變動對投票行為的影響」『台灣社會學』二九（二〇一五年）、八七～一三〇頁を参照。

（14）詳しくは、川上桃子「『繁栄と自立のディレンマ』の構図と蔡英文再選――対中経済関係の視点から」佐藤幸人・小笠原欣幸・松田康博・川上桃子著『蔡英文再選――二〇二〇年台湾総統選挙と第二期蔡政権の課題』（アジア経済研究所、二〇二〇年）、八一～九九頁を参照。

第2章　中国人観光客のポリティカルエコノミー

蔡宏政

はじめに

二〇一六年に発足した民主進歩党（民進党）の蔡英文政権は、中国が受け入れを求める「九二年コンセンサス」（本書の第一章参照）と「一つの中国」原則を認めていない。そのため中国は、さまざまな手立てを使って同政権に対し圧力を加えてきた。

その代表的な事例が、台湾への観光客の送り出しの抑制である。二〇一五年に年間四一八万人に達した中国人観光客の数は、蔡英文政権が発足した二〇一六年に三五九万人、二〇一七年には二七三万人にまで減少した。

中国によるこの「ペナルティ」を受けて、台湾の観光業関連の業界団体は、二〇一六年九月に総統府前で大規模なデモをおこない、窮状を訴えた。デモの主催者らは、中国人観光客の減少の余波が、各種店舗のほか、バスの運転手や観光ガイド、宿泊施設、クリーニング業者、土産物屋、観光地の露店といった広範な層に及んでいると訴えた。また、行政院がこの事態への対応策として三〇〇億台湾元（一〇〇〇億円強）規模の優遇ローンや減税措置、観光産業高度化プランなどを策定したことについては、「気持ちはありがたいが、金ではなく客がほしい」と述べた(1)。

しかし、台湾を訪れる中国人観光客の数が中国政府の手中に握られている以上、「客がほしい」という彼らの訴えの背後にあるロジックは、「台湾人が十分な就業機会を求めるなら、中国政府の機嫌を損ねてはならない」ということになる。ここには、第一章で論じられた「中国《チャイナ》ファクター」の性格が、あますところなくあらわれている。

本章では、馬英九政権期に急拡大した中国人の台湾観光をめぐるビジネス（中国人観光客ビジネス）が、中国による明確な戦略目標と綿密に練られたプロセスに沿った政治目的のもとでおこなわれてきたこと、これこそが「ビジネスを通じた統一戦線工作」の本質であることを論じる。台湾の観光業関係者らの陳情と抗議は、この統一戦線工作の成果をはっきり示すものだ。社会間の自由な往来のようにみえるものが、長い時間をかけて、台湾社会の将来の選択肢を狭めていく。中国人観光客による台湾観光の独特のビジネスモデルは、自然に形成されたものではなく、経済交流の上部に位置する政治プロセスが細心の注意を払ってつくりだしたものなのである。

以下ではまず、中国の海外観光旅行政策の展開を概観したあと、台湾への観光客が馬英九政権期に急増したプロセスをみる。また、蔡英文政権の成立後の変化にも触れる（第一節）。つぎに、中国人観光客ビジネスの構造をみる。中国では国務院が直接許可したツアー催行会社だけが訪台観光を扱うことができ、この独占状態が売り手市場の形成につながっていること、このような状況のもとで台湾側のランドオペレーター*[1]は、安値競争に追い込まれていることを指摘する（第二節）。第三節では、観光客の送り出しを通じた「ビジネスを通じた統一戦線工作」が台湾にもたらした政治的効果を論じ、台湾社会に不満が蓄積された背景を考察する。

なお、中国から台湾への観光旅行には、二〇〇八年に開始された団体ツアーと、二〇一一年に開始された個人旅行という二つの類型がある。個人旅行による訪問者数は、二〇一二年の一九万人から二〇一四年には一一八万人まで拡大した。ただし、本章での議論にあたっては、後述する「オール・イン・ワン」のビジネスモデルのありかたが顕著な団体観光旅行に焦点をあてる。

一　「中国人観光客ビジネス」の成立――メカニズムと政治目的

中国による観光政策とそのポリティクス

『フィナンシャル・タイムズ』紙の北京支局長であったリチャード・マクレガーは、中国の政治システムのなかで、共産党は自らを、政治の全体像を見渡すパノプティコン（円形刑務所の監視塔）の位置に置き、すべての国家アクターおよび非国家アクターを、相手からは見えないところから監視している、と指摘する。また、北京人民大学のある教授の言葉を引用して、「党は神のようだ。あらゆるところに存在するが、あなたからは見えない」とも書いている[2]。

レーニン主義的党国体制のもとで、党（中国共産党）は軍と政治を統制し、同時に各レベルの政府の統制を通じて、市場と社会を全面的に制御している。中国では、政府、市場、社会の作動ロジックはほとんど切り分けられない。本章が扱う台湾への観光旅行という経済行為もまた、台湾に対する政治行動にほかならない。

改革開放に先立つ毛沢東時代の中国では、旅行は資本家階級の贅沢な浪費的行動であるとされた。人の移動もまた、戸籍制度のもとで厳しく管理されていた。したがって、人びとには、海外旅行はおろか、国内旅行でさえもほとんど許されていなかったのである。一九六四年に、外交部の傘下に中国旅行遊覧事業管理局が設立されたが、その主な任務は、外交の一環として海外からの来客を接待することであった。

一九七〇年代末に改革開放政策が始まると、外国からのインバウンドの観光客は、重要な外貨の収入源とみなされるようになった。アウトバウンド旅行に関しては、二〇〇二年に「中国公民出国旅行管理弁法」が施行されて以降、観光旅行での渡航先が徐々に開放されるようになった。ただし、同法第二条では、どの国向けの渡航を開放し、渡航先でいかなる活動をしてよいかについては、すべて国務院の審査・許可が必要であることが、つぎのように定められている。

外国旅行の目的地国は、国務院の観光旅行行政部門により同院関連部門と共同で提示され、同院の批准を受けて同観光旅行行政部門が公布する。

いかなる組織と個人も、中国国民を組織し、国務院観光旅行行政部門が公布する出国旅行目的地国家以外の国家に観光のため送り出してはならない。中国国民を組織して国務院の公布する出国旅行目的地国家以外の国家にスポーツ活動や文化活動など、一時的で特定プロジェクト型の旅行をおこなう際は、国務院観光旅行行政部門の批准を受けなければならない。

同法第六条ではさらに、中央、省、自治区、直轄市は、海外旅行者の送り出し人数をコントロールできることが定められている。この権限は主に国務院が握っている。

国務院観光旅行行政部門は前年度の全国入国観光旅行の実績、出国目的地の増加状況および出国観光の発展状況にもとづき、毎年二月末までに当該年度の出国観光旅行取扱の総数を確定し、省、自治区、直轄市の観光旅行行政部門に通達する。

省、自治区、直轄市の観光旅行行政部門は当該行政区域内の各取扱事業者の前年度の入国観光旅行の実績、経営能力、サービスの質にもとづき、公平、公正、公開の原則のもと、毎年三月末までに当該年度出国観光旅行の各事業者取扱割当数を審査・認可する。

国務院旅行行政部門は省、自治区、直轄市の旅行行政部門が許可した取扱事業者の年度出国観光旅行人数の割当と中国国民出国観光旅行取扱の状況について監督しなければならない。

中国では、インバウンドの外国人観光客は重要な外貨収入源とみなされる一方で、アウトバウンドの外国旅行は外貨流失をもたらすものとみなされてきた。国務院による観光客のマクロ調整には、この外国渡航による外貨の損失と外国人観光客の来訪による外貨収入のあいだのバランスをとるという重要な目的がある。そのため、ツアー催行会社に割り当てられるアウトバウンドの旅行客の数は、必ず「前年度の外国人受け入れ実績」に応じて決められる。

このような状況のもとで、中国政府が、ある国への自国民の外国旅行の渡航先を新たに開放したり、旅行客の数の割り当てを増やしたりすることを、相手国に対する利益供与とみなすのは自然の成り行きである。このような発想はまた、利益供与の投資利回りを最大化しようとする戦略にもつながる。相手先への最小限の「観光を通じた経済支援」でもって政治目的を達成しようとする戦略は、台湾の中国人団体観光ツアーの「オール・イン・ワン」のビジネスモデルの背後にある政治ロジックでもある。

このように、中国の観光政策では、国民の観光旅行の行先として開放する国、旅行客の数、渡航先での活動は、すべて政府が審査・許可し、政府の政治行動と足並みをそろえている。海外観光旅行という、民主主義諸国では市民の経済行為とみなされる営みが、中国のレーニン主義的権威主義体制のもとでは政治の延長線上に位置づけられているのだ。

たとえば中国は、一九九〇年代に、中国・ＡＳＥＡＮ自由貿易地域の成立を念頭に、東南アジア、韓国、日本、オーストラリアを渡航先として開放し、当時の「ＡＳＥＡＮプラス３」の経済的影響力を高めようとした。一方、二〇〇四年に最終交渉に入った「中国・カナダ観光協定」の交渉は、結局物別れに終わったが、これは、カナダのポール・マーティン首相がダライ・ラマと会見したことや、カナダ政府が、遠華密輸事件という中国の大型脱税事件の主犯格だった頼昌星の中国への引き渡しを拒否した〔のちに強制送還をおこなった〕ことが原因になったとみられる。

台湾における中国人観光客の受け入れの歴史

中国の台湾に対する「観光を通じた統一戦線工作」の最終的な目標は、台湾の対中経済依存関係をつくりだすこと、すなわち短期的には経済をてこに台湾に対して政治的影響力を行使し、長期的には経済上の実質的統一に持ち込むことにある。したがって、台湾向けの観光政策においては、厳格な行政コントロールを通じて、中国人観光客の送り出しを通じた台湾の対中経済依存を確実につくりださねばならない。

このような戦略的目標のもと、中国は、民進党政権の時代（二〇〇〇〜二〇〇八年）には台湾に対してあからさまに冷たい観光政策をとった。一方、二〇〇八年に馬英九が総統に就任すると、中国人観光客は爆発的な成長をみせることとなった。

【陳水扁政権期、二〇〇〇〜二〇〇八年】

台湾では、二〇〇〇年代初頭、ＩＴバブルの崩壊によって経済情勢が悪化した。当時の民進党・陳水扁政権は、観光客の倍増計画を通じて経済のてこ入れを図ろうとした。二〇〇一年一一月には「開放大陸地区人民来台観光推動法案」を閣議決定し、中国人の台湾観光訪問への門戸を開いた。

しかし、中国側は、自国民の台湾訪問が台湾側にもたらす経済的メリットを民進党政権の手柄にすることを望まなかった。そのため、この時期の中国からの来訪者数は年間二〇万〜三〇万人程度にとどまった。[*2] この数は香港・マカオからの観光客より少なく、その経済効果は限られたものだった。

二〇〇四年の総統選挙で陳水扁が再選されると、胡錦濤政権は、二〇〇五年三月に「反国家分裂法」

を制定した。同時に、胡錦濤政権は同年四月に、総統選挙で陳水扁に敗れた連戦・中国国民党（国民党）主席を中国に招き、国共内戦から五十年強にして初めて、共産党・国民党の領袖会談をおこなった。中国側はこの会談の後に、中国人の台湾観光旅行の解禁という台湾にとってメリットのあるニュースを発表した。

二〇〇六年四月には連戦が二度目の訪中をおこない、北京側はそれを受けて「大陸居民赴台湾地区旅遊管理弁法」を発布した。同時に、観光をめぐる実務交渉においては避けられない公権力の行使にかかわることがらについては、台湾とのあいだで「国家間」の関係が生じないよう、中国側は海峡両岸旅遊交流協会（海旅会）、台湾側は台湾海峡両岸観光旅遊協会（台旅会）を設置して、これに委託するかたちでおこなうという形式が整えられた。

以上のように中国側は、自国民の台湾観光旅行の解禁という台湾にメリットをもたらすニュースの発表を、統一寄りの国民党におこなわせた。ここには「ビジネスを通じた統一戦線工作」の論理が明白にあらわれている。

【馬英九政権期、二〇〇八～二〇一六年】

二〇〇八年には、国民党・馬英九政権が成立した。政権交代により、中国にとっての政治的タブーが取り除かれると、中国による「（台湾に）経済的利益を譲り、代わって政治的譲歩を得る」という戦略のもと、中国人観光客の台湾訪問は急速な発展を開始した。

二〇〇八年六月には台湾への団体観光ツアーが解禁され、七月四日には訪台ツアーの第一弾がやって

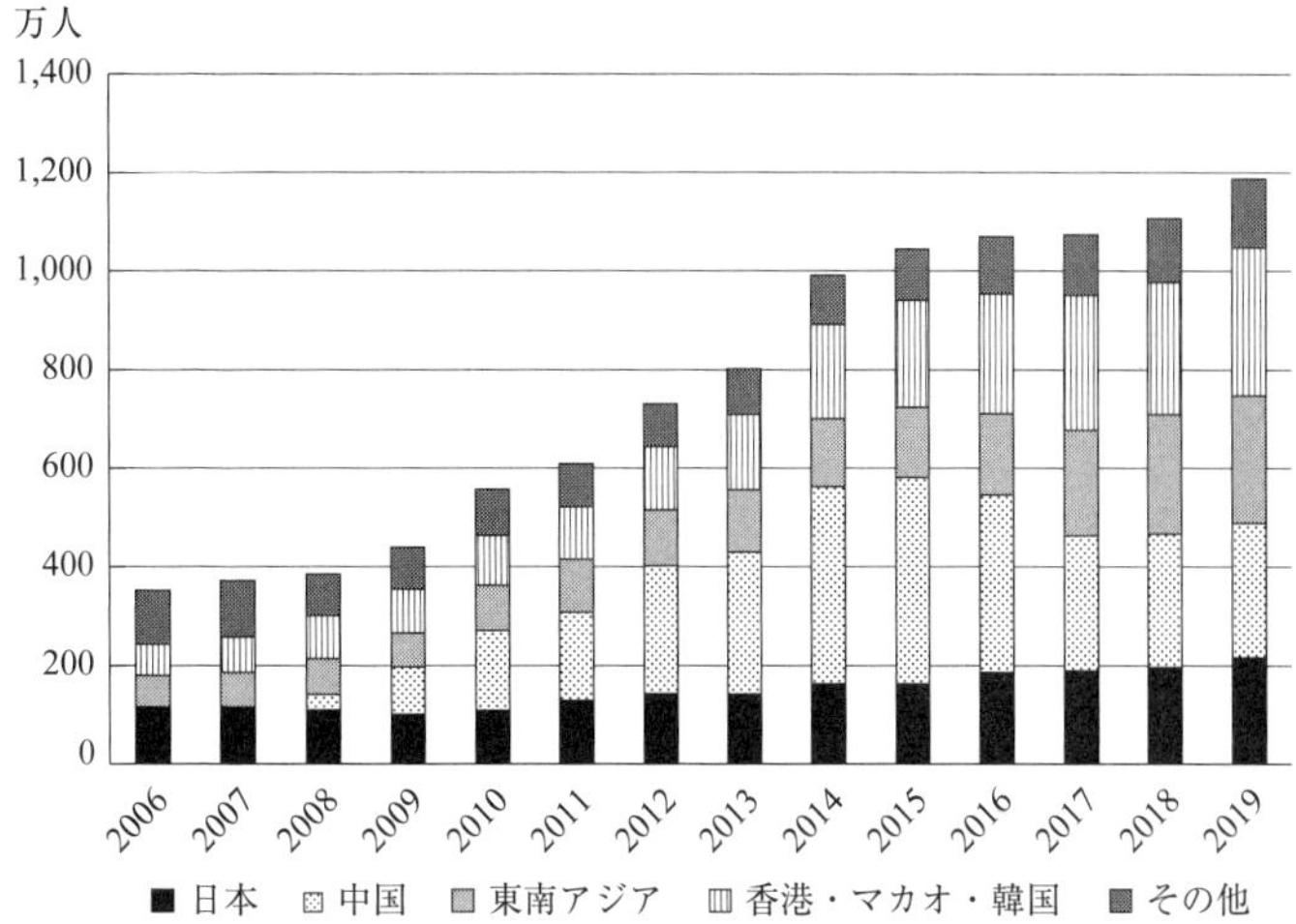

図 2–1　台湾への来訪者数の国別推移
出所：交通部観光局のデータより筆者作成。

きた。一連の流れは一気呵成に進み、中国人観光客の数は二〇〇八年の約三三万人から翌年には約九七万人に急増した。二〇一一年からは個人旅行も開放された。二〇一四年には、中国人観光客の数は約三九九万人と、台湾を訪れる観光客全体の四割以上を占めるまでに成長し、第二〜四位の日本、香港・マカオ、東南アジアをはるかに上回るようになった（図2−1参照）。

中国人観光客の急速な受け入れ拡大を正当化するため、国民党系シンクタンクはつぎのようにうたった。

観光協会の推計では、台湾が一日あたり三〇〇〇人の中国人観光客を受け入れれば、年間で一〇〇万人になる。一人あたりの滞在日数が平均七〜一〇日、台湾での消費額が五万台湾元（航空運賃は含まず）とすれば、台湾の観光業への直接的貢献は約五〇〇億台湾元である。さらに消費の乗数効果を見込むと、台湾のサービス業の生産額を、少なくとも一〇〇〇億台湾元以上、増加させる[3]。

この数字は当該年のGDPの〇・八％に相当する。そしてこの対GDP比率はその後、膨れ上がっていく。『中国時報』系列の『旺報』の社説によれば、中国人観光客は「二〇〇八年にわずか三二万九〇〇〇人だったのが、二〇一四年には三九八万七〇〇〇人へと、一〇倍以上に成長した。経済効果をみると、単純計算で、およそ四七四五億台湾元の観光外貨収入をもたらしており、これは対GDP比で三％近くになる[4]」。

しかし、この数字を逆算してみると、中国人観光客が七泊八日の台湾一周ツアーをすると仮定し、為替レートを一米ドル三〇台湾元として、中国人観光客が一人あたり一日平均四九六米ドルを消費する、という想定にたっていることがわかる。これは、政府統計による中国人観光客の平均消費額の一・八八倍だ。この明らかに実体のない宣伝は、『中国時報』が中国ファクターのメカニズムのなかで果たしている「現地協力者」としての役割を示す典型的な事例であり、中国による「観光を通じた統一戦線工作」の成果の明確な証左でもある。

【蔡英文政権期、二〇一六年〜】

二〇一六年一月の総統選挙では、民進党の蔡英文が勝利をおさめた。中国からの観光客は、同年五月以降、減少しはじめた。台湾政府は、省庁を越えた会議を開催して、観光関連の業界や中国人観光客の減少から大きな打撃を受ける地域に対し、影響の緩和策や構造改革のための措置を講じた。また、東南アジア諸国に対するビザ免除措置を強化したり、日本や韓国からの観光客誘致策を講じたりもした。このような努力もあって、先の図2–1にみられるように、中国人観光客の減少分は、日本や韓国、東南アジアなどからの観光客の増加によってほぼ埋め合わされていた。中国人観光客の占める比率は、最大時の約四割から二三％（二〇一九年）に低下し、代わって東南アジア（二〇一九年に二二％）や日本（同一八％）の比率が伸びている。

中国政府はまた、二〇二〇年一月の総統選挙を間近に控えた二〇一九年八月に、台湾への自由旅行を全面的に禁止し、ツアー客の数も削減した。さらには、二〇〇一年に開始された福建省アモイと台湾の離島間の定期船運航による「小三通」観光も禁止して、総統選挙への影響力を行使しようとした。しかし、二〇二〇年の総統選挙の結果からわかるように、このときに人びとが感じた「亡国感」[*3]は、観光客がもたらす経済利益の吸引力をはるかに上回るものであった。

二　中国人観光客ビジネスにおける利益の配分

ビジネスを通じた統一戦線工作

馬英九政権期に実現した中国人観光客の急増により、台湾は、夢にみた中国という巨大市場の獲得を現実のものにすることができたのだろうか。はたして台湾は、中国人観光客からどのくらいの利益を得ることができたのか。その利益を手にしたのは誰なのだろう。

もし台湾が中国人観光客の来訪から多大な経済利益を受けていたのなら、なぜ二〇一四年の「ひまわり学生運動」はあれほど大きなうねりとなったのだろう。国民党はなぜ、二〇一五年秋の統一地方選挙および二〇一六年の総統選挙・立法委員（国会議員）選挙で、敗北することになったのだろうか。

筆者がインタビューした旅行業者によると、二〇〇八年に台湾旅行が開放された直後にやってきた中国人団体観光客は、公務ツアーや視察団がほとんどで、買い物代も含め、そのツアー代は経費でまかなわれていた。しかも、彼らは初めて訪れる台湾を新鮮に感じ、その購買力は予想を上回るものだった。

たしかに、このような消費のパターンと水準で受け入れの規模が拡大すれば、商機は無限だと思われた。こうして、馬英九政権の政治的志向と、観光業者の利益に対する期待のもと、中国人観光客の数は急増した。しかし、その後の展開は、台湾側の旅行業者たちが期待したようには進まなかった。中国のレーニン主義的権威主義体制に、「ビジネスを通じた統一戦線工作」が加わったからである。具体的にみていこう。

中国側の送り出し業者の寡占的構造

中国では、一九八四年に海外旅行の取扱権が権限下放されるまで、海外旅行の取り扱いは実質的に、中国国際旅行社総社（前身は国務院直轄）、中国旅行社総社（元・華僑服務旅行社）、中国青年旅行社（中国共産主義青年団の系列）の三大系列によって独占されていた。これらはいずれも、主に政治的目的のある対外接待業務に従事していた。取扱権の開放後は、ここに、共産党および国営事業傘下の観光部門、少数の大手企業グループが加わった。

中国の海外旅行は基本的に国が意図的に主導する寡占市場であり、ビジネスのかたちをとった政治行動の延長線上にある。中国のすべてのアウトバウンド観光旅行が政治活動だというわけではないが、必要なときにこれは、国家の政治行動の有力なツールとなる。観光という経済行為が最終的に国家の政治的な意図に反することは決してないのだ。

一九九八年に制定された「中外合資旅行社試点暫行弁法」では、外資と台湾資本は、中国国民の外国旅行、香港・マカオ・台湾への旅行の業務を取り扱うことはできなかった。二〇一〇年からは、外資系の旅行会社にも中国国民の海外旅行の取り扱いが段階的に開放されるようになったが、第四条では「大陸住民の台湾地区訪問は除く」と特別に明記されている。[5]「大陸居民赴台湾地区旅遊管理弁法」第二条では、「大陸地区の住民が台湾地区に旅行する際は、訪台旅行の取扱指定を受けた旅行社がこれを組織し、必ず団体でそろって往復し、台湾滞在中は集団行動をしなければならない」と定められている。また第三条によって、「ツアー催行会社は国家旅遊局が関連部門とともに、すでに許可を受けた外国旅行業務取扱指定旅行社のなかから、海峡両岸旅遊交流協会が公布する。指定を受けた事業者以外、いかなる組織や個人も大陸住民の台湾旅行業務を取り扱ってはならない」と規定している。

つまり、台湾観光業務の取り扱いは聖域中の聖域であり、外資も台湾資本も関わることが許されておらず、中国政府が指定した少数の旅行社がこの特権を寡占しているのである。このような寡占の背後には、以下の三つの必要性がある。

第一に、政治上の必要性である。この寡占構造があるがゆえに、中国政府は、いつ、いかなる方法で、どのくらいの数の旅行客をどの国へ送り出すか、またいつ、どのような方法でこの「経済的メリット」を取り上げるかを、思うがままに操作し、特定の国に圧力をかけて政治目的を達成することができる。

第二に、経済面での必要性である。これらのツアーでは、中国側の少数のツアー催行会社が団体ツアーの配分権を掌握することで、売り手に有利な市場がつくりだされ、台湾のランドオペレーター側の価格が安く抑えられている。さらに、中国側の事業者は、台湾のランドオペレーターにツアー客を配分する際に、これらのツアー客が利用する観光バス、ホテル、レストラン、買い物スポットなどを指定する。それらの多くが、中国系ないし香港系の資本の傘下にあり、ツアー客の消費から得られる利潤の多くが中国側のツアー催行会社に環流する仕組みになっている。この「オール・イン・ワン」の観光ビジネスモデルを通じて、中国側の業者に裨益する利潤を極大化することが可能になっている。

第三に、社会をコントロールするうえでの必要性である。「オール・イン・ワン」モデルによって、外国に渡航する自国民の管理をしやすくし、現地社会との接触を避け、人びとの集団思考（group thinking）を維持することができる。

台湾側ランドオペレーターの苦境

しかしこのような構図ゆえに、台湾側のランドオペレーターは、中国側の旅行業者に支払う金額をきわめて低く設定し、ときにゼロにさえして、ツアー客の受け入れを増やし、彼らが買い物をする店舗からのキックバックで利益を補填するというビジネスモデルをとることとなった。

交通部観光局の統計（「訪台旅客消費および動向調査」）をみると、二〇〇九〜二〇一四年のあいだの

表 2-1　消費額に占める買い物代金の比率

（単位：%）

年	2007	2009	2011	2013	2015	2017	2019
日本からの観光客	25.6	28.7	21.9	23.7	18.3	19.0	17.1
中国からの観光客	43.1	50.2	59.2	54.9	52.7	45.1	45.7

出所：交通部観光局「来台旅客消費及動向調査」より筆者作成。

表 2-2　買い物支出に占める宝石・玉類の比率

（単位：%）

年	2007	2009	2011	2013	2015	2017	2019
日本からの観光客	6.0	8.3	8.4	13.1	2.7	9.3	10.9
中国からの観光客	23.4	25.2	32.1	34.6	19.5	33.1	28.4

出所：交通部観光局「来台旅客消費及動向調査」より筆者作成。

中国人観光客の来訪者数は、年間平均約二三〇万人、一日の一人あたり平均消費支出額は二五七米ドルであった。一方、それまで訪台人数が最多だった日本からの観光客についてみると、同期間の年間平均旅客数は約一〇四万人、一日の一人あたり平均消費額は三五三米ドルであった。中国人観光客の購買力は、他国からの旅行客を上回るわけではなく、安値路線の「人海戦術」で勝っていたのだ。また中国人観光客は、買い物が消費の多くを占めており、これも日本人観光客とは対照的だった（表2-1参照）。買い物の内容も「宝石・玉類」に集中しており、日本人客とは明らかに異なっていた（表2-2参照）[6]。

また、週刊誌『新新聞』が報じた台湾のランドオペレーター・鳳凰旅遊の張金明董事長の話によると、中国人団体ツアーの一人・一日あたりのコストは約六〇米ドルであるが、中国側の旅行社の取り分を除くと、台湾側の業者が実際に受け取るのはわずか四〇米ドルで、なかには一日につき、一五～二〇米ドルでツアーを受け入れているところもある。ただし、「中国人観光ツアーを受け入れるメリットは客足が安定していることで、中国当局が故意に阻止することがなければ、台湾に旅行にくる中国人観光客は、毎日、数千人にのぼる」[7]。

蔡俞姗の分析でも、利益配分は似たようなものだ[8]。定番の七泊八日の台湾一周ツアーでは、一人あたりの食費が二四〇〇台湾元、宿泊費が四九〇〇台湾元、飛行機、バス、鉄道などの交通費が約九〇五〇台湾元、観光スポットの入場料などが一一五〇台湾元であり、一人あたりのツアー代金は一万七五〇〇台湾元、米ドル換算で一人・一日あたり七三米ドルとなる。しかし、ランドオペレーター間の値下げ競争により、一人・一日あたりの受け入れ額は、一五～二〇米ドルにまで引き下げられてしまう。つまり、代金の三分の二は中国側の旅行社の手中に留まり、台湾の旅行社は一ツアーあたり二〇万台湾元以上の損失が出る計算だ。

実際、ツアーガイドのなかには自身で旅行社に金を支払ったうえで、押し売りのようなかたちでツアー参加者に買い物をさせ、そのキックバックで赤字を補っている者も少なくない。ときには、一〇ツアーのうち九ツアーで二〇万台湾元の損失が出るが、最後の一ツアーで五〇〇万台湾元の売り上げが出て、その六〇%をキックバックとして得られれば、差し引き一二〇万台湾元の儲けが出る。

このように、台湾の旅行社は半ば博打のようなかたちでランドオペレーターを引き受けている。そして、「おいしい」ツアー客らをめぐって、中国側で客を送り出す旅行社、ランドオペレーター、ツアーガイドが争奪戦を繰り広げているのである[9]。

三　政治的効果とバックラッシュ

このような中国人観光ツアーのビジネスモデルは、以下のような結果を引き起こした。第一に、低価格のツアーがもたらすサービスの質の低下だ。中国人の団体観光ツアーはしばしば「鶏より早く起き、豚よりまずい飯を食べ、馬より速く駆ける」と形容される。また、ツアーガイドがツアー参加者になんとかして買い物をさせ、売り上げ業績を達成しようとするため、ガイドと客のあいだで喧嘩が起きやすい。

第二に、中国人観光客たちは、定価の数倍で品物が売られている買い物スポットで消費させられる。ツアー客たちもこのことはよくわかっており、「台湾に来なければ一生後悔し、台湾に来れば一生後悔する」という評価を生み出している（第三章も参照）。

第三に、中国人観光客が買い物をするのは少数の店舗に限られ、観光スポット周辺の一般店舗が実際に恩恵を受けることはない。

これに関連して、第四に、ツアーの行き先では清掃負担が増し、交通事情が悪化し、生活習慣の違いからいさかいが起きるため、ほかの観光客に対するクラウドアウト効果が起こる。これらの問題によって、中国人観光客の増加とともに、台湾の地場の観光産業が獲得する利潤がしだいに圧縮されてしまう(10)。

だが、メディアでは中国人観光客の経済効果は「対ＧＤＰ比で三％近く」などと報じられて注目を集め、中国人観光客への依存度の高い地方の政府は「中国の機嫌を損ねられない」という政治的プレッシャーにさらされることとなった。この二つがあいまって、政府に対して圧力となる「幅広い民意」が形成される。このような権力の「てこ作用」が生じるのは、台湾側に現地協力者がいるからにほかならない。

二〇〇九年に高雄市などが主催する映画祭で、亡命ウイグル人リーダーのラビア・カーディルに関するドキュメンタリー映画が上映されることが決まると、中国政府は高雄への観光客送り出しを停止し、中国からの訪問団や観光客の高雄滞在のキャンセルが相次いだ。このとき、台湾側でも即座に中央および地方の政治家や中国で事業展開する「台商」の団体組織が、ホテル業の同業者組合と歩調を合わせて高雄市〔当時の市長は民進党の政治家であった〕に対して圧力をかけた。

筆者らがインタビューをおこなった民進党系の高雄市政府の幹部は、いかにもやるせないといった表情で、政治的な圧力は二つのかたちで現れた、と語った。第一に、政治家が、その後援者となっている企業から受ける圧力である。とくに選挙期間中には、経済的利益を政治的圧力へと転換することが可能である。第二に、土産物屋、ホテル業、一部の商店は多くの地元の人を雇用している。この人たちが失業することになれば、選挙への影響が生じる。

このように、中国側で観光客を送り出す寡占的な旅行業者、「オール・イン・ワン」の観光ビジネスモデル、現地協力者のネットワークがあいまって、中国の「観光ポリティクス」は台湾社会の基層部にまで浸透し、台湾の選挙政治の要所を直撃している。

次章においてイアン・ローウェンは、中国人団体観光ツアーの詳細な民族誌分析をおこない、中国人の台湾観光が、台湾が中国の一部であることを示す脚本に沿って演じられていることを示す。また、「観光客の経済力を台湾の政治経済システムのなかに導き入れ、中国国民党（国民党）とそれに属する民間企業グループは、経済的利益と政治的思惑を結びつけることが可能になり、中国の国家領土をめぐるプロジェクトのなかで、相互に協力しあい、ともに利益が得られるようになっている」ことを指摘する（本書六四ページ）。

おわりに

本章では、中国人観光客ビジネスについて、その「オール・イン・ワン」のビジネスモデルの形成を中心にみてきた。巧みに形づくられたこの観光客ビジネスを通じて、国民党およびこれとつながりを持つ企業は経済利益を獲得し、中国政府はこれらの現地協力者の助けによって、必要とする政治的影響力を獲得する。こうして、権威主義的な、巨大な経済体は自由な市場経済を通じて、小さな民主主義社会の内部へと徐々に浸透してきた。

馬英九政権期に中国とのあいだで結ばれた数多くの協定は、台湾と中国の経済融合、さらには台湾の対中経済依存を加速した。しかし台湾にとって、中国との経済融合はますます多くの社会的矛盾を蓄積していくこととなった。

台湾の対中投資は二〇〇〇年代に急速に伸び、二〇一〇年代以降も拡大した。労働集約型産業の生産拠点の急速な移転により、「台湾受注、海外出荷」の三角貿易の成長モデルが形成されたが、いまや四七％を超える海外生産のうち、九割の生産拠点が中国にある。商品と資本の自由化を通じ、中国の「安価」な人件費が、台湾の労働者の雇用条件と賃金を「底辺への競争」（race to the bottom）へと向かわせている。

台湾では、一九九一年まで実質賃金と経済成長率がほぼ同水準で推移していたが、一九九一～一九九九年にかけては経済成長率が六・三％であったのに対し、実質賃金成長率は三・八％に低下した。二〇〇〇～二〇一一年には、前者が三・四％なのに対し、後者はマイナス〇・六％になってしまった[11]。二〇一九年の平均実質賃金は二〇〇三年の水準に後退している。台湾と中国の資産階級がともに市場自由化の果実を享受する一方、台湾の労働者はますます中国の労働者の労働条件に近づいているのだ。

「最小の費用で台湾を買う」戦略が成功するほどに、台湾の政治と経済の現状は大きく変わってしまう。中国が台湾に経済面で利益を譲るといっても、それは中台双方の特殊な利益団体の懐に入るのである。ここまで掘り下げることによって、二〇一四年の「ひまわり学生運動」がなぜ反中国の色彩を色濃く帯びていたのかを理解することができる。

一見、互恵的で自発的にみえる経済活動から始まって、徐々に相手を依存させる道筋ができあがり、台湾社会がそこから抜け出すコストはしだいに高まって、元の状態に後戻りできる可能性は小さくなっていく。個人の短期的な利益が、集団の長期的な不利益を蓄積していく。一見、市民社会での自由な往来に見えるものが、長期的には台湾社会の未来の自由な選択の幅を狭めていく。中国人観光客のポリティカルエコノミーは、その本質において、中国の権威主義体制と台湾の新しいシヴィック・ナショナリズムとのあいだの綱引きなのである。

注記

＊ 本章は、蔡宏政「陸客觀光的政治經濟學」（呉介民・蔡宏政・鄭祖邦編『吊燈裡的巨蟒：中國因素作用力與反作用力』新北市：左岸文化出版、二〇一七年、二一七～二四〇頁）をもとに、本書収録用に再構成し、大幅に加筆・修正したものである。

（1）「觀光業明上街抗議『只是想要有飯吃』」『聯合晩報』二〇一六年九月一一日。

（2）Richard McGregor, *The Party: The Secret World of China's Communist Rulers* (New York: Harper Collins Publishers, 2010), p. 17.

（3）鄧岱賢「陸客來台觀光之效益分析」財團法人國家政策研究基金會（二〇〇八年五月八日）〈http://www.npf.org.tw/1/4186〉（二〇二〇年二月二六日閲覧）。

（4）旺報主筆室「社評―陸客經濟對台灣影響重大」、中時電子報（二〇一五年八月二二日）〈https://www.chinatimes.com/newspapers/20150822001090-260310?chdtv〉（二〇二〇年二月二六日閲覧）。

（5）「中外合資經營旅行社試點經營出境旅遊業務監管暫行辦法」第四条〈https://baike.baidu.com/item/中外合资经营旅行社试点经营出境旅游业务监管暂行办法#2〉。

（6）一方、佘健源と劉玉皙の分析によれば、二〇一三年の中国人の団体ツアーの一日の一人あたり消費額は二六一米ドルで、うち買い物が一六一米ドルを占め、宿泊、食事、交通、娯楽、雑費などの支出（すなわちツアー代金）の合計はわずか一〇三米ドルであった（佘健源・劉玉皙「人潮不等於錢潮」想想論壇、二〇一五年七月二二日）〈https://www.thinkingtaiwan.com/content/4338〉。

（7）林哲良「鳳凰老闆無奈告白陸客沒利潤！」『新新聞』一三六九期（二〇一三年）、六四～六五頁。引用は六五頁、傍点は筆者による。

（8）蔡俞姗「兩岸旅行業在陸客來台上的合作動態與機制」（國立清華大學社會學研究所碩士論文、二〇一三年）。
（9）同前、四二〜四五頁。
（10）このような問題への対応として、中国政府は二〇一五年ごろから高価格・高品質のツアーを打ち出すようになったが、これは反面、それまでの低価格型の団体ツアーが抱えていた問題を露呈するものともなった。
（11）林宗弘・洪敬舒・李健鴻・王兆慶・張烽益『崩世代：財團化、貧窮化與少子女化的危機』（台灣勞工陣線、二〇一一年）。

訳　注

〔1〕旅行サービスの手配をおこなう業者。旅行社からの依頼により、宿泊先や移動手段、ガイドなどの手配を専門におこなう。
〔2〕社会交流、専門家交流など、特定目的での訪問に限られていた。
〔3〕二〇一九年の習近平・中国国家主席による「一国二制度」講話と、同年六月以降の香港情勢の緊迫によって台湾社会に広がった「国が亡んでしまう」という不安感や危機感のこと。二〇二〇年総統選挙における蔡英文の勝利の原動力になったといわれる。

第3章　台湾で「一つの中国」を演じる

中国人団体観光ツアーの政治民族誌

イアン・ローウェン

はじめに

二〇〇〇年代末から急速に拡大した中国人観光客による台湾ツアーは、台湾における国家性（state-ness）、国家領域、国家アイデンティティに対して、多層的で、相互に重なりあいつつ、互いに矛盾した感覚を生み出してきた。このような効果は、台湾、中国、香港の観光産業が、中国人団体観光客を厳格に統制する組織をつくりだし、この過程で、台湾観光を中国の国内観光によく似た旅行経験としてつくりだしたことの帰結でもある。

本章は、筆者が二〇一四年八月に参加した、中国人団体観光ツアーの台湾八日間旅行の民族誌分析である。研究の歴史的・理論的な文脈を整理したのち、ツアーの予約、日程の組み立て、グループの構成、観光コースを検討し、また、外国人の参加者・観察者である筆者という異質な存在が、このツアーのなかで果たすことになった役割についても論じる。訪問地点や宿泊先、食事場所からツアー参加者間の交流まで、毎日のスケジュールを仔細に記録し、ツアーガイドによる政治をめぐる語りや、業者間の経済的互恵ネットワークを分析するとともに、ツアー参加者どうしの関係性の変化のダイナミズムを探求する。こうした細部がツアー客たちの実際の体験を左右するからだ。

結論を先取りするなら、このツアーの行程の空間的・時間的な構造は、これに参加する人びとに対して「中国にいる」という効果を巧みにつくりだし、中国人観光客たちがツアーに先立って台湾に対して抱いていた領土社会化（tourists' pre-trip territorial socialization）*〔1〕の産物としてのイデオロギーに混乱が生じないよう、防御することができていた。

このツアーのような、台湾海峡の両岸を行き来する観光を通じた人の流れは、過去一世紀にわたる両岸間の主権をめぐる争いという背景のもとでおこなわれてきた。

一九八〇年代以降、中国と台湾の双方で政治的な変革が進み、投資、親族訪問、観光などを通じて、両岸間での人、モノ、資金の往来が日増しに盛んになった。初期の両岸交流は、台湾から中国への一方通行であったが、近年では中国から台湾への流れも生じている。以前は、イギリス、ポルトガルの植民地だった香港とマカオが、中国の観光客の中継地となっていたが、中国側のアモイと台湾側の金門のあいだで「小三通」〔本書の四一ページ参照〕が実施されるようになり、さらに二〇〇八年からは、台湾と中国を結ぶ定期直行便が就航した。以後、中国人観光客の数は急速に伸び、日本を抜いて台湾の観光業の最大顧客となった〔1〕。両岸間の国家主権をめぐる争いは依然として続いており、中国と台湾はおのおの、大規模な軍備拡張をおこなっているが、この間も人びとの交流が縮小することはなかった。

観光交流の拡大が、社会的な関心と議論の対象となっただけでなく、中国と台湾が相互に窓口機関を設置するきっかけとなったことも、重要である。二〇一〇年四月、台湾海峡両岸観光旅遊協会駐北京弁事処が北京に、中国の海峡両岸旅遊交流協会駐台北弁事処が台北にそれぞれ開設されたが、これは、中華人民共和国の建国以来、中国と台湾のあいだで設立された、公的なバックグラウンドをもつ初めての事務所となった[2]。

中国と台湾の観光交流に関する既存研究の多くは、平和促進や国境に対して観光研究がおいている一般的な仮定を踏まえて、両岸間の観光交流とともに和解が進むという筋道を提示している。郭英之らは、台湾と中国が分断された状態にあるとみなし、観光交流を通じて両岸の「和解」と統一を促進することができる、という観点を提示した[3]。この論文はまた、香港の中国への「『円滑な返還』は『一国二制度』が中国の統一をめぐる問題を解決し、台湾問題を解決するモデルとして活用できる」という、事実とは異なる断言をしている[4]。この点について、同論文は論拠を示しておらず、長く続いてきた香港の抵抗と、「円滑」とはいいがたい中国への返還の実態を無視していることは明らかである。さらに論文の末尾では、十分な論拠を示さないまま、「より多くの人が『一国二制度』が両者（中国と台湾）にとって実際的だと考えるようになっている」という結論を提示している。両岸観光のポリティクスを論じたほかの英語論文にも、同様のスタンスのものが見受けられる[5]。近年刊行された論考の多くは、両岸観光交流を「和解型の観光」とみなしているのだ[6]。

本章で筆者は、このような観点が成立しなくなっていることを指摘する。中国と台湾の双方で発表されている中国語の文献では、多くの研究者が両岸観光交流を、中台間の和解の歩みにつながるものと想定し、さらにその経済面での影響や観光プロモーションに研究の重点を置いている[7]。本書の第一章では、蔡宏政が中国人による台湾観光のポリティカルエコノミーを論じているが、このような例外を除いて、先行研究の大多数では、観光が「和解」を促進するとは限らず、むしろ特定の利益をもたらしたり、その取り合いや政府の施策の装置ともなる、という視点が欠けている。両岸間の観光交流は実に複雑なものであり、和解が相互理解に資するといった単純な仮説では説明できない。研究者は、国家装置がいかにしてこれとは真逆の結果を引き起こすことがあるかに注意を払うべきである。その際に重要なのは、観光旅行というものそれ自体が、政治的にさまざまなものが入り混じった、曖昧さに満ちた産業であるという点だ。

これまでの研究では、観光の戦略的な利用が、中国の外交政策のツールの一部となっていることが指摘されてきた。[8]中国政府は長年にわたって、特定の形態による人の移動を、国家建設、領土の統一と併合、海外への政治的影響力の拡大の手段として利用してきた。[9]域内のいわゆる「自治区」に対しては、開発インフラ整備の一部を成す「贈り物」として、新疆ウイグル自治区やチベットへの労働移民の送り込みをおこなってきたが、移住者たちの多くはこの地域での中国の主権を当然のものだと考えている。

台湾と香港に対しても、観光旅行は政治・経済面での交流と協力を促進する経済的な「贈り物」として描き出されてきた。しかし、中国人の移民と観光の規模は、これらの「辺境地帯」において懸念と反発を引き起こすようになっている。観光客と、その観光対象となる日常および非日常との出会いは、互いに相容れないナショナリスティックな感情を呼び起こし、それを強めてもいる。

観光とは、パッケージツアーとガイドブックによってなぞられた世界のなかでの人の流れにとどまらない。社会学者のエイドリアン・フランクリンがいうように、観光とは、旅客の身体、訪れる場所、観光を統制する国家装置、そして（通行証やパスポートといった）これに対する規範のメカニズムが一体となって生み出す、広範な波及効果を有する「ハイブリッドな集合体」（hybrid assemblage）である[10]。この存在論のもとで、観光とはある種の「モダニティの能動的序列化」（active ordering of modernity）として捉えることができ、イデオロギー形態、観光スポットの設計と運営、人の流れの規律づけなどを通じて、国家化された主体と空間を生み出すものとみることができる。そしてその効果は、観光する身体と空間をはるかに越えて広がっていく。

観光客は、国民の、あるいはエスニックグループの価値観がその内側に刻み込まれているだけでなく、国内でも国外でも演じられる「舞台」として、旅をする。国家は移動する人の身体にその道徳的価値を投射し、その身体のうえにそれを再現もする。たとえば中国では、観光はしばしばレクリエーション活動として描かれるが、観光客の行為は、中国人という民族に対する認識に多大な影響を及ぼしている。邱垂珍が指摘しているように、「中国人観光客の海外での（ネガティブな）エピソードが、旅行と個人、国民性のあいだのポジティブなつながりを損なってしまっている[11]」。この問題に対して、中国政府はさまざまな取り組みを通じて「文明的な観光旅行」を後押しし、観光客を国内外の大使として位置づけ、彼（女）らをこの「国民プロジェクト」のなかに組み入れようとしている。

こうした道徳的価値観と国民教育運動は個々の身体に刻み込まれるだけでなく、旅行という経験の対象に供される特定の観光スポットのなかにも刻み込まれる。景勝地の建設と管理をおこなう文化的権威は、国家の自己規定の重要な要素である。このような手法は、中国国内の大衆旅行でも広くおこなわれてきた。国家は、ディスコースの枠組みをつくりだしており、そのなかでは、「観光スポットと、国家により認定されるその等級は、愛国教育と現代化のツールであり、国家がそのスポットの持つ意義を最終的に決定する権力を有している」[12]。このようなシステムは、国の機関、旅行ツアーの実施主体、観光スポットの開発管理者、さらには政党などによってつくりだされている。

一　研究方法――ある団体ツアーの行動民族誌[13]

筆者が研究のために参加した団体ツアーは、典型的で平凡、大衆的な中・低価格帯のコースであった。ツアー代金九〇〇米ドルには、上海浦東空港から台湾桃園国際空港までの往復航空運賃、七泊分のホテル代、食事代の大部分と強制参加の買い物スケジュールが含まれていた。

筆者は、上海にある旅行代理店の窓口を直接訪れ、相談、予約、支払い、旅程表など関連書類の受け取りを経て、一般の中国人観光客とほぼ同じように、この体験を開始した。唯一の違いは筆者が米国パスポートを所持していることで、台湾への入境許可申請を必要とするほかのメンバーとはこの点が異なった。また、最初の問い合わせの際には、複数の旅行代理店で、筆者が中国籍ではなく、中国人の配偶者でもないことから断られたが、これが法的な理由なのか実務的な理由なのかは答えてもらえなかった。窓口のスタッフたちはただ、筆者のツアー申し込みを受け付けるのは規定に反すると手短に説明するだけで、何らかの文書を出して国の政策について説明することもなかった。最終的に筆者は、上海の中国旅行社総社（以下、中国旅行社と略）で予約をすることができた。同社にはとくに台湾観光ツアーへの外国人の申し込みを禁じる規定がなかったが、ここでも、他社が何らかの法的規定や管理監督政策、またはほかの原因で筆者を拒絶したのかについては答えることができなかった。

この団体ツアーでは、参加者どうしおよび参加者とガイドのあいだのやりとりを観察することができた。この経験を通じて筆者が分け入ることができたのは、ディーン・マッカネルのいう、観光対象の背後にある真実の空間でもなければ、真正の文化のいわゆる舞台裏でもなく、不透明なかたちでパッケージ化され、企画化され、経済的に支えられた両岸観光経済の「舞台裏」であった[14]。筆者は観光ツアーの参加者として、観光客とその対象物をめぐる文化生産と領土社会化についての洞察を得る機会を得た。

まずは旅の逸話から、筆者自身の立ち位置を説明しなければならない。「あんたは自分が初めて言葉を交わした外国人だ」。上海浦東空港から桃園空港に向かう飛行機のなかで、のちに旅のあいだのルームメートとなる小孫が、隣席でシートベルトをしながらこう言った。彼だけでなく、同じグループのほかの四人のメンバーもそうだという。彼らはみな江蘇省北部の田舎から来ており、仲間内では蘇北方言で会話をしていた。団体ツアーのツアーコンダクターとガイドも、中国籍ではないツアー参加者は、筆者が初めてだった。

アメリカ人として、筆者は、中国や台湾、世界の地政学について特定の意見や偏見を持ち、また食生活やライフスタイルにもはっきりとした指向を持っているとみなされた。彼らはみな、筆者がいることでこのツアーはより面白く特別なものになった、と言ったが、筆者の参加が多少の影響を及ぼしたことは否定できない。後述するように、ガイドはときたま筆者の視線を意識し、その極端な反日的な言説を釈明したり、和らげたりしようとした。同時にほぼすべての訪問先で、頃合いを見てすばやく店員に

「この外国人には中国人と同じように接するように」と伝えた。このような状況もまた、みなの好奇心をかきたて、興味深い反応を引き起こした。筆者には、中国人とは異なる容姿に加え、話す中国語に軽い台湾アクセントがあったからだ。

もちろん透明人間になることはできず、筆者はアメリカを代表するものとみなされて、よくある類の質問にもたくさん答えなければならなかった。ただ、自分の「異質性」がなるべく目立たないよう、質問はできる限り控えた。ガイドや観光客と訪問先の地域との交流を観察するときには距離を置いて、インサイダー／アウトサイダー、中国人／台湾人／外国人のあいだの緩衝空間をつくり、目立たず気づかれないように、携帯電話やタブレットでフィールドワークのメモを取った。ただ、筆者がツアー中にどれほど頻繁に携帯を使おうが、写真を撮ろうが、こうした記録のしかたを対話の相手はほぼ気に留めなかった。

本章ではツアーでの基本的な体験を簡単に述べたのち、関連するいくつかのトピックについて分析し説明する。具体的には、台湾人ガイドの台湾の歴史に対する部分的な説明、反日レイシズムとエスノポリティクス的言語の戦略的な使用、両岸統一の物語を用いた顧客への迎合と消費欲の刺激、政党と観光産業の共謀が疑われる事例、ツアー参加者と法輪功などの抗議団体とのやり取りなどである。最後に、観光産業がいかに時間、空間、資本の構造化を通じて、台湾を中国の一部として効果的に表現しているかについて論じる。

この民族誌は決して中国人団体ツアーの台湾観光の全体像を描き出すものではないし、そうすることもできない。実際のやり取りは中国語でおこなわれ、筆者がそのすべてを把握していたわけではない。

台湾人ガイドや運転手と同じく、筆者は、一部の参加者が使っていた蘇北方言がわからず、彼らの会話を理解したりそれに加わったりすることはできなかった。台湾語についてはほかのメンバーより筆者のほうができたが、それでもガイドや運転手、その他、台湾の地元の人びとが話す内容をおおかた推測できる程度である。筆者は過去に中国の旅行業界で働いていた経験があり、リベートや副業販売、そのほかのグレーマーケットの価格などを含む、ツアーガイド、運転手、旅行代理店と、ツアー客が買い物をする店舗とのあいだの複雑な取引関係、人間関係に注目していた。だがツアーの参加者としては、知る人ぞ知るビジネス戦略の実態を浮かび上がらせようとして、疑いの目を向けられたり恨まれたりするわけにはいかないため、質問できることはおのずと限られた。

この体験には味気ないところもあったが、ほかの旅行の経験と同様、記号的・感覚的には盛りだくさんなものであった。文章だけでは、訪問先で感じた豊かな視覚的・聴覚的・嗅覚的な体験やその細部、身なり、言葉の訛り、身のこなしなどの細部がどのように感じられ、文化的なアイデンティティや違いを表していたかを十分に表現することはできない。それだけでなく、紙幅も限られており、すべての細部まで描写することもできない。筆者の関心は、旅の途中での出会いがもつ文化政治的な意義にあり、そのため、業界の関係者らが関心を抱く観光活動やツアー客らの満足度の細部ではなく、観光のプロセスにおける言語と実践を通じた「領土化」に、記述分析の焦点を当てる。

二　台湾を中国国内の観光空間に組み入れる――旅程表の機能

以下の民族誌の記述では、今回のツアーの旅程表については論じない。それには、ツアーの参加者たちがほとんどこれに注意を払おうとしなかったという正当な理由がある。私たちは、出発前に旅行代理店から渡された領収書や予約票などに添付された資料を持っていた。しかし、台湾到着後に最新版の旅程表をもらうことはなかった。ほかの参加者が旅程表を見直したり、実際のコースと書類が合致しているかどうかを確認したりしている様子もまったく見かけなかった。ほとんど全員がガイドの指示に非常に満足し、友人などの意見を参考にしたいとは思っていないようだった。同室の小孫は、「団体ツアーがいいよ。どこに行って何を食べようとか、どこに泊まろうとか考える必要がないから、手軽に楽しめるよ」と言った。

しかし、旅程表は今回の団体ツアーでは目立たないものだったが、多くの重要な役割を持っていた。それはこの旅程のマーケティングのために設計されたものであり、将来の、あるいは目の前にいる観光客に目的地の情報を提供する資料でもある。顧客と旅行代理店の権利、責任、義務を明確にした契約でもある。さらに、ガイドが旅行客の日々の体験を計画し決定するツールでもある。つまり、われわれの観光コースは旅行代理店、ランドオペレーター、出発地と目的地それぞれの観光関連機関といった立場の異なるプレイヤーのあいだにあって、常に変動し交渉の対象となる商品である。旅程表は一種の脚本であり、ガイドはそれに沿って、特定の時空の制約のもとで旅行先を提示する。同時に、環境や予測不可能な突発的事項によって即興で変更できる柔軟性もある。王寧の言うように、旅程表は「観光体験の時間的・空間的な運搬者」なのである。(15)

筆者が参加したツアーは、上海の中国旅行社の認可を受けたものだった。台湾への旅行には国内旅行とは異なる書類が必要であることが記され、政治活動に参加したり、ローカルニュースに取り上げられたりしてはならないという警告があるほかは、中国の国内旅行の旅程表と大差はなかった。また、簡体字と、中国で使われる領土呼称（territorial designation）が用いられていること——なかでも台湾の呼称として決して中華民国を使わないこと——を除けば、一般的な台湾観光ツアーとも大した違いはなかった。

図 3-1　台湾一周 **8** 日間の旅程
出所：監訳者作成。

旅程は八日間に分けられ、目的地の時系列は「セミコロン」でつながれていた。二〇一三年の改正版「中華人民共和国旅遊法」の規定に従い、ツアーに組み込まれた買い物スポットは法律で定められた六カ所を超えてはいないことが明記されていたが、店の名前は記されていなかった。さらに阿里山の茶葉店や、いわゆるテレサ・テン記念館など、目立たないかたちで組み込まれた買い物スポットは、「昼食」会場や「博物館」として記されていた。またホテルの名前も明記されておらず、宿泊地（県や市、郷鎮など）のみが記されており、ホテルを手配するランドオペレーターに最大限の柔軟性が与えられていた。

この旅程表は、旅行者たちが気づかないかたちながら、台湾の場所や領土に名前を与える力、すなわち台湾を、消費可能な多数の地点と商店に切り分け、サービスエリアや高速道路、観光バスによってつながれたものへと組み替える力を備えていた。さらに、この旅程表は台湾の情緒豊かな空間を文字へと変え、台湾がもつ豊かな多元性を、中国人観光客たちが見慣れた空間トポロジーと時空の秩序によってつながれた一連の観光スポットに転換してもいた。

中国旅行社が立てたコースは、ガイドによる語りとランドオペレーターによる訪問地の手配に使われるもので、台湾は中国観光の一部分である、という脚本のあらすじを示すものとなっていた。このコースのつくりによって台湾での観光ルートは決められているが、そこには一定の柔軟性が残されており、ガイドとランドオペレーターは、台湾が中国の不可分な一部であることをどのように表現するか、選択することができる。ランドオペレーターはこの脚本のおかげで観光客の経済力を台湾の政治経済システムのなかに導き入れ、中国国民党（国民党）とそれに属する民間企業グループは、経済的利益と政治的思惑を結びつけることが可能になり、中国の国家領土をめぐるプロジェクトのなかで、相互に協力しあい、ともに利益が得られるようになっている。

ツアー参加者の構成

筆者が参加した団体ツアーは上海の中国旅行社が販売し、台湾・高雄のある旅行代理店が実際の催行を手がけたものだった。参加者は、上海の郊外に住む四人家族と、江蘇省北部からやってきた室内工事を手がける建設作業員五人という、二つのグループからなる。

上海からやってきた家族のほうは、三二歳の女性、宜青（音訳）と九歳の娘、六歳の息子、姑の四人。姑は主に上海語を話し、ほかの参加者とはあまり交流しない。建設作業員は互いのあいだでは蘇北地方の方言を使うが、ほかの人たちとはいわゆる北京語で話した。上海にある、台湾人が経営する会社で働いているという。小孫によると、今回の台湾観光は、会社の経営者たちが、自分たちの優れた仕事ぶりに対してくれた褒賞旅行であり、会社の発展について理解をさらに深めるために用意してくれた旅行でもあるという。彼らは、職業訓練・技術訓練のほかには、高等教育を受けていなかった。

ツアーコンダクターは四〇歳の上海人で、台湾には五〇回ほど行ったことがあるという。英語ができるため、ふだんはヨーロッパや北米方面のガイドをしている。現地のツアーガイドは五〇歳の台湾人で、台南の退役軍人だった。運転手や現地の人とは台湾語で話し、筆者やほかのツアー参加者とは標準中国語でコミュニケーションを取った。ガイドになって三年目、ほとんどが中国人観光客の案内だという。運転手は台湾北部の港町・基隆の人で、二〇〇九年に成長著しい中国人観光客相手のこの業界に入ったが、それまでは業務用トラックを運転していたという。

ツアースケジュールの組み立て

【一日目】

ツアーは上海の浦東空港から始まった。集合場所を指定したツアーコンダクターは三〇分以上も遅れて現れた。彼は交通事故に出くわしたと、遅刻の理由を述べた。われわれのパスポートなどの必要書類を確認すると、すぐ腰を下ろして携帯電話のメッセージをチェックしたり電話したりして、とくに参加者と交流することもなかった。しかし、飛行機の搭乗を待つあいだ、私は宜青に今回のツアーで何が一番楽しみかを聞くことができた。「小吃（スナック）とか夜市とか、故宮博物院のヒスイの白菜を見ることとか。でも今回は、子連れで遊びに行くの」。

機内で隣に座った小孫は、こんなに間近で外国人と接するのは初めてだと語った。この小孫とはその後、七晩を共にすることとなる。アメリカや中国の生活について少し話をした。小孫は中国大陸の外に観光に行くのは初めてだという。彼は、「台湾はより民主的で進んでいるんだろうと思う。……僕らは台湾人の経営する会社で働いている。この旅はボスが与えてくれた褒美の旅行で、彼は僕らに台湾を見せたいんだ。本当は単独旅行で来させたかったのだけれど、われわれの戸籍（蘇北）は、まだだめなので、団体ツアーに加わらないといけなかった」と語った。[*2]

ほどなくして台湾に着いた。数百人の中国人旅客が並ぶ入管ゾーンで、ツアーコンダクターは参加者たちに、中華民国台湾地区入出境許可証（入台証）をしっかり保管しておくように告げたが、そのとき彼は「簽證《ビザ》」という言葉を使った。小孫の同僚のT3はそこに中華民国の国旗が描かれていることに気づき、「これは台湾の国旗かい？」と聞いた。「なんの国旗？」と、T5は納得できない様子で応じた。

「国旗？」と宣青の息子が反応し、「ママ、台湾に来るのにどうしてこれが要るの？」と聞いたが、答えは返ってこなかった。

入管手続きが終わると、ツアーガイドを務める張さんと落ち合った。彼はわれわれを連れて観光バスに乗り込むと、台湾の観光局が発行した簡体字版の台湾の地図を配った。「どうぞ。最初のお土産にいかがですか」。小孫は、「わあ！　これはわざわざ僕たちのために作ってくれた地図なんだ！」と答えた。

ガイドの張さんはマイクを手に、仕事に取りかかった。「みなさんをどうお呼びすればいいですかね？　上海から来られた方と江蘇から来られた方がいるんですよね」。同じように私を見てから、「江南VIPとお呼びすることにしましょう。ようこそ宝島・台湾へ！」とみんなに挨拶し、台湾訛りの上海語で「謝謝」と言った。私も江南VIPたちと一緒に拍手で応えた。

続いて張さんは、翌日に訪問する最初の観光スポットを紹介した。台湾中部の中台禅寺である。彼はここで「主権問題」への対応戦略を披露してくれた。「われわれの前総理の温家宝さんは、中台禅寺と阿里山に行ってみたいとおっしゃいました。でも台湾と大陸はまだ統一していないので、来られるはずがありませんね。温さんが来られないので、みなさんが代わりにいらっしゃったというわけです」。ここでは二つの情報がすばやく繰り出された。第一に、張さんは、台湾と中国の統一を支持するという態度を表明した。第二に、張さんは中華民国の退役軍人でありながら、中国からの訪問客の前では、中国の温家宝・前総理のことを「われわれの」総理と呼んだ。

全員がそろうと、張さんは、台湾の観光局が中国からの観光客のために制作した紹介ビデオを上映した。台湾アクセントの若い女性が登場し、青いぬいぐるみのクマに向かって台湾での注意事項を話しはじめ、それに合わせて故宮博物院や日月潭など台湾の有名スポットの映像が流れた。

主に、むやみにゴミを捨てたり、痰を吐いたり、大声で話したり、室内で喫煙してはいけないというようなことだった。ツアーガイドが買い物を強要することはありません、食べ物の原料と価格に注意してください、台湾では人民元ではなく台湾元を使いますが、中国の銀聯カードがどんどん使えるようになっています、認証マークのある商品を買いましょう、と続いた。この青いぬいぐるみのクマは大変の み込みが早く、ほかの観光客のマナー違反を正したりもした。似たようなキャラクターは中国中央電視台（CCTV）が二〇一四年に制作した観光マナーについての短い広報ビデオにも登場したが、そのなかではパンダがその役割を担っていた。しかしそのビデオは、観光客の不適切な行動を強調したために中国国内で議論を呼んだ。あるブロガーは「中国の一般市民を中傷した」とし、「品のない旅客」を表現することで「パンダに恥をかかせた」とまで言った(16)。

ビデオは郊外の中級ホテルに着いたころに終わった。ガイドの張さんは、「台湾は自由で民主的な社会で、人びとはさまざまな意見を述べることができます。抗議行動をしている人びとも、しょっちゅう見かけます。私はここの人情、食べ物、景色が好きです。食べ物といえば、蔣介石はかつて、中国から二〇〇万人の人びとと、たくさんのグルメとともに台湾にやってきました。こういった料理は時間とともに台湾風の味になっていますから、お気に召さない場合はおっしゃってください。また、両岸間の違いについていてもいろいろ話しましょう。私は大陸に二回行ったことがあります。上海と広東に行きましたよ」とまとめた。

ホテルに着くと、ツアーコンダクターとガイドはルームカードを配りながら、室内では喫煙できませんからね、と念を押した。私は差額を払ってシングルルームに泊まることを選ばなかった。まだ経済的に余裕のない大学院生だし、誰かと同室になることで民族誌の材料がさらに手に入ると考えたからだ。
五人の建設作業員のうち誰が私と同室になるかは、あっという間に決まった。飛行機のなかで顔見知りになった小孫が、必然的に私のルームメートになった。

【二日目】

小孫の仕事仲間のT2とT3は、朝七時にモーニングコールで起きるとすぐにわれわれの部屋に入ってきてテレビをつけ、台湾の政治討論番組を見た。ちょうど、ブルー陣営[*3]の立法委員の邱毅が、中国共産党中央政治局常務委員の周永康が逮捕された件について議論していた。周永康は、習近平の腐敗撲滅キャンペーンで拘束されたなかでも序列が最高位の人物である。彼が逮捕されたことは中国でも報道されていたが、ツアーメンバーらは、台湾のテレビ番組で周について議論が繰り広げられ、彼の愛人三人の私生活の詳細まで報道されていることについて、驚き、感心していた。
ビュッフェ形式の朝食を終えてホテルを出た。車で向かったのは、温家宝が夢に見たという観光地、中台禅寺である。ガイドの張さんは台湾の政治や文化についての紹介を続けた。「台湾は民主的なところですから、法輪功などさまざまな団体や組織を見かけることもあります。法輪功の鍛錬はまあ構いませんが、指導者の李洪志が共産党のことを邪悪だというのはよくありません。彼らからは、何ももらわないようにしてください。さもないと、帰ったときに面倒なことに巻き込まれます。たとえペンであっても、名前や宣伝がついていますので気をつけてください。新聞などを通じて共産党から離れるよう訴えてきます。無視してください」。続いて台湾と中国の違いについて話し、初めて日本のことに触れたが、これは彼の台湾についての説明の重要な一部となった。「窓の外を見てください。日本車がたくさん走っています。これは日本が好きだからというわけではなく、日本車の燃費がいいからです」。

それから、中国との「分離」という言葉を用いて「統一」について話した。「台湾と大陸はもう六十数年、分かれたままです。少し蔣介石などについてのビデオを流しますね。もちろんこれは台湾側からみたものです。私は子どものころ、大陸の同胞たちの生活は苦しく、私たちによって解放され、救われるのを待っていると学びました。私たちは、統一してはじめて強くなれるということを知っています。フィリピンや日本などと同盟を組もうとか、彼らと同じようになりたいなどとは思っていません」。車内の参加者はみなうなづき、ガイドの言葉にじゅうぶん同意していることを表明した。

ガイドはさらにこう続けた。「いま、台湾では七〇％の人が現状維持を望んでいますが、彼らは統一したくないというわけではなく、管理が厳しくなりすぎるのを心配しているのです。けれども物事は自然によくなるものです。私たちは兄弟です。もちろん同意しない人もいるので争いになることもあります。たとえば『ひまわり学生運動』〔第一章を参照〕は海峡両岸サービス貿易協定に反対しました。けれど、最初に（サービス貿易協定への）反対を表明したのは台湾大学の教授で、彼は法輪功のメンバーなのです。ご存知のように台湾は民主的すぎるのです」。

建設作業員のT4は、李登輝・元総統はなぜ、中華民国と中国がともに主権を主張する釣魚台（尖閣諸島）について、日本の領土だというのか、と尋ねた。ガイドの答えはこうだった。「みんな、彼は日本人だと言っていますよ。お祖父さんは日本占拠時代の警察官ですからね。まあ、そのくらいにしときましょう、でも……台湾は本当に民主的すぎるんです」。

T4はさらに問い詰めた。「じゃあ、なぜそこまでこだわるんだ？　年寄りのくせにまだテレビに出ていて、本当にわけがわからない」。張さんは、T4の言葉は自分に届いているというメッセージを発しつつ、これをきっかけに話題を変えた。「（李登輝が）日本の影響を受けているのは確かですが、彼は農業経済の博士でもあって、台湾と農業の発展に貢献したんですよ。台湾の果物が美味しいことはご存じでしょう。いい機会ですから少し買ってみるといいですよ。ただ、傷まないよう、買いすぎには注意してください」。

ガイドの張さんは蔣介石についてのビデオを放映すると言い、これは台湾の視点から描かれたものなので、おそらくは中国の公式見解とは違うと思う、と告げた。このドキュメンタリーでは中国における蔣家の歴史や抗日戦争、一九五〇年代の土地改革、台湾における工業化の過程に重点が置かれていた。一方で、蔣家の統治のもとでの国家による暴力、たとえば二二八事件[*4]や白色テロ、そのほか戒厳令下で起きた詳細な記録が残されている事件、いまなお台湾人の集団的記憶を呼び起こす事件については触れていなかった。

ビデオが終わるといよいよ中台禅寺に向かった。その途中、かなり大きいのに客が誰もいない、台湾をテーマにしたレストランで昼食をとった。ガイドと運転手は席まで案内してくれたが、食事には同席しなかった。席上で江南ＶＩＰたちは、レストランの従業員をどのように呼ぶべきか、議論した。「『服務員』と呼ぶべきか？　それとも『小姐』って呼ぶべきなのか？」台湾では「小姐」というのはニュートラルな言葉だが、中国ではセックスワーカーを指すことがあるのだ。

昼食後に中台禅寺に着いた。ここでは、中国人観光客も、有料で瞑想や霊修といった活動に参加することができる。大殿と建築物の周辺を見学するのにわずか一時間しかなかったため、ガイドは主殿にある、銅で鋳造された両岸統一を象徴する「同源橋」というものを中心に紹介をした。「銅《トン》」と「同《トン》」は中国語の発音が「統《トン》」と同じで、「源」は「根源《ルーツ》」を意味する。

ガイドは「台湾と中国は同種同源です」と説明した。橋の上には、中台禅寺と杭州の霊隠寺が共同で奉納した飾牌があり、そこにはまるでガイドの張さんの解釈を裏づけるかのように、「二つの寺は源を同じくする。同法同源の両岸文化は融合しあい、互いに独立してはいない……両岸人民に平和あれ」とあった。

ガイドはまた近くの彫像を指さして、「このメノウは山西から持ってきたものです」と言った。一人が「へえ！　じゃあ輸入もの？」と聞くと、ガイドはこう答えた。「輸入？　いえ、同じ中国じゃないですか！　まあ今は輸入と言えますかね。税関を通りますからね」。このときガイドはちょっとした比較をしてみせた。「こちらの、われわれの仏教のほうが正統ですね。大陸のみなさんがたの和尚さんはスーツを着てBMWを運転して寺までやってきて、袈裟に着替えて仕事を始めるでしょう。一日の仕事を終えると寺を出て飲みに行くでしょう。こちらのほうは真正ですよ、彼らは精進料理を食べていますよ」。

続いて四〇分の自由時間になった。あちこち自分で見学して寺の土産物を買い、それからバスに乗って日月潭へ向かった。中国のパスポートにその景色が描かれている、あの日月潭である。張さんも、彼が流した台湾観光局のビデオも、一八二一年に清朝の詩人が日月潭を描写した句を引用した。同時に、日月潭を聖地とし、台湾の先住民族のなかでもっとも人口の少ないサオ族についても繰り返し紹介した。

日月潭に着き、人混みのあいだを縫って湖上ツアーをしていたとき、T2がガイドに向かって「大陸にそっくりだなあ。なんだか、大陸の外に出た気がしないなあ」と言った。ガイドは「ここは観光名所ですよ。もう少し遠くまで行けば違いがわかると思いますよ」と応じた。T3はさらに、「ここはすべてのものがぎゅっと圧縮されたみたいだ。中国みたいに広大じゃない」と言った。私はT3に、これまで台湾や日月潭について、どんなことを聞いてきたのかと尋ねた。T3は「子どものころから台湾と阿里山の話を聞いて育ったよ。政治的な立場は違っても、このあたりについての描写は中立的だったよ」と答えた。

船が岸に着くと、ガイドは衣装を着た舞台上の演者を指し、「高山族の歌が聴けます。『光盤』も買えますよ」と言った。この「高山族」という言葉は、中国で台湾の先住民族を指す正式名称であるが、台湾ではほとんど聞かない表現である。中国では台湾の多くの先住民族をまとめて高山族と呼ぶ（ちょうど台湾でかつて、台湾の先住民族のことを「山地人」と呼んだように）。またガイドは、CDのことを台湾で使う「光碟」ではなく「光盤」と言ったが、これも中国大陸の用語である。もっともこちらには、「高山族」という言葉のようにイデオロギー色があるわけではないが。

続いて「レストラン」へ向かったが、それは地下駐車場に隣接した、なんの看板もないスペースだった。道すがら、ガイドはサトウキビジュースを売っている露店を指し、「あれは白サトウキビで、日本占拠時代に製糖に使ったものです。日本人は私たちの資源を取り上げ、台湾を植民地にしたのです」と言った。駐車場のトイレには、簡体字で、ゴミを便器に流さないようにと注意書きがあった。一行は、取り立てて何と言うこともない夕食を取りながら本日の感想を語り合ったが、日月潭は彼らが思っていたほど大きくはなかった、とのことだった。

彰化県のホテルに向かう途中、ガイドは台湾での「飯店」と「酒店」の違いを説明した。「飯店」は「ご飯を食べるところ」で、ホテルのことを指す。「酒店」といえば中国ではホテルの意味だが、台湾では女性が酌をするクラブである。彼は「酒店」がどのような場所かを生き生きと語り、建設作業員が大いに興味を示すほどだったが、同行の女性や子どもがどう感じるかはまったくおかまいなしだった。この話題にかこつけ、ガイドは道沿いのネオンがまぶしい檳榔《ビンロウ》〔ヤシ科の植物で、台湾では実を噛む習慣がある〕の店と、そのなかにいる肌の露出の多い服装をした若い女性の売り子たちを指さし、檳榔は台湾ならではの健康良薬だと紹介した。とある檳榔店の前で車が停まり、ガイドは興味があれば写真を撮ってもいいと言った。檳榔を買って乗り込んだガイドは、中国の人気歌唱オーディション番組「中国好声音」のカラオケアルバムをかけた。乗客はとても喜んでいるようだった。

ホテルでチェックインした際、フロントのスタッフは、このホテルのオーナーは中国で幅広くビジネスをしている台湾のデザイナーだと教えてくれた。そのため宿泊客の八〇%から九〇%は中国人であり、廊下や客室内のサインなどに使われている文字はすべて中国式の簡体字だった。

【三日目】

この日は、私たち一行が台湾に着いてから訪れる二つ目の有名な観光地、阿里山に行った。朝七時に起きて朝食をとり、バスに乗った。曲がりくねった山道を行き、一一時に昼食会場に着いた。空いた時間を利用し、食事会場のそばにある「文化センター」で、ツォウ族の衣装を着た先住民による高価な「地元産」のお茶についての説明を受けた。この場所はツアーの旅程表には記載されていない。旅行代理店はこうやって、スケジュール中、買い物スポットは六カ所まで、という規制の目をかいくぐることができる。こっそりガイドに聞いてみると、こういう手配は技術的には合法だという。食事場所に隣接しているため、買い物のスケジュールには算入されないからだそうだ。

この茶葉店にはいくつかの変わった点があった。駐車場では小さな檻の中に子グマが飼われていて、観光客の注目を集めていた。店主は、これは台湾黒熊（タイワンツキノワグマ）だと言ったが、そうだとすれば、台湾を代表する絶滅危惧種であり、特別な許可がなければ捕獲して飼育することはできないはずだ（のちにマレーグマだということがわかった。道理で、さほど厳しい管理下に置かれていなかったわけだ）。店内で販売されている茶葉は高価で、総統であり国民党主席である馬英九の肖像とサインが添えられて、権威づけがされている。この店の社長と馬英九が握手をしている大きな記念写真もあった。ここの社長は国民党の関係者なのだ。

これを除けば、エスニックな雰囲気を帯びた茶館じたいは中国のどんな地方でも似たような経験ができるもので、何ら特殊なものでもない。ほとんどの客が茶を買ったが、価格は二八〇〇台湾元（九四米ドル）から二五〇〇人民元（四〇〇米ドル）くらいのものだった。ツォウ族の女性店員が中国のツアー客に対応していたとき、レストランのオーナーは私に向かって、茶葉だけでなく、彼女たちのセクシーさをアピールしようとした。彼は、「茶を買ってくれたら阿里山の娘をプレゼントしますよ！」と言った。参加者にとり、ジェンダーがこのツアーの体験を左右する重要な要素であることがはっきり見て取れる。

昼食後に阿里山の森林に分け入っていくと、そこは、中国人団体ツアー客でいっぱいだった。ガイドは日本時代の駅やインフラの建設の歴史を紹介する際、幾度となく日本人のことを「小日本鬼子」〔日本人に対する蔑称〕と呼んだ。彼はふと私の視線が気になったようで、こういう言い方を気にするかと私に尋ねた。私は別に気にならない、と言ってみた。

一時間ほど遊歩道を歩き、続いてバスで高雄へ向かった。ガイドは、明日はテレサ・テン博物館へ行くと言い、この有名歌手のビデオを流した。彼は、鄧という苗字は台湾でも中国でもとても有名だ、と繰り返し語り、「大陸には老鄧（鄧小平）、台湾には小鄧（テレサ・テン）がいますね」と言った。

この夜、私たちは初めて台湾の夜市に行った。わが同行者によると、中国人旅行者にとって、台湾の夜市は阿里山や日月潭と同じくらい有名なのだという。ガイドは地元の有名な小吃を紹介した。運転手が前の方から、「実際には中国で作られたものも多いんだ」と叫んだ。ガイドは同意しながら、この機に乗じて、中国は一番だと褒め称えた。「その通りなんです。というのも、大陸は世界の工業大国ですからね」。

私たちは、台湾に到着して初めて二手に分かれた。片方のグループは、ガイドの案内なしに自分たちでホテルに帰らないといけない。上海から来た家族たちは夜市に行って自分たちで食事をとり、建設作業員たちはガイドと別れて台湾の親会社の社員との会食に行った。私はこの時間を利用して屋台をいくつか訪ね、六合夜市〔高雄市の著名な夜市〕の変化を理解することにした。ある露天商は、「中国人観光客は、うちの臭豆腐は、色の濃さも臭いも不十分だといって、気に入らないんだ。彼らは、中国で食べると高価だといって、海産物を食べるのが好きだね。でも、ここの海産物はほとんどすべてタイからの輸入もので、台湾の昔ながらの小吃はもう姿を消してしまったよ。場所代も値上がりしてしまった。……中国人観光客はうるさいし行列に割り込むしで、台湾の人はここにはあまり来なくなってしまった。地元の人もこういう状況には耐えかねているよ」。二〇分後、近くのカラスミの屋台に聞いたところ、やはり同じような意見だったが、地元の人たちは時間をずらし、中国人観光客がホテルに戻ったころから夜市に来るとも言った。私と上海の家族は、八時三〇分ごろホテルに着いたが、このとき建設作業員たちはまだ親会社の人たちと一緒に外出中だった。

ルームメートの小孫は、ホテルに戻ってくるとテレビをつけて地元のニュースをみた。ニュースではここ数日、大きな被害が出ている高雄のガス爆発事故を大きく取り上げていた。「台湾のニュース報道はもっといろいろな角度があっていいのに。なぜほかの地方についても同じくらい大きく報道しないんだ?」と言う。私が、中国のニュースでは中国以外の地域の事件を総合的に報道するのかと聞くと、小孫は「実のところ、そうでもないね」と答えた。

【四日目】

この日は、高雄の西子湾で海の景色を鑑賞することから始まった。一時間ほど滞在したが、写真を撮ること以外、何かするよう勧められることもなかった。参加者は退屈してコンビニへ買い物に行き、二〇分ほど店内をうろうろし、無料のエアコンを楽しんで、店員の忍耐力の限界に挑戦した。

つぎは愛河である。バスは高雄の二二八紀念公園で停まり、われわれは公園を通り抜けて目的地に向かった。ツアーが始まって以来、ガイドは二二八事件に関する話を一切しておらず、ここでも話題にしなかった。ガイドと一緒にみんなの前を歩いているときにその理由を尋ねると、「国内のお客さんとは二二八のような事件については話しません。政治的ですし、とくに知りたいと思っていないでしょうから。それに、二二八は彼らの側の人たちがしたことです。観光している最中に政治の話はしたくないんです」と言った。

木の桟道を歩きながらガイドが愛河について紹介するのを聞いた。民主進歩党（民進党）は一九九八年から高雄市の与党であるが、愛河の整備をきちんとおこなっていない、と批判した（しかし、それ以前の国民党の時代にはこの運河の状況はもっとひどかったのだが、そのことは触れられなかった）。「台湾はあまりに民主的で、団結力が足りないんです。民主的でもいいとは限らないこともあるんです……大陸では政府が何かしようと思えば、とくに全員の同意を取り付けなくてもそのままやればできるでしょう」。彼は、この川の状態は昔と変わらずひどいと考えていた。桟道を離れるころ、建設作業員の台湾の同僚がプリウスを運転してやってきて、前夜の会食の記念にと手土産を渡した。

続いてテレサ・テンを記念する「博物館」にやってきた。こんな小さなスポットでも、外には抗議をする法輪功のグループがいる。バスを降りる前にガイドは、ここはテレサ・テンの家族が経営しており、公的補助を受けておらず、寄付だけで運営しているために少々見すぼらしいのだ、と説明した。私たちは「７」番と刻まれた名札をもらって身につけた。ほかの団体ツアーもそれぞれの番号を身に着けながら参観した。この「博物館」はテレサ・テンが実際に使ったものを収蔵しているわけでなく、大部分は複製写真を展示しているだけだった。

展示エリアに隣接した物販コーナーに入ると、この「博物館」の商業的な目的が俄然はっきりした。

ここではテレサ・テンの音楽に関するものだけでなく、台湾をテーマにしたありがちな土産物が売られており、店内での撮影は禁じられていた。併記された人民元の価格は異様に高く、店員にそのわけを尋ねると、三年前の為替レートにもとづいており「コンピュータシステムの入れ替えがとても難しい」からだという。ただ、客がそうしたければ台湾元で支払うこともできる。ガイドとレジ係が小声で会話したとき、店員は心配そうに、私が記者ではないかと聞いてきたそうだ。われわれのメンバーは誰も物を買わず、名札を返したあと、鶏肉料理が売りのレストランでの昼食に向かった。

車内に戻ると、小孫は、チェーンの家電量販店に気がついて言った。「小さい店だなあ。車を売っているプレハブの店も見かけたけれど、大陸人はああいう店は信用しないんだよ」と言った。ガイドは「われわれ台湾人は安く買い物をしたいので、この手の店でも信用するんですよ」と答えた。

続いて仏光山に到着した。ここには南京で出家した星雲法師が開山した大乗仏教の寺と仏陀記念館がある。後者は「愛国主義教育」を特色とし、戦争中の日本の暴力を紹介するものだ。中国共産党の幹部が訪れる半ば公式のスポットとなっており、また国民党系の学者である高希均が、将来、中華民国のリーダーが中国と「両岸和平協定」を締結する際にはここで署名儀式をおこなうことを提言したところでもある。ガイドは、「われわれ中国には峨眉山や華山など、聖山がいくつかありますが、ここはそれを模してつくられました」と紹介した。建設作業員のＴ４は、中台禅寺と比較して「これは壮観だ！」と言った。周りにもいろいろな買い物スポットがあった。

続いて屏東の恒春古城に向かった。観光施設は整っていないが、無料の景勝地である。地元の子どもたちが野球をして遊ぶのを横目で見ながら、ガイドは初めて領土性を帯びた言葉遣いをした。「中国大陸」ではなく「中国」と台湾を比較したのである。「中国は野球でもわれわれより強いです。野球人口が台湾より多いので、より多くの人のなかから〔選手を〕選ぶことができますね」。この言葉遣いのちょっとした違いに、注意を向ける人はいないようだった。子どもらがボールを打つ様子をしばらく見てから、ガイドは続けてこう言った。「台湾の経済は、政治の内輪もめのせいで停滞してしまっています。民主的すぎます。それに人件費が高すぎるので、台湾人は中国に工場を移しているんです」。

ふたたび車内に戻ると、同室の小孫がガイドに向かって「こういう観光コースは大陸とたいして変わらないなあ。台湾をぐるりと一周しているというだけだ」と言い、ガイドはうなづいた。車城のホテルに着くと〔旅程表にはもっと有名でもっと人気のある観光スポットである墾丁の名が書いてあったが、実際には墾丁から車で三〇分かかるところに宿泊するのだ〕、小孫は私にこっそり「そうなんだよ、中国大陸にいるのと変わらないんだよ。とくに南部のこういう貧しい田舎は……なんだかうちの田舎にそっくりで、あんまり違いがわからないよ」と訴えた。私が一人で散歩に行くというと、「このへんの人たちは外国人には慣れていないからジロジロ見られたりすると思う」と心配してくれた。

彼はさらに、この旅について分析した。「昼食会場のレストランに入っていったときに、あそこにいた人はみな大陸から来たってすぐにわかったよ。それは別にかまわない。やっぱり団体ツアーがいい。どこへ行って何を食べるか、どこに泊まるか考えなくていいからね。ガイドもいい人だし。とくに買い物を強制されないし。サービスエリアの果物が高すぎると教えてくれたよ」。

この機に乗じて小孫に政治的な見解を聞いてみた。「台湾の独立については、あまり関心はないよ。われわれはみんな中国人で、これは日本人とは違う。台湾人は自由に選ぶべきだ。つまり、両親があんたを他人に預けて育ててもらい、大きくなってから戻ってこいというのは、果たして公平なのかっているということだ。あえて言うなら統一を支持する。しない理由があるか？　統一すればすべての人がより強く大きくなれる。思うんだが、アメリカはこれからも、たとえば……ベトナムやフィリピンみたいなところに肩入れして中国に揺さぶりをかけてくる」。小孫は風呂上がりにテレビをつけたが、台湾の番組ではなく中国の中央電視台を見ていた。台湾のテレビ番組には飽きたと言った。

【五日目】

この日は台湾の南部から東部の台東へと向かった。バスの車内で、あるメンバーが中国からの電話を受け、大声で仕事の話を始めた。ほかのメンバーは道沿いに法輪功の看板がたくさんあるのに気がついた。二人が大きな声でこのスローガンを読み上げ、やれやれと首を振って蘇北方言で短くやりとりしていた。

途中、いくつかの小さな無料スポットに立ち寄った。バスを降りて墾丁の灯台を見に行こうとしたとき、ガイドの張さんが、海産物を扱う小さな店に立ち寄りたいと言った。台湾の養豚農家に嫁いだ中国人女性が営む店だった。灯台を見たあと、そこで落ち合った。ツアーのメンバーは同郷の女性に会えたことを喜び、短時間ではあったが親しく会話を交わした。この女性は台湾での暮らしが気に入っていると言った。店はこの辺りのほかの商店と同様、人民元で値段が表示されていた。

あちこちで法輪功の抗議者を見かけた。途中で立ち寄った景勝地の猫鼻頭で、建築作業員の一人が、法輪功が無料で配布している新聞、『大紀元時報』を受け取った。私も一部もらった。彼は自分のもらったものを読み、彼の同僚も私がバスの座席に置いたものを手に取って読んでいた。

一緒に旅行するようになって五日目となり、小さな団体ツアーのなかの緊張関係が表面化してきた。作業員たちは、ある男性が大声で電話でしゃべり続けるのに耐えかね、ここに上海の家族の二人の子どもも加わってさらにやかましくなった。しばらくけたたましい声が響き渡ったのち、作業員二人が「いい加減にしろ！」と怒鳴った。ガイドがあいだに割って入り、ちょっと変わった両岸のお化け話でもって仲裁した。彼はにこにこしながら、子どもたちに「バスを降りるとき、泣いているところを法輪功の人たちに見られたら、さらわれちゃうよ！」と言った。

場を収めたガイドは、ビデオを放映してみんなを落ち着かせようとした。放映開始前の静寂を利用して彼はこう言った。「最終日には故宮博物院に行きます。中国の五千年の歴史の文化財を鑑賞するので、少しフォーマルな身なりでお願いします。外国のお客様もいらっしゃるのでパリッとしたほうがいいですよ」。続いて、ガイドは、華人圏で中国語国際放送を手がける鳳凰衛視（フェニックステレビ）が制作した国民党の老兵[*5]の台湾での暮らしを追ったドキュメンタリーを放映した。小孫は前にもこれを見たことがあり、これはとても面白いよ、と私に言った。

ガイドの張さんは東海岸に着いたと告げた。「あっちには島があるのかな？」と、T5が海の方を指して聞いた。「いいえ、海の向こう側はアメリカです」とガイドは答えた。

小孫は私に「帰りたい？」と聞き、続けて「アメリカは太平洋に面してるんだろう？」と言った。私は「そうだ、西海岸は太平洋に面している」と答えた。

小孫は「じゃあもう一方は？　何て海に面しているんだい？　インド洋？」と聞いてきた。

私は携帯電話の地図アプリで大西洋の輪郭を説明したが、小孫は突然話題を変えて、アメリカの大統領選について話しはじめた。彼はヒラリー・クリントンがオバマの後の大統領に就任すると聞いたと言い、彼女の「排華傾向」に懸念を示した。テレビのニュースと新聞でこれを知ったという。

果物店が併設されているガソリンスタンドに止まったとき、バスの運転手にこの団体ツアーについて聞いてみた。彼は、「中国のお客さんたちは、話に聞く『台湾』が見たいだけだよ。長いあいだ、聞いてきたけれど、以前は来られなかったところだからね。いまは来ることができる。とくに台湾をどう楽しもうかとは考えていない。少なくとも一般の観光客はそうだね」と言った。

台東市を過ぎ、都蘭の無料観光スポット「水往上流」で少し時間を過ごした。これは重力に逆らって水が流れているような錯覚を起こす小さな人工水路の奇観だ。個人旅行をしている二人組の若い台湾人女性が携帯電話で互いの姿をカメラに収め、われわれのツアーの子どもたちは彼女たちのカメラのフレームの中を走り回っていた。女性の一人がカメラに向かって、「いま水往上流に来ています。自転車を一時間半漕いでここに着きました。いまから元の道を戻ります。（首を振り振り、この場所を指さしながら）このためだけに。まあ、うそでしょって感じ。そういえば中国人観光客も多いですよ」と言い、カメラの前で表情を作ると撮影を終えて去っていった。

車内に戻り、引き続き北へ向かった。ガイドの張さんは、「市街地のホテルはいまひとつなので郊外のホテルを手配しました」と言った。大きいが古いそのホテルは、静かな成功漁港にあった。台東市から北へ四〇キロメートルの場所だ。ガイドは明日は朝八時に出発する、と告げた。

【六日目】

小孫は朝、部屋でテレビをつけると愚痴を言った。「ニュースは高雄の事故のことばかりだな。大陸のニュースが全然ない」。

「大陸のニュースを報道すべきかい？」と私は聞いた。

「ニュースは国際的でないと。国境なく」と小孫は答えた。

「そちら（中国）のニュースのほうがおもしろい？」と聞いてみた。

「いや、そうでもない。真逆だ」と小孫は答えた。

小孫と一緒に下の階へ降りて朝食をとった。隣のテーブルの客がわれわれのガイドに質問しているのを見て、小孫は「われわれが行く先々、みんな大陸人だ。あの人たち、前に見たことがある気がするな」と言った。

バスに乗って台東市に戻り、買い物スケジュールのなかに組み込まれている、とある「サンゴ博物館」を参観した。車中、ガイドの張さんは「蔣介石夫人の宋美齢はベニサンゴが大好きで……世界のベニサンゴのうち八〇％は台湾で採られているんです。ベニサンゴは厄除けになり長寿を意味し……乾隆帝と康熙帝も、西太后もベニサンゴが大好きで……宋美齢は一〇六歳まで生きたので、その効力がうかがわれますね」と解説した。続いてベニサンゴの短い宣伝ビデオを流した。T4は前日と同じようなルートだということに気づき、仲間に「早起きして買い物に参加させられるなんて、時間の無駄だ」と小声で文句を言った。

「サンゴ博物館」に到着した。店内はとても広いが手入れが行きとどいておらず、宋美齢の写真が掛けてあった。建設作業員たちは買い物にはまったく興味を示さず、上海の宜青は一千人民元のネックレスを買った。彼女は「このくらい大した買い物でもない」と私に言った。

店の外で待っていると、そばに法輪功の抗議者がいた。

運転手は「法輪功をどやしつけてやったか？」と私に聞いた。

「どうして？　別に何もされてませんよ。うっとうしいですかね？」と聞いた。

「そうだよ、毎日毎日うっとうしいよ」と言うと、彼は台湾語で抗議者らを怒鳴りつけた。

小孫が店から出てきた。運転手から離れたところで、彼に、店はどうだったか聞いてみた。香港でも見たことがある。だからこういうのには馴染みがある。台湾にも詐欺師はいるんだな」と言った。

車内ではガイドの張さんが、「栄民之家」[*6]を何軒か通りかかった際に、「老兵」について語った。「陳水扁はあの人たちの社会保障をカットしてしまったんです。だから、彼らはいまは、国民党の党営企業の寄付でなんとかやっているんです」。陳水扁時代のことを「あのころ」というとき、ガイドの発音は台湾風ではなく大陸風の発音になった。T4はこれに気がついて冗談のネタにし、大声で何度も「あのころ」と言った。張さんは続いて、中国のコメディー映画『硬漢奶爸』を放映した。

これで三度目となる台東と成功鎮のあいだの道を通って、バスは花蓮に向かって北上していった。映画が終わるとガイドの張さんはこれから向かう場所について、こう強調した。「花蓮にはたくさんの『高山原住民』がいます。五〇万人の台湾の原住民のうち、人口がいちばん多いのはアミ族の一五万人で、色白で綺麗な人もいます。もちろん、ほかは色黒ですけどね」。

北回帰線の記念碑に少し立ち寄った。張さんは、ここは記念撮影にいいスポットだと言った。また原住民の歌と踊りも見られるし、「光盤」も売っていると説明した。同時に、この辺りで廃品回収をしている大陸の老兵にも目を向けてほしいと言った。

車内に戻ると張さんは、コースには花蓮北部の有名な峡谷、太魯閣国家公園が入っているけれども、崖崩れがあったせいで渋滞に巻き込まれるかもしれないから、入口のところで少し見るだけにしましょう、と言った。たしかに峡谷の入口に到着すると、前方に観光バスの大行列が見えた。張さんは、この列に加わるよりも、川の流れが合流するところにある土産物屋で写真でも撮って、自分をねぎらいましょう、と言った。

私たちは空軍基地近くの海辺に立ち寄った。海辺は中国人観光客でいっぱいで、パイロットらがアメリカから購入した古いジェット機で離着陸の訓練をしているのを見ていた。T3とT4はこれらの機種についてよく知っていて、私の軍備オンチぶりに驚いていた。彼らやほかの観光客らはいそいそと写真を撮った。

花蓮市の郊外にある、三年前にオープンしたばかりの中級ホテルにチェックインした。これまで泊ったところと同様、客室はすべて中国人で埋まっており、室内の説明書きはすべて簡体字中国語だった。

【七日目】

この日は宝石店からスタートした。車内でガイドの張さんは、中国文化の歴史において玉（ヒスイ）と石は健康と長寿を守り、富貴と純潔を象徴するものだと説明した。また、両岸関係の緊張緩和にも特別な役割を果たし、統一を支持する台湾の政治家が大陸の同胞への贈り物としたことに言及した。

玉の象徴性はその材質の特性や空間、命理的な性質にとどまらない。二〇〇五年、国民党の栄誉主席だった連戦は、中国国家主席であった胡錦濤に特別な七彩玉花瓶を贈った。張さんによると、「花瓶の高さは一九二センチメートルでしたが、『二』は一つの中国、『九二』は『九二年コンセンサス』を象徴しています。いま、この花瓶は北京の人民大会堂に置かれているんですよ。もう一人の台湾の著名な政治家である宋楚瑜、この方は連戦が二〇〇四年に総統選に出馬した際の副総統候補となった人ですが、彼も連戦に続いて胡錦濤を訪ねた際に、バラ輝石（ロードナイト）を贈りました。宋楚瑜のルーツは湖南にあるので、胡錦濤はこれを湖南博物館に保管しています」。紹介が終わると、張さんは台湾の玉についてのビデオを放映した。字幕は簡体字中国語で、バックには原住民風のテクノポップミュージックが流れていた。

ビデオが終わると、張さんは新たに見えてきた「栄民之家」を指し、玉と、われわれがこれから向かう宝石工芸品店について紹介した。「この店は国民党の党営なんです。ここはみなさん気に入ってくださいますよ。何しろ収益の二五％を栄民（退役軍人）のために使っていますから。陳水扁が栄民の社会保障をすべてカットしてしまったので、彼らは暮らしが苦しいのです。みなさんが、こういう台湾を代表する、また良い思い出にもなる良いお土産を持ち帰られるよう期待しています」。

店についてみると、看板には、海峡両岸にまたがる企業グループが経営する「和田宝石博物館」とあり、国民党特約商店であるという宣伝文句が書かれていた。入口には蔣介石、蔣経国、連戦、そのほか国民党の領袖たちや、鄧小平や胡錦濤といった中国の指導者たちの写真が掛けられていた。「博物館」

の「案内係」にわれわれを預ける前に張さんは、ここには一時間滞在する、と告げた。「案内係」はマイクを持ち、ガイドの張さんの言葉を受けて、「ここで仕事をしているのはみな国民党の党員です。店の収益は栄民の援助に使われています。私の背景もそうで、父は湖南省出身の軍人でした」と言った。

そして「案内係」は、入口のガラスケースに展示されているサンプルを指し、「連戦が胡錦濤に贈ったのはこのタイプのものです。みなさんも花瓶一組をお持ちになって、平和統一を支持されてはどうでしょう」と言った。中国語の発音が同じだから、「瓶《ピン》」と「平《ピン》」は、かけているのだ、とも強調した。続いて階上へ行き、室内で玉の由来と多様性を紹介するプレゼンテーションや、ライトなどの効果を使って真贋を判別するデモンストレーションをした。

一〇分後、指輪やブレスレット、ネックレスなどの装飾品を見に連れて行かれたが、われわれのメンバーは何も買わなかった。「こんなのぜんぶ偽物だ。こういうのは中国でたくさん見てきたよ。本当に老兵の資金援助をしているかなんて誰にもわからないよ」。T3は私が何か買ったかと聞くとこう返した。私の質問に答えてくれた数人の店員はみな、自分は国民党の党員で、家族や友人のコネでここで働いていると言った。

工芸品店を去るときに、ガイドの張さんにジュースを分けた。張さんは突然頭を振り振り諧謔詞を一句ひねりだした。「車内じゃ居眠り、下車しちゃ小便、家に戻っちゃ記憶なし」。私がもう一句、とねだると、「こんなのが気に入るお客さんもいますよ。『台湾は、行かなきゃ一生の後悔、行ったら行ったで一生後悔』」。

これは中国人観光客のあいだでよく聞く言い回しで、しかも題材になるのは台湾に限らない。筆者は、二〇一一年に雲南のシャングリラで調査をしたときにも、観光客が同じことを言うのを五回は耳にした。車内に戻り、台湾の有名ポップ歌手のジェイ・チョウ（周杰倫）のミュージックビデオを見た。ガイドは、花蓮と宜蘭の蘇澳を結ぶ蘇花公路は危険で通行が困難なため、鉄道に乗り換え、運転手とは後で落ち合う、と言った。予想にたがわず、鉄道駅の改札口にも法輪功の抗議者たちがいた。

ふたたび観光バスに乗り、北海岸の野柳地質公園を見学した。特殊な地形がみられるうえに、入場料が安いため人気のスポットだ。それからこの日の二カ所目の買い物スポット、台北の維格餅鋪に到着した。ここはパイナップルケーキなどの専門店で、中国資本が二五％出資している。レジの上のほうに掲げられた、前台北市長であり国民党の忠実な党員である郝龍斌と、馬英九総統の写真が目を引いた。

さらに三つ目の、かつ最後の買い物スポットである昇恒免税店へ行く途中、ガイドの張さんは阿里山に行くときに紹介した塗り薬の宣伝販売をし、代わる代わる試しに使わせてくれた。もし買うならこれから行くホテルに届けます、と彼は言った。全員が試してみたものの、誰も注文はしなかった。

六階建の昇恒昌免税店での買い物には一時間半の時間が割り当てられていた。この民間企業は台湾ではほぼ独占的な免税店で、そのうえツアーコンダクターやガイドへのキックバックはない。われわれはいくつかのグループに分かれた。上海の一家は化粧品やバッグの売場で、作業員は酒・タバコのコーナーで多くの時間を過ごした。T3は八五〇〇人民元のシャボーのXOブランデーを一本購入した。「これはまだ飲んだことがないんだけど、美味しいに違いない。だってXOなんだから」。

免税店を出るとき、小孫は感慨深げに、「わあ、ここに並んでる観光バスを見てみろよ！　台湾はなんで両岸サービス貿易協定に反対を続けるのかね？」と言った。それから北投の温泉ホテルに着いた。チェックインの前に淡水に散歩に行ったが、食べ物の移動販売車や、お手ごろなレストランや屋台があった。しかし、張さんは北投が日本の植民者が開発した温泉地であることは言わなかった。小孫と同僚たちはタクシーでカルフールへ行った。台湾の特産品や菓子を買い、地元の親戚や友だちへの土産にするそうだ。部屋で小孫が台湾での旅の経験を総括した。

台湾は謎に包まれた存在だった。それがどういうものかわかって、あまり興味はなくなった。想像していたほど発展しているわけでなく……知っていると思うがここはアジア四小龍のひとつで、香港、韓国、日本みたいなものだ……でもいま都会のスタンダードは上海で、台北と高雄を見たわけだけど、とても（上海には）かなわない。でも、前にも言ったけれど、こういったちょっとした場所、ホテルの周りのこういう町はなかなかだ。整然としていて、学ぶところもある。素養とかマナーとか……たいしたものだ。

【八日目】
レストランで朝食をとり、バスに乗ると、旅の最終日が始まった。今日の旅程にはいくつか有名な観光スポットがある。まずは故宮博物院だ。ガイドの張さんは、ここに「中華民族の五千年の宝物」が収蔵されていると強調した。二時間ほど館内で過ごした。まず入口で音声ガイドのヘッドセットを受け取るため、つぎに有名なヒスイの白菜を見るため、二度行列に並んだ。

待ち時間に、ガイドの張さんに、彼自身の政治的な立場を知りたいと思っていくつか質問をしてみた。彼は、きわめて親中的な統一支持団体である新同盟会に加盟しているという。[*7] この組織の名称は国父・孫中山（孫文）の同盟会にちなんでいる。台湾でのメンバーの大部分は、軍の出身者や、国民党とその関係団体など、親国民党勢力だという。また、新同盟会のメンバーとして、この数年のあいだに中国の末端の官僚と会い、個人的なつながりを築き、台湾は中国の一部だという思いを強くしているのだという。中国に行ったことと退役後にガイドをしていることは無関係で、ガイドの仕事はちょっとばかり稼ぎもいいし、仕事として気に入っていると言った。

昼食は北平〔北京の旧称〕レストランに行った。中国の首都、北京をその名にいただいたレストランで、台湾での最後の食事をとったというのは、なかなかに意味深長だ。台北の買い物スポットと同じように、ここにも国民党所属の台北市長であった馬英九と郝龍斌のサイン入り写真が飾られていたが、民進党の陳水扁・元市長の写真だけは見当たらなかった。

昼食後、国父記念館に到着した。法輪功の抗議者だけでなく、中華民国と国民党のシンボルを身にまとい、それを売ってもいる老人を見かけた。老人は旗、帽子、スローガンを綴ったペナントを売っていた。少なくとも二〇一二年から毎日ここに来ているという。たしかにそのころから、ここに来るたびに彼を見かけてきた。三〇分で国父の彫像と博物館を見学した。なかには日本統治時代の台湾を孫文が訪れたときの文物もあった。展示では、台湾を統治した国民党が孫文の三民主義を見事に実現し、民主主義と自由のために努力を払った様子が描かれていた。

最後に、台北一〇一ビルを訪れた。ツアーには、展望台の入場券（約五〇〇台湾元、一六米ドル相当）は含まれていなかったので、いくつかのグループに分かれてビル内の高級ショップを見て回った。

小孫と私はほぼ一緒に行動し、写真を撮ったり自撮りをしたり、今週の思い出を語り合ったり、このデパートを中国と比較したりした。「そうだな、ここはいいデパートだな。もちろん、上海にもこういうのがあるし、建築のでかさという点ではもっとすごい。でもここの人たちは……この親切ややさしさが恋しくなるだろうね」と、小孫は言った。

午後三時にロビーに集合してバスに乗車した。私は運転手に手伝ってもらって自分のバックパックを取り出し、手を振って、みんなが空港に向けて出発するのを見送った。

三　ツアーの分析

ツアーの最初から最後まで、台湾一周ツアーの組み立てと実際の催行は、台湾を中国の一部として演出し、台湾人を中国のエスニックな主体（Chinese ethnic subjects）として表現する点で一貫している。ガイドによる領土をめぐる描写や台湾の歴史に関する選択的な語りは、いずれもこの目的を達成していた。同時に、観光スケジュールの時間的空間的な輪郭もまた、このイメージを強めており、文化的に「中国」と関係する「景勝地」の見学が手配されているのみならず、買い物スポットの訪問においても、台湾の品物は「地方の名産」として、中国の豊富な物産のイメージのなかに組み入れられていた。訪れた宿泊施設、食事場所、観光スポット、商店はすべて中国人観光客向けに仕立てあげられていた。室内の表示は簡体字中国語、商店のカウンターには人民元支払い可という表示などがあり、中国人団体ツアーがなぜ台湾を中国の一部とみなすのかが容易にわかる。

台湾を中国の一部としてみせる演出と語りは、国民党と共産党の歴史や領土と文化をめぐるイマジネーションの入り混じったものだと言える。そのなかで、日本の植民地時代はなかったことにされるか、非難の対象になるかであり、台湾の先住民の過去と現在は、中国の少数民族と同じものとみなされる。同時に、中国人団体ツアーのみる台湾は、台湾がその政治的目的と経済的なロジックを通じて表現するパフォーマンスでもある。宝石店をはじめ、国民党とつながりを持つ資本家たちが販売しているのは、商品だけでなく、観光客の消費を通じて構築される政治的統一の可能性でもある。また、法輪功はガイドの手で、政治的意見の異なる宗教団体から、名実ともに実在するお化けへと格上げされている。

領土をめぐる物語の語り手としてのガイド

まずはガイドの用いる言葉と、台湾の歴史や文化の紹介のしかたに注目してみよう。前述したように、ガイドの張さんは台湾を、「大陸」あるいは「中国大陸」と対比する。「内地」という言葉は、「内地のお客様」といった、何かの形容以外にはほとんど使わなかった。たった一度だけ、恒春で地元の子どもたちの野球の試合をみているときに、彼が台湾と「中国」を対比させているのを聞いた。しかしこれはツアーも後半となり、ガイドとツアー参加者のあいだに信頼関係ができてからのことだったので、誰もこの言葉遣いに異論は唱えなかった。

「大陸」や「内地」といった領土にかかわる用語の技巧的な使い方は、台湾の政治ディスコースのなかでしばしばみられる。とくに中国ナショナリストや中国で事業展開をしている人、中国とつながりを持つ台湾人には多い。ただ、ガイドが頻繁に使った「われわれ中国」や「われわれの温家宝・前総理」といった言葉からは、彼の歴史や文化をめぐる語りが、民主化以降の台湾における主流のディスコースをはみ出したものであることがわかる。注目に値するのは、台湾と中国を「地方」や「社会」と頻繁に表現しつつ、個々の台湾人と大陸人を民族や民族国家の主体として語ることはほとんどなかったことである。政治的統一の不可避さについて話すのであれ、あるいは普段の食べ物の好みなどをいうのであれ、彼は常に「われわれ中国人」という言葉を用いることで、台湾人と中国人を「血を分けた同胞」とみなす国民党と共産党の立場を繰り返し示していた。

しかし、いかに文化面や民族的な共通性を強調しても、やはり台湾と中国大陸の制度の違いに言及することは避けられない。そして、こういう議論は往々にして中国の一党独裁の効率のよさを評価し、台湾の複数政党制がもたらす無能や対立を嘆くことにつながる。「台湾は民主的すぎるんです」というような言い方は、今回の旅では少なくとも五回繰り返された。参加者の賛同を得るためか、少なくとも参加者が注意を向けている場合に使われた。しかし、法輪功の抗議者には近づかないように、と言うときなど、まれにだが台湾を、宗教面での寛容さという点で比較的人間味のある社会であり、相対的に高度な「自由」があると持ち上げた。

ガイドは共通の敵をつくりあげて、国民党と共産党の民族団結のディスコースを繰り返し語った。また、元軍人という経歴から、過去と現在とにかかわらず日本が台湾に与えた影響を常に批判した。このやり方は中華民国国軍の元将軍で、行政院長も務めた郝柏村と同じだ。郝は「日本」に関係した論述を効果的に用いて、日本の植民地教育、日本へのアイデンティティを、李登輝や台湾愛国主義者と台湾独立主義者を批判する際の切り札にした[17]。このやり方は、彼がツアー参加者からの仲間意識を獲得し、中国の同胞たちの友好的な仲間となり、彼らの民族的な偏見に「迎合」（彼がこっそり私に言ったように）し、戦時下の暴力に対する共通の記憶を再構築し、また彼らが「一つの中国」に対して持つ領土イマジネーションに訴えかけることを可能にした。

もうひとつ、選択的で一方的な歴史の語りとして、ガイドが、台湾と中国の一九四九年以来の分裂状態を、しばしば「大陸と台湾の六五年にわたる分離」と説明したことが挙げられる。この言い方は、彼が常に批判する日本の植民統治期を省いたものである。この期間を加えると、実際は「六五年」の分離に、半世紀の日本統治期が加わることになる。さらに問題含みなのは、台湾は完全な「中国の統治」下に置かれてきたという主張である。現在の歴史研究では、清朝による台湾の統治は消極的で、せいぜい不十分なものであり、そのうえ清朝自体の性格が加わって、事態はさらに複雑であるとされている[18]。

ガイドのあからさまなイデオロギーは、個人的に筆者に語った「ツアー客と政治を語るのは好きではない」という言葉とは矛盾する。ガイドの思想とアイデンティティは、ツアーでの振る舞いだけでなく、統一を支持する新同盟会という組織に入っているという点にも表れている。筆者の観察では、ガイドはほかの参加者に自身がその会員であることやこの組織について触れなかったが、たしかに政治的な会話をしてはいた。ガイドの張さんは、そのイデオロギーによって観光以外の台湾社会のなかではアウトサイダーであっても、中国の団体ツアーのなかにあっては、水を得た魚のようであった。民進党や台湾独立派、台湾の民主主義的統治や、日本の植民統治といまのリーダーについての批判は、たしかに政治劇場といった様子であった。

しかし、彼の言及しない部分も同様に重要である。ガイドは、国民党が人権を軽視し、不法に土地を接収してきたこと、世論調査では多くの人が中国との統一に反対していること、台湾の国家アイデンティティが明らかに時間とともに高まってきた傾向などについて、言及を避けた。彼の発言は、ガイドとしての（ツアー客の）管理戦略の実践であるだけでなく、個人の政治的な選択でもある。さらにこれがツアー参加者たちの、台湾の歴史や現代の台湾の人びとの世論への理解に対して明らかに影響を及ぼすのである。

ガイドの張さんがツアー客の前以外の場所で、自分の考えや意見をどう表明しているのかを知るのは難しい。筆者はただ、「日本鬼子」や「われわれの温家宝総理」といった語彙は使わないだろうと推測できるだけで、実際の状況を知ることはできない。しかし、中国愛国主義に対する誇張表現と半ば「公開」の演技――ここでいう「公開」／「プライベート」の区別は程度の問題であって、はっきりとした類型上の違いではない――は、少なくとも筆者には彼の信念と一致していると思われる。


両岸のエスニックグループの境界の切り崩し

ガイドは、「外省人」「本省人」[*8]といった、台湾で一九四九年以降用いられてきたエスニックグループを表す言葉をほとんど使わなかった。これは意外でもなんでもない。ガイドは常に台湾に特有の、政治的な不安を喚起し、彼我の区別につながる言葉を使うことを避けるからだ。逆に、中国人観光客に理解しやすい「老兵」といった言葉は使っていた。

また、とくに外省人の第二世代や台湾で生活する中国人をツアー客に紹介していた。墾丁の海産物店の中国籍の奥さんや、東海岸などの観光スポットにいる販売員などだ。彼は、こうするのは、ツアー客たちがふるさとにいるように感じられるからだ、と筆者に告げた。

とくに注目されるのが、台湾の先住民を紹介するときに、中国でしか聞かないエスニシティに関する語彙を使ったことである。台湾のいくつもの先住民族をまとめて「高山族」（これは中国共産党がすべての台湾先住民族に対して用いる言葉である）とか「少数民族」と言った。ときにはいっしょくたにして「高山原住民」（「原住民」は台湾で用いられている用語である）と言ったりした。あるときはアミ族や太魯閣族など、その部族や集落の名前を用いて呼んだりもした。用法はばらばらでも、ガイドが、共産党が民族分類に使う言葉とアイデンティティを理解し、柔軟に使っていることがわかる。

ツアー客は先住民をめぐる話題や歴史に対して興味や関心を示さなかった。小孫の言うように「中国にも少数民族がいるけれど、よく知らない」。小孫やほかのツアー参加者からすれば、「中華民族」はいろいろな民族から成っており、先住民はその一部にすぎない、ということだろう。

統一のための買い物

ほとんどの買い物スポットには国民党のイメージが示されていた。中国系資本が出資するパイナップルケーキ店の維格餅鋪といった有名なブランドから、北平レストランや阿里山の昼食場所と茶葉店といった小さなレストランや商店まで、一行が立ち寄った店には、馬英九総統と郝龍斌台北市長の写真が目立つところにあった。こうしたスポットに、民進党や、反中国的な立場をとるリーダーがこのようなかたちで現れることは一切なかった。

もっとも顕著な例は、花蓮の国民党党営の宝石店だ。ここでは国民党と共産党のリーダーの卓越した地位が強調されているだけでなく、店員も「うちの花瓶を買うことは平和統一の手助けになります」と口にした。これに先立つ数日間、ガイドはこういった店のプロモーションを試みていた。民進党政権の時代に退役軍人の社会保障がカットされたとか、道すがら、「栄民之家」に注意を促し、ことあるごとに大陸出身の栄民たちを紹介しようとした。

車内ではガイドが、商店の収益の二五％が国からの資金援助が絶たれた栄民の支援にあてられていると言った――もっとも、この宝石店の店員はこれには一切触れなかったが。個別に聞いてみると、彼らは、細かいことは知らないが、この店と国民党はたしかに「われわれの軍隊を支持している」と強調した。ガイドの張さんとは違って、そのセールス手法は、自分たちの店や国民党が栄民の福祉機関だ、というような言い方をするものではなく、中国と台湾の統一を実現する直接的な方法だ、という言い方をするものだった。

「経済によって政治目的の達成を促す」というのは、中国が胡錦濤政権時代以来とってきた、経済的な優遇策を利用して台湾に統一を支持させようとする戦略である(19)。しかし、この宝石店は逆のケースである。政治的戦略を利用して経済的目的を達成しようとしているのだ。このケースでは、統一や民族感情を利用し、中国人観光客に、さらに国民党の財源に貢献するよう奨励している。われわれのツアーのメンバーは誰も何も買わなかった。それは、中国国内でも不人気な店の多くがこういった手法を使っているからだろう。

そのほかの買い物スポットでも、国民党の重要人物の肖像を掲げて、中国と台湾の共通点を強調していた。阿里山の茶葉店では商品の外箱に馬英九総統のサインと写真を印刷していたし、テレサ・テンの音楽も両岸人民の共通の記憶として人びとを引きつけていた。こういった商店が、中国人観光客の好みを想像し、それでもって購買欲を刺激しようとしても、その収益が大いなる政治プロジェクトの一助になると主張するくらいが関の山なのだが。とはいえ、維格餅鋪は中国と台湾の合弁企業であり、ガイドの張さんもこれは「両岸関係の平和的な発展」の手本だと胸を張って述べていた。

商業観光とレジャー観光の曖昧な境目

旅の初めに、小孫は、自分と同僚たちの今回の旅行は台湾人の経営者からの褒美であり、彼らの優秀な仕事ぶりを評価したもので、また本社のある台湾への理解を深めさせたいという狙いも込められている、と語った。旅のあいだじゅう、小孫たちはツアーの参加者たちとともに行動したほか、高雄では時間をつくって台湾の同僚たちと夕食を共にした。翌日、台湾の同僚たちは、中国に持ち帰る台湾の手土産を数箱贈った。彼らの時間配分からみると、旅の主な目的はレジャーではあったが、作業員たちはやはり折を見て仕事上の交流にも努めたことになる。ここから導かれるであろうもうひとつの結論は、ほかの中国人観光客たちも、レジャーとして観光をすると同時に、もしかすると仕事上の目的も兼ねているかもしれない、ということだ。この可能性は、団体ツアーと行動を共にしたり、厳格なルートの管理を受けたりしない個人旅行客により多くみられるだろう。

参加者どうしの交流

ツアーのスタッフを含めて、この団体ツアーは三つのグループからなっていた。蘇北の建築作業員たち五人、上海の家族四人、そしてガイドと運転手である。このような団体ツアーにはめったに登場しない、一人の西洋人観光客として、筆者はみなの好奇の目にさらされ、グループのあいだを行ったり来たりしたが、かといって本当にそのなかに融け込むのは困難であった。行動範囲が広い観光スポットでは、ガイドの基本的な紹介が終わると、自然に上海の家族と、蘇北の作業員という二つのグループに分かれた。筆者は、ガイドや、訪問スポットの屋台の人や店員たちと話すとき以外は、この二つのグループそれぞれと同じくらいの時間を過ごした。昼食や夕食の時間には、すべてのツアー客が一つのテーブルに同席し、ガイドと運転手は、われわれが席に着いたことを確認し、食事の特徴について説明すると、別のテーブルに着いて食事をとった。食事中は、食べ物や訪問した観光スポット、そしてこの旅や台湾について語り、自分の個人的なバックグラウンドについて語ることはほとんどなかった。

参加者どうしは礼儀正しく接し、みんなが十分に食べているかを確認し合った。子どもはときに騒ぎを起こし、大声で騒いだり、マナーを守らなかったり、回転テーブルを早回しして大人に迷惑をかけたりしたが、作業員たちもおおむね辛抱強く付き合った。

上海の一家と作業員たちのあいだでは、政治的な議論や意見交流はまったくおこなわれなかった。しかし、作業員たちが朝食を食べたり、テレビを見たりしているときのような少人数の場面では、台湾の政治がよく話題にのぼった。ガイドが何度も言った「台湾は民主的すぎるんです」というセリフは、しばしば持ち出され、繰り返された。唯一の「外国人」として、またツアーのみんなが初めて言葉を交わした外国人として、筆者は往々にして「アメリカ人」の立場でこれらの話題への意見表明を求められた。筆者は、中国で主流となっている論調を刺激しないような言葉を戦略的に使い、ときにはアメリカの政治家を批判しながら、これに応答した。こういうやり方はガイドの張さんと大して変わりなく、つまり筆者も役者となって、ツアー客が聞きたいだろうと思うことを言い、同時に自分のアイデンティティを保持できる程度の内心の一貫性をもって、彼らとの衝突を避けたのである。

おわりに

本章では主に、上海発の中国人による台湾団体観光ツアーの詳細な記録と民族誌を記し、その分析をおこなった。ガイドの語りに隠された政治的立場や、ツアー客と商店の人びとの交わり、中国人観光客どうしの会話を探ることによって、ツアー客の観光体験のなかにおいて、台湾がいかに表現され再現されているかを描写した。同時に、台湾の屋台の人びとやその他、地元で受け入れる側の人びとが、中国からの団体ツアー客がもたらす効果に対して抱いている態度や反応も観察した。

今回の旅行での中国人観光客の支出は、主に国民党が経営したり支援したりしている企業の懐に落ちることとなった。このことは、台湾の民間部門の収益に不均等をもたらし、国民党系以外の団体に損失を及ぼす。これは、旅行業協会の幹部たちが筆者のインタビューのなかで、国民党やその政治家たちへの支持を明確に表明したことと一致する。中国の団体ツアー客の観光は、台湾内部の政党政治の動きと経済的利害に影響を与えているのだ。

この旅の経験のなかで筆者が観察した実態や感情の要素は、筆者が二〇一二年から二〇一六年にかけてほかの団体ツアー客から収集したインタビューのデータとほぼ一致する。[20] ここから筆者は、中国による台湾への観光客の送り出しモデルとして、団体ツアーというオペレーションの枠組みは、多くのツアー客にとり、中国における観光経験の複製と再現になっていると考える。ツアーのなかでは、本文では論じなかったこと、筆者が想定していなかった瞬間もたくさんあったが、前述したような効果は一貫して作用し続けていた。

いいかえれば、両岸観光スポットと人の流れがつくりだす空間は、効果的な舞台の管理と設計を通じて、多くの中国人旅行客の統一を支持する立場と、その多くが統一に反対する台湾の立場のあいだの不和や衝突などの表面化を回避しているのである。

注　記

＊　本章は、伊恩（Ian Rowen）「在台灣上演『一中』」（吳介民・蔡宏政・鄭祖邦編『吊燈裡的巨蟒：中國因素作用力與反作用力』新北市：左岸文化出版、二〇一七年、二四一～二八八頁）をもとに、本書収録用に再構成し、大幅に加筆・修正したものである。訳出に際しては、筆者による英文版の草稿（Ian Rowen, "Performing One China in Taiwan: A political ethnography of a group tour," mimeo）も参照した。中国語版と英文版のあいだに齟齬がある部分については、原文である英文版を優先した。
（1）　交通部観光局「一〇〇年來臺旅客按居住地分」（二〇一二年）。
（2）　"Cross-strait Tourism Offices to Open in April," *China Times* (February 26, 2010).

（3） Y. Guo, S. S. Kim, D. J. Timothy, and K.-C. Wang, "Tourism and Reconciliation between Mainland China and Taiwan," *Tourism Management* 27(5)(2006), pp. 997–1005.

（4） Ibid., p. 1002.

（5） L. Yu, "Travel between Politically Divided China and Taiwan," *Asia Pacific Journal of Tourism Research* 2(1)(1997), pp. 19–30.

（6） J. J. Zhang, "Borders on theMmove: Cross-strait Tourists' Material Moments on 'the Other Side' in the midst of Rapprochement Bet," *Geoforum* 48(2013), pp. 94–101.

（7） Y.-C. Ho, S.-C. Chuang, and C.-J. Huang, "The Study of Brand Cognition of Sun-Moon-Lake-The Example of Mainland China Tourists," 島嶼觀光研究 *Journal of Island Tourism Research* 5(1)(2012), pp. 52–71; 劉瑋婷「開放陸客來台觀光之影響與探討」『臺灣經濟研究月刊』三二（八）（二〇〇九年）、五七〜六三頁。L. R. Wang, "How Taiwan's Economy Benefits from Independent Chinese Tourists," *China Report* 6(2011), pp. 50–51; S. H. Yi, "The Impact of Cross Strait Tourism Cooperation on Cross-straits Economics," *Cross-Strait Relations* 10(2008), pp. 35–36. Retrieved from 〈http://cnki50.csis.com.tw/kns50/detail.aspx?QueryID=19&CurRec=22〉.

（8） W. G. Arlt, *China's Outbound Tourism* (London: Routledge, 2006); L. K. Richter, "Political Implications of Chinese Tourism Policy," *Annals of Tourism Research* 10(3)(1983), pp. 395–413.

（9） P. Nyíri, *Mobility and Cultural Authority in Contemporary China* (Seattle: University of Washington Press. 2010); W. Sun, *Leaving China: Media, Migration, and Transnational Imagination* (Lanham: Rowman & Littlefield. 2002).

（10） A. Franklin, "Tourism as an Ordering: Towards a New Ontology of Tourism," *Tourist Studies* 4(3)(2004), pp. 277–301; M. B. Salter, "To Make Move and Let Stop: Mobility and the Assemblage of Circulation," *Mobilities* 8(1)(2013), pp. 7–19 〈http://doi.org/10.1080/17450101.2012.747779〉.

（11） J. Chio, "China's Campaign for Civilized Tourism What to Do When Tourists Behave Badly," *Anthropology News* (November 2010), pp. 14–15, at p. 14.

(12) P. Nyíri, *Scenic Spots: Chinese Tourism, the State, and Cultural Authority* (Seattle: University of Washington Press, 2006), p. 75.

(13) 以下の旅行社や商店、人名や店名などはすべて仮名である。

(14) D. MacCannell, *The Tourist: A New Theory of the Leisure Class* (New York: Schocken, 1976).

(15) N. Wang, "Itineraries and the Tourist Experience," in C. Minca and T. Oakes (eds.), *Travels in Paradox: Remapping Tourism* (Lanham: Rowman & Littlefield, 2006), p. 66.

(16) C. H. Wong, "Pandas Behaving Badly Remind Chinese Tourists to Mind Their Manners," *Wall Street Journal* (October 16, 2014), Retrieved from 〈http://blogs.wsj.com/chinarealtime/2014/10/16/misbehaving-pandas-remind-chinese-tourists-to-behave〉.

(17) Shih-shan Henry Tsai, *Lee Teng-hui and Taiwan's Quest for Identity* (New York: Palgrave Macmillan, 2005) を参照。

(18) E. J. Teng, *Taiwan's Imagined Geography: Chinese Colonial Travel Writing and Pictures, 1683–1895* (Cambridge, Mass.: Harvard University Asia Center, 2004).

(19) S. L. Kastner, "Does Economic Integration Across the Taiwan Strait Make Military Conflict Less Likely?" *Journal of East Asian Studies* 6 (2006), pp. 319–346.

(20) I. Rowen, "Tourism as a Territorial Strategy: The Case of China and Taiwan," *Annals of Tourism Research* 46 (2014), pp. 62–74; I. Rowen, "The Geopolitics of Tourism: Mobilities, Territory and Protest in China, Taiwan, and Hong Kong," *Annals of the American Association of Geographers* 106 (2) (2016), pp. 385–393.

訳　注

〔1〕 台湾を中国の一部として表象する中国の教育や、メディア報道などを通じた人びとの領土イメージの社会的構築過程。

〔2〕 台湾への個人旅行は地域別に段階的に開放された。

〔3〕国民党およびこれに近い政治的立場の陣営のこと。
〔4〕一九四七年、台北で起きた市民と役人の衝突が発端となって、かねてより国民党政府による汚職や本省人を排除した接収プロセスに不満を抱いていた人びとによる国民党政府への抗議デモが台湾全土に広がった。国民党政府はこれを武力で鎮圧したが、この過程で、本省人の知識人を含む多数の住民が殺害された。きっかけとなった事件の発生日にちなんで「二二八事件」と呼ばれる。
〔5〕国民党とともに台湾に渡ってきた中国出身の兵士たち。
〔6〕「老兵」を中心とする退役軍人専用の老人ホーム。
〔7〕一九九四年に設立され、中国統一、中華民国の護持、反・台湾独立などを主旨とする台湾の政治団体。
〔8〕台湾において、「本省人」とは、日本植民地期から台湾に住む人びとおよびその子孫を、「外省人」とは、一九四五年以降、国民党とともに台湾に渡ってきた人びとおよびその子孫を指す。

第4章　宗教を通じた統一戦線工作
媽祖信仰の両岸ネットワークの分析

古明君・洪瑩發

はじめに

台湾でもっとも広く信仰されている民間宗教のひとつである媽祖信仰は、漢民族のほかの民間宗教と同じく、清の時代に、移民とともに台湾に渡ってきた。中国南部の沿海地域から台湾に渡った初期の移民の多くは、危険に満ちた台湾海峡を渡るにあたって、海の女神である媽祖に航海の安全を祈った。そのため、福建に源流をもち、もとは漁民を守る神であった媽祖が、海峡を越えて台湾に渡った先人たちの守護神となったのである。毎年、旧暦の三月におこなわれる媽祖の生誕祭には、台湾全土で数十万の人びとが巡礼（「進香」）に参加する。なかでも台中の大甲鎮瀾宮、雲林の北港朝天宮、彰化の南瑤宮などの巡礼活動は、規模が大きいことで知られている。

台湾と中国の媽祖信仰は、一〇〇年近くにわたる海峡両岸の分断のなかで、各々のローカルな政治と社会の文脈に立脚しながら、信仰コミュニティの社会的ネットワークや儀式、象徴ヒエラルキーをそれぞれにつくりあげてきた。しかし、一九八〇年代になると、両岸の媽祖信仰コミュニティは、自らを取り巻く政治や社会の変化に対応するにあたり、海峡の向こう岸の信仰コミュニティを、自らの交流ネットワークのなかに組み入れはじめた。この展開は、両岸の媽祖信仰コミュニティの共同構築の過程であり、そのなかで互いに影響を与え合う過程でもあった。

すなわち、一九八〇年代末ごろから、台湾の一部の媽祖廟は、中国の媽祖信仰コミュニティと交流するようになり、当時の台湾政府の対中政策に挑戦し、さらにはこれに風穴をあける存在となっていった。他方、中国の媽祖信仰は、台湾との信仰交流を通じて、それまでの「封建時代の迷信」という汚名をすすいだだけでなく、政府からお墨付きを得るようになり、媽祖は「台湾海峡の和平の女神」と呼ばれるまでになった。このように、両岸の媽祖信仰コミュニティの交流は、宗教の社会的実践であるのみならず、政治的なインプリケーションも帯びてきた。

本章では、台湾と中国の媽祖信仰コミュニティのリーダーたち、より具体的には、廟組織の役員会（董事会）のメンバーや総幹事（事務局長）といった廟の指導者たちによる、台湾海峡を跨いだ媽祖信仰の宗教実践の文脈とプロセス、その帰結を分析する。本章でみていくように、台湾と中国の信仰コミュニティのリーダーたちは、それぞれのローカルな政治と社会の変遷に呼応して、対岸の信仰コミュニティとの連携関係を、地元での象徴ヒエラルキーをめぐる闘争や、文化的正統性を勝ち取るうえでの切り札とし、巡礼や謁祖、廟の建立、寄進、相互訪問といったさまざまな「海を越えた民間宗教の営み」を実践した。これは、海峡を跨いだ民衆宗教のありようを再編するとともに、中国政府による宗教を通じた台湾統一戦線工作を可能にもした。

一　「民間宗教をする」信仰コミュニティのリーダーたち

漢人の他の民間宗教と同様、媽祖信仰は、歴史的に強い地域性を持つ。民間宗教の廟は、地域社会の信仰の中心であるだけでなく、その指導者たちはしばしば、地域社会の秩序を維持する役割を担ってきた。

国家の行政権力の基礎が脆弱であった帝政時代の中国〔清朝期を指す〕においては、民間宗教活動と地方社会の公共活動は重なりあっており、民間宗教活動に参加する地方社会のエリートたちは、宗教信仰コミュニティのリーダーの地位を得て、宗教の領域から地方社会の公的活動に参与した。帝国の権力が地方社会へと拡張していく過程では、民間宗教の伝統を取り込み、正統化し、周辺部を文明化し教化することで、民間宗教のもつ象徴性と帝国の文化秩序を一致させることが試みられた。

当初は邪教として扱われていた媽祖信仰が「天后」〔媽祖の尊号〕と呼ばれるようになった過程は、帝国秩序が地方信仰の伝統を取り込み、正統性を与えるようになった格好の事例である。そしてこれは、中央から地方へ向かう単方向的なプロセスではなく、地方のエリートたちが、国家が地方の伝統を承認する過程に参加し、彼らが地域社会を支配するうえでの権威と地位に対してお墨付きを獲得するプロセスでもあった[1]。

帝政時代の中国において媽祖信仰が正統性を獲得していった過程に比べて、現代の政治社会の文脈のもとでの媽祖信仰と国家の相互作用のドラマには、以下のような違いがある。第一に、現在の媽祖廟には、近代組織としての役員会や管理委員会が設置されており、信仰コミュニティのリーダーの地位にあるのは、かつてのような地元の名士ではなく、地方の政治家や実業家といった政治経済の複雑な実態に対応できる地方エリートたちである。

第二に、媽祖信仰コミュニティのリーダーは、地方の伝統に対する帝国からの承認を得ているだけではなく、変化する両岸関係のなかで、国家とのあいだにより複雑な関係を取り結ぶようになっている。両岸の媽祖信仰が共同構築的な発展を遂げていく過程で、双方の信仰コミュニティのリーダーたちは、相手側のコミュニティや地方政治や国の政策の「コ・プレゼンス」(co-presence)を意識しており、互いの政府に探りを入れたり、その力を借りたり、対立したり、共謀したりしている。すなわち、「海峡を跨いだ宗教の営み」を共同構築している。

本章ではこのような宗教実践を、「海峡を跨いで媽祖信仰をする」と呼ぶ。これは周越(Adam Yuet Chau)の「宗教をする」(“doing popular religion”)という概念を借用したものである(2)。

周越によれば、歴史の流れのなかからしだいに現れてきたいくつかの異なる「宗教のしかた」は、人びとに、特定の宗教実践のしかたを通じてその宗教イマジネーションを表現せしめる。周越は、人びとの宗教実践に関する理念型を分析して、中国の宗教文化における「宗教のしかた」について、五つの類型を提示した。そのうち、関係/往来モデルは、人と神との関係と、宗教活動のなかにおける人と人との関わりを強調するモデルである(3)。

廟を建てる、……神の聖誕日を祝う、進香をする、宗教団体（たとえば神明会など）を結成し、廟と信者団体のあいだの連盟関係を結ぶ（「分香」や「分靈」といった習俗）など。このモデルは付き合い（sociality）を強調し、儀式と宗教行事によって人びとが集まる特別な空間を提供する。関係の締結と維持、社会的団結の創造と共有は、関係／往来モデルのさまざまな活動の根本的な特徴である。このモデルのキーワードは「付き合い」と「関係」である(4)。

漢民族のほとんどの民間宗教と同様、媽祖信仰には明確な経典や教団組織がない。大部分は、行事を通じて信仰を伝え、霊験を顕示し、信徒を団結させるというかたちをとり、それゆえ、関係／往来モデルでいう社会交流と宗教活動は、互いを正当化しあう。その宗教活動は、参加する信者に、自らの媽祖への信仰を表現する機会を与えるだけでなく、この活動を差配するリーダーたちに自らの能力を開示する機会、よその廟や社会組織と交流する機会を与える。本章ではまず、「宗教をする」という角度から、巡礼、媽祖の聖誕祭や昇天祭といった祭典儀式などの宗教活動をめぐる関係性のネットワークと社交関係が、一九八〇年代にいかにして台湾海峡を越えていったかを探る。

二　信仰コミュニティによる海を越えた巡礼の歴史的背景

媽祖信仰は、清代に開拓移民とともに台湾にもたらされた。当時の媽祖信仰は、地域性を帯びた宗教コミュニティによって構成されていた。日常的、定期的な宗教活動と社会の相互作用のなかで、特定の神を信仰する信者たちによって構成される宗教コミュニティには空間的地域性があり、それぞれの「神のテリトリー」を構成した。[5] 神のテリトリーは、地域性を帯びた開拓民社会の結束の表れであった。[6]

媽祖信仰コミュニティの中心的な宗教実践である巡礼のような信仰儀式には、媽祖を信仰するテリトリー間の定期交流としての性格がある。その宗教性は、その移民社会としての性格、すなわち地域コミュニティの内部団結と、異なるコミュニティ間の相互交流を反映したものである。

現在、台湾の媽祖廟には、台湾全土に及ぶ知名度と信徒を擁するものが何か所かある。こうした廟は、台湾の社会変容のなかで徐々に出現したものだ。台湾の経済発展の過程では、「農業をもって工業を養う」政策がとられた。工業化とともに都市化が進み、農村人口は都市部へ流出したが、その際、人びとは、故郷での信仰を携えて都市部へと移住した。こうして一九七〇年代には、媽祖信仰が都市部へと広がっていった。[7]

台中県〔現・台中市〕大甲の媽祖信仰コミュニティも、もともとは地域性が強かったが、しだいにその地域性を薄めていった。かつては、大甲鎮瀾宮の祭祀圏の住民たち（「丁口」）は村落に基礎を置くものだったが、一九七四年には丁口制度[*1]が廃止され、同宮の主な巡礼団体は、村落に基礎を置いた信者団体（「神明会」）ではなくなった。[8]

これ以降、鎮瀾宮は、地域の信仰の中心から台湾全土に広がりを持つ大型の廟へと発展した。大甲媽祖廟の信仰圏の拡大もその一因ではあるが、それだけではこの廟の地位の躍進を説明することはできない。鎮瀾宮の躍進をもたらしたもうひとつの重要なできごとは、同宮の役員会が一九八〇年代半ばに、媽祖が昇天して神となった信仰の聖地である福建省湄洲島への巡礼をおこなったことであった。これによって、鎮瀾宮は台湾の媽祖廟のなかでの自らの地位を高めたのである。

この事件については、すぐれた研究が多数存在する。そのため、以下では、信仰コミュニティのリーダーによる海を越えた媽祖信仰の宗教実践という角度から、このできごとの文脈と経緯を簡単に述べ、台湾の民間宗教コミュニティで起きた象徴性をめぐる競争プロセスにおける「中国《チャイナ》ファクター」を理解することとしたい。

大甲鎮瀾宮の湄洲島への集団巡礼の経緯とその余波

かつて、大甲の媽祖の信仰圏では、一年交代で神像や香炉を守る役割を務める「炉主」が、台湾の媽祖廟の総本山と位置づけられてきた北港朝天宮への巡礼のとりまとめをおこなっていたが、一九七〇年代半ばに「炉主」の制度が廃止された後は、鎮瀾宮の管理委員会が巡礼を取り仕切るようになった(9)。鎮瀾宮の管理委員会は、一九七八年までに政府の寺廟管理政策に合わせて、財団法人の役員会となり、役員会が信仰コミュニティのリーダーとして廟内事務や巡礼の手配を取り仕切るようになった。

同廟の役員会のメンバーには、地方の政治派閥の構成員や実業家もおり、彼らは、メディアの取材、学界関係者による調査研究、企業の賛助を受け入れただけでなく、政治家たちの参拝なども積極的に呼び込んだ。これによって、信仰コミュニティの外部にあった社会的な力が巡礼活動と関わりを持つようになった(10)。

大甲媽祖の巡礼は、規模の持続的拡大とともに経済的な利益を生み出すようになり、潜在的な政治的利益ともなって、金銭、感情、権力が入り混じった宗教実践へと転化していった。また、宗教実践の中心的なプレイヤーである役員会の性格は、地元の名士や「炉主」といった神聖な力を司る世俗の代理人としての役割をはるかに超えて、政治、文化的象徴、経済といったさまざまな力を動員しつつ、地方社会、台湾全土、両岸関係といったさまざまなレベルで生じる複雑性、不確定性に直面する現代社会のプレイヤーへと転化した。

一九八〇年代になると、台湾の文化政策は本土化路線[*2]に舵を切り、媽祖巡礼のような大型の民間宗教祭典儀式が、政府によって台湾の本土文化とみなされるようになった。また、媽祖文化フェスティバルのような大型の年中行事が、媽祖廟と地方政府の共催でおこなわれるようになった。こうした流れのなかで、媽祖信仰と媽祖廟の歴史は、信仰コミュニティのリーダーたちにとって文化資本となった。政府によるお墨付きを得たことで生まれる象徴的地位と、各種イベントの実施に際しておこなわれる資源の分配は、廟組織が、媽祖文化や廟と地方の歴史に対する関心を持つ契機となっただけでなく、各地の媽祖廟の役員会のあいだの緊張関係を引き起こした。

媽祖廟どうしの交流では、従来から「燈明」(香火)の序列関係があり、廟のあいだで権威の象徴的正統性をめぐる確執があった。一九八七年に、雲林県の北港朝天宮は、媽祖が人神となって一千年の節目を記念するため台湾省政府の補助を受けて台湾周遊巡礼をおこなうこととなったが、彰化県の鹿港天后宮はこれを不満とし、「開台媽祖」(台湾最古の媽祖廟)をめぐる争いが起きた。廟の開山や建立の時期、分霊の序列などがことごとく争点となり、台湾全土の主な媽祖廟は結局おのおので記念行事をおこなった。(11)

大甲鎮瀾宮の信者は、従来は北港朝天宮に巡礼していたが、巡礼活動の規模と範囲が拡大を続けた結果、台湾全土でみても最大の廟のひとつにまで発展した。そのため、北港の媽祖の「分霊」として扱われたり、大甲の媽祖が北港朝天宮に出向いて参拝して、分霊廟が同一の神をまつる格上の廟に巡礼し、神の霊力を補充する儀式である「刈火」をおこなうことを「実家に帰る」(回娘家)といわれたりすることに対して、しだいに不満を抱くようになった。

一九八七年に北港朝天宮が省政府からの受託により媽祖昇天千年祭をおこなうことになった際には、鎮瀾宮の役員会は両者間の序列関係を大いに気にかけた。鎮瀾宮は、北港朝天宮が有する「開台媽祖」の座を奪うことはできないが、これに代わって鎮瀾宮は、その当時、主に台湾側の政策によって生じていた両岸交流をめぐる政策面での制約を突破し、福建省湄洲島で催された媽祖昇天千年祭に集団で参加し、参拝をおこなっただけでなく、媽祖像やこれに関連する、しるしとなるものを湄洲から持ち帰った。[12]

この象徴行動は、鎮瀾宮を湄洲媽祖廟に直接連なる存在としたに等しく、台湾内における媽祖廟間序列のなかでのその地位を押し上げることとなった。この翌年から、鎮瀾宮は北港朝天宮ではなく嘉義県新港の奉天宮に赴いて参拝するようになり、儀式の呼称も「刈火」から「巡礼行列」(遶境進香)へと改められた。[13]

鎮瀾宮は、一九八七年の巡礼をきっかけとして、湄洲の媽祖祖廟の役員会のほか、同廟のある福建省莆田周辺の媽祖廟、なかでも賢良港天后祖祠と交流するようになった。二〇〇〇年に、鎮瀾宮の役員会が数千人の信者を率いて湄洲媽祖廟に巡礼した際には、テレビ中継までおこなわれた。[14] これはちょうど台湾の総統選の年にあたり、「宗教直航」*[3]をめぐる議論が選挙前から選挙後までかまびすしく繰り広げられることとなった。選挙の前には、さまざまな立場の政治家が、宗教直航を話題にすることで注目を集めようとし、なかには宗教直航便の就航を政策に掲げる者まで現れて、鎮瀾宮の董事長である顔清標＊〔4〕を取り込もうとした(15)。選挙の後も、与野党間、とくに与党・民主進歩党（民進党）と、二〇〇〇年に設立された野党・親民党のあいだで議論が紛糾した。

この事件をめぐる報道をみると、「宗教直航」が両岸双方の政府にとって重要な問題となり、大甲の媽祖廟も双方の政府のあいだのつばぜり合いの対象になったこと、双方の政府がそれぞれの立場からこの件を解釈したことがわかる。すなわち中国側は、この件を台湾の人びとの「三通」への高い期待の表れとみなし、台湾政府が宗教直航に応じないのは、人びとを欺き「両岸平和の発展を妨げる」ものだとした(16)。また鎮瀾宮は、湄洲に到着すると「台湾当局による数々の障害を突破した」、「両岸の民俗文化の連続性」、「一日も早い両岸直航が待ち望まれる」などといった中国側のプロパガンダの象徴となった(17)。

鎮瀾宮の役員会は、あるいは単に「宗教直航」をめぐるこの一件を通じて、台湾と中国の媽祖信仰コミュニティのなかでの自らの影響力を高めたかっただけなのかもしれない。しかし、思いがけなく、両岸間の駆け引きのなかで、プロパガンダの焦点となったのであった。

鎮瀾宮の役員会は、二〇〇〇年に大々的に湄洲巡礼をおこなったのち、二〇〇一年に「台湾媽祖聯誼会」を結成して、賢良港の媽祖旧居の修復に資金援助をしたり(18)、莆田地区の主要な媽祖廟への巡礼をしたりした。鎮瀾宮に拠点を置くこの親睦会は、会員となった各地の廟に対して何らかの強制力を持っているわけではない。しかし、聯誼会の運営や、同会の名目でおこなわれる両岸宗教交流からは、台湾の媽祖廟組織に対する鎮瀾宮の影響力が見て取れる。また二〇〇〇年の湄洲への巡礼や、二〇〇一年の聯誼会の結成など、数次にわたる大規模な活動がきっかけとなって、マカオ、泉州、天津、洛陽といった各地の媽祖廟も鎮瀾宮に注目するようになり、人を派遣して大甲の参拝に参加したり、視察に訪れたりするようになった。こうして、鎮瀾宮の中国における交流ネットワークは、福建省の媽祖コミュニティの外にまで広がっていった[19]。一九八七年と二〇〇〇年の二度にわたって湄洲巡礼を企画・実行した鎮瀾宮の役員会メンバーたちは、中国やマカオの媽祖廟から顧問に招聘された。

このように、鎮瀾宮は、燈明の位階関係において湄洲に直接連なるようになったのみならず、その役員会メンバーらが、当時の両岸関係のもとにあって大規模な両岸宗教交流を取り仕切る能力を有することを対外的に示したことで、変化のただ中にある台湾の媽祖信仰圏における、象徴地位を確立したのである。

「海峡を越えた媽祖信仰の営み」の効果は、ひるがえって台湾にも波及し、宗教領域を超えてその外側へと広がっていった。二〇〇〇年以降、とりわけ選挙の時期になると、鎮瀾宮は、大甲媽祖の巡礼にあたって、全国のさまざまなレベルの政治家を招いて出発の儀式を執りおこなうようになった[20]。こうして媽祖は、選挙に出る候補者たちにとってこのうえなく強力な味方となった。

再構築される「祖廟」言説

「祖廟」（総本山）をめぐる従来の言説では、台湾内部、ないし台湾と中国の廟のあいだに広がる「分香」ネットワークのもとでの巡礼は、「祖廟の神様に謁見し、巡礼する」（進香謁祖）という枠組みでとらえられていた。一九八七年の鎮瀾宮による湄洲巡礼は、台湾内での同宮の位置づけを自ら押し上げることになったのみならず、媽祖信仰の「燈明／霊力」の象徴体系のなかでの「祖廟」の権威的地位を固め、信仰の源流を強調する「祖廟」言説を固定化した。このプロセスは台湾の媽祖廟間での象徴的地位をめぐる競争を引き起こしただけでなく、「祖廟」という意識を強化することになった。(21)

興味深いことに、媽祖信仰は移民とともに東南アジアに伝播したが、すべての信仰コミュニティに「祖廟」という意識があるわけでなく、たとえば香港の媽祖研究者によると、香港にはこうした「祖廟」現象はみられないという。(22)

台湾の媽祖信仰コミュニティにおける象徴的地位をめぐる競争のなかで、「源流」は新たな象徴資源となり、その利用を通じて、バーチャルな系譜は争奪戦の対象物として再構築された。また、祖廟という言説の持つ効果は、媽祖信仰コミュニティを越えて台湾のほかの民間宗教にも広がり、保生大帝、王爺、広沢尊王、清水祖師、開漳聖王、関聖帝君、観音仏祖、臨安尊王、法主公、臨水夫人、三山国王、義民廟、呂洞賓、鎮海元帥といった民間宗教でも、中国の総本山への巡礼がつぎつぎと始まった。

台湾で起きたこのブームはさらに、中国の民間宗教コミュニティ内部における「総本山争い」を招いた。また、鎮瀾宮が始めた聯誼会モデルもほかの民間信仰のリーダーたちによって模倣されるようになった。野心的な信仰リーダーたちは、各種の聯誼会を組織して中国の「祖廟」と交流するというやり方を通じてその力を顕示し、台湾の信仰コミュニティの代表者としての自らの地位を確認したり、信仰コミュニティのなかでの象徴地位を高めたりするようになった。

三　中国における媽祖信仰の復活と台湾ファクター

湄洲媽祖廟の復興過程にみる台湾とのコ・プレゼンス

中国各地の民間宗教は、文化大革命期の弾圧を経て、一九七〇年代末以降の政治的な空気の緊張緩和とともに、復活を開始した[23]。ほかの民間宗教と同様、福建の媽祖信仰コミュニティでも廟の修復が始まり、次いで祭典や儀式が復活した[24]。

研究者らが指摘しているように、中国南東部沿海地域の民間宗教の復興の背後には、台湾をはじめとする海外の信仰コミュニティからのサポートがあった[25]。中国で媽祖信仰が復興していく過程には、台湾の信仰コミュニティの「海を越えた宗教の営み」が織り込まれており、そこには中国の国家と台湾の信仰コミュニティとの「コ・プレゼンス」が出現した。

台湾の信仰コミュニティのプレゼンスは、中国の媽祖信仰コミュニティの宗教実践への参加（廟の修復への寄付や参拝）や、現地の信仰コミュニティが政府から支持やリソースを獲得するうえで、台湾の媽祖コミュニティが持つ象徴性が助けとなる、といったかたちをとった[26]。そのため、中国の媽祖信仰の復興過程は、しだいに政府と協力したり、政策面でのサポートを勝ち取ったりすることに重きを置く宗教実践モデルとなっていった[27]。

湄洲の媽祖祖廟は、福建地域でもっとも早く修復された媽祖廟のひとつである。『湄洲媽祖志』付録の年表によると、正殿と付属の建築物は、一九六九年に人民公社革命委員会によって取り壊された。[28] 一九七八年ごろから政治的な空気が変わりはじめると、熱心な信者たちが自発的に廟の修復を開始した。[29]

一九七〇年代末から一九八〇年代初期にかけては、民間信仰に文化的正当性がいまだなく、先行きは不透明で、政府の民間宗教に対する態度もはっきりしていなかったため、民間の宗教活動には政治的なリスクがあった。そのため中国各地の民間宗教コミュニティはさまざまな戦略を打ち出し、考えうる弾圧に対応しようとした。文化財あるいは民俗文化といった名目でもって宗教実践をおこなうというやり方は、よくみられた戦略のひとつである。[30] 湄洲媽祖廟も同様の戦略を使い、「宗教文化」のかたちをとることで当局の疑いの目を避け、宗教儀式を「宗教文化」と位置づけ、この枠組みのもとで台湾との交流を進めた。[31]

湄洲の媽祖廟は軍隊駐屯地内にあったため、修復のさなかに軍からの取り壊し命令が出たことがあった。このとき、信仰コミュニティのリーダーたちはさまざまな社会的コネクションを動員して、省レベルの指導者たちに直訴したり、媽祖廟を省級の保護文化財とする認可を受けたりし、これによって修復工事を続けることができた。[32]『湄洲媽祖志』によると、湄洲媽祖廟は一九八三年に修復を終え、祭祀活動を復活させたが、これは、福建省の党・政府の内部でも、社会でも、さまざまな議論を呼んだ。[33]

このような雰囲気のもとで、湄洲媽祖廟は、一九八〇年代から台湾やシンガポール、インドネシアなど、海外の媽祖信仰コミュニティや宗親団体〔同姓の相互扶助組織〕などとの交流を開始した。これは、海外の信徒たちから寄せられる修復への支援に呼応するものであったのみならず、中国政府の民間宗教に対する態度がいまだはっきりしない状況のなかで、地方や国のさまざまな部局から支持を取りつける試みの一環でもあった。

そのなかで、地方政府の台湾事務弁公室と文化関連部局は、媽祖の信仰コミュニティのリーダーたちに対して比較的理解があり、一定のサポートをしてくれた。そのため、信仰コミュニティのリーダーたちは、意識的に台湾の廟との交流を強化し、地方の文化関連部局の支持を受けながら、宗教祭典や儀式行事を「宗教文化」という枠組みのなかに位置づけたうえで、両岸交流という名目で公的な支援を受けるようになっていった。そしてこれを通じて、媽祖信仰実践の復興の正当性を高め、信仰コミュニティのリーダーたちの地方政治のなかでの地位を高めてもいった[34]。

『莆田市志』によれば、湄洲島では、一九八五年から毎年五月に大規模な媽祖の生誕記念行事をおこなうようになり、この時期に島を訪れる人の数は一〇万人強にのぼった[35]。こうした儀式はもともと民間宗教としての色彩が強かったが、「媽祖信仰を通じた文化交流」という枠組みのなかに位置づけられ、その正当性を強めていった。

新たな信仰コミュニティリーダー像の生成

台湾の媽祖廟は、湄洲媽祖廟の再建に対して寄付をおこなったほか、個々に巡礼をおこなっていたが、一九八〇年代中ごろから、正式かつ大規模な組織的活動をおこなうようになった。一九八五年から一九八七年にかけて、約一万三〇〇〇人の参拝者が海外から媽祖廟を訪れたが、その大部分は台湾と香港からの来訪者であった[36]。一九八六年一月、湄洲媽祖廟は分霊儀式に一〇〇〇人以上の台湾人信者を招いた[37]。

一九八七年には、媽祖昇天千年祭を大規模におこなうこととなり、莆田市の対台湾弁事処や同廟の役員会を通じて、香港・マカオ・台湾の廟に向けて約一〇〇〇〇通の招待状を発送した。同年一〇月三一日に盛大におこなわれた昇天千年祭は七日間にわたって続き、島を訪れた観光客は延べ一〇万人に達したが、そのうち台湾からの訪問者が一万三四〇〇人にのぼった[38]。これには前述した、台湾政府による対中交流制限を突破して中国訪問を成し遂げた鎮瀾宮の役員会の人びとも含まれる。

この昇天千年祭の準備の過程からは、宗教信仰コミュニティのバイタリティと規模の拡大がみてとれる。またこの過程では、リーダーの姿も再構築された。廟の建立の過程で、カリスマ的な気質を持つある地元の女性が、信徒たちを動員し、徐々にコミュニティのリーダーとなっていったのだ。廟の再建後は、この女性と彼女に従う人たちからなる廟の管理委員会が、廟の財務と行事を司るようになった[39]。

一九八〇年代中ごろから、湄洲媽祖廟では、台湾関係の業務や海外との連絡が増えた。とくに、昇天千年祭の準備の際には、官（党、政府）の色合いを薄めようと、市の指導者層の支援のもとで、廟組織の管理委員会から役員会への再編がおこなわれた。市の指導層の提言により、市政協の主席が董事長となり、海外からの来客の接待や広報などを引き受けた。また、廟の建立の時期から管理委員会期を通じて信者のリーダーであった女性が常務副董事長となり、廟の管理や財務を掌握した[40]。この組み合わせで任期一〇年を務めたのち、第二期の役員会の改選において、地方の指導層によりこの女性の息子が董事長に推薦され、市の共産党委員会常務委員会がこの人事を決定した[41]。

二代目董事長の権威の正当性の源泉は、伝統的な要素（廟の建立期の信仰コミュニティリーダーの息子であること）、政府からのお墨付き（市共産党委員会の書記が人選を決定したこと）、政治的要素（彼自身が党の末端組織の幹部であること）が総合されたものであった。湄洲島の末端幹部（党委員会副書記および管理委員会副書記）も、董事長から湄洲媽祖廟の副董事長という名誉職を与えられた。こうして、宗教的権威が地方の行政権威と交錯するようになり、同廟役員会の影響力の範囲は、宗教と廟の実務、地方行政、文化・観光にまでまたがるようになった。

信仰コミュニティのリーダーとしての廟の董事長は、地方のリーダーから信任され、かつ信仰コミュニティが受け入れられる人選でなければならない。役員会は公的な組織ではなく、その日常的な運営や財務にはかなりの自主性があるが、同時に、地方政府のイベントを数多く引き受けたり、公的な仕事に協力したりもする。民間宗教の信仰コミュニティリーダーたちは、国のさまざまな部門と付き合いながら、どのように相手側と協力するかを模索する。こうして、信仰コミュニティのリーダーとしての役員会のありよう、すなわち、地元の信仰コミュニティを代表するとともに、国家の右腕としての役割も果たすというありようが形づくられていった。

宗教交流を通じたリソースの獲得

湄洲媽祖廟の役員会と湄洲島景区管理所は、組織の看板を別々に掲げてはいるが、実際の陣容は同じ顔ぶれであるし[42]、廟の役員会には、湄洲島党委員会の副書記と景区管理委員会の副書記、そして台湾事務弁公室主任がメンバーとして参加している[43]。このようにして、廟の運営と行政の末端、対台湾事務担当部局がとる行動は、一致したものとなっている。宗教観光と湄洲媽祖の知名度から派生した宿泊施設、ハイヤー、旅行社、文化映画テレビパークといった事業についても、役員会が投資し管理している。こうして一九九〇年代末以降、同廟の役員会は、宗教と地方政治、観光、文化経済の複合体へと発展していった。

両岸間の媽祖文化交流は、湄洲島にとって政府のリソースを獲得する機会となった。昇天千年祭を成功させるため、政府は一九八七年五月に、開催までに湄洲島に電気を通そうと、二三七万人民元を投じて海を越えた送電・変電インフラ工事をおこない、海底ケーブルを敷設した(44)。昇天千年祭ののち、同島は福建省でもっとも早く台湾に開放された二か所のうちのひとつとなった。

一九八八年には省政府が同島を対外的に開放された観光経済区とすることを許可し(45)、観光レジャーエリアに指定して、フェリーの就航や埠頭建設などの関連施策に公的な資源を投入するなどの優遇策をとった。「媽祖文化」という看板のもとで、地元に経済振興のチャンスが生じただけでなく、湄洲媽祖廟自身も公的なバックアップのもとで発展を遂げた。一九九四年、福建省旅遊局と莆田市は媽祖文化観光フェスティバルというイベントを共催したが、その際には、同廟の祭典や儀式が重点行事のひとつとなった。同廟の役員会は、歴史学者や文化財や民俗学の専門家とともに、はるばる山東省まで行って孔子にまつわる祭礼を視察し、これを参考にして祭典儀式の「公式化」をはかった。

一九八〇年代初頭には、廟の建立を主導した信仰コミュニティのリーダーと信者らの支援によって、祭典や儀式はひととおり復活していた。しかし、台湾の信者たちが参拝にやってくるようになってはじめて、媽祖信仰の祭典はその正当性を獲得した。湄洲媽祖廟の役員会は、公的な支援やリソースを獲得し、政府の後押しによって観光フェスティバルというかたちを獲得し、祭典や儀式を拡大し正統化することがかなった。こうして生まれた大型の祭典や儀式は、文化的権威の後ろ盾も得て、文化戦略を通じて宗教を復興するというユニークな道を切り開いた。この文化戦略の活用は、媽祖信仰が、ユネスコ

（国連教育科学文化機関）の世界無形文化遺産リストに登録されるという成果につながった[46]。

湄洲媽祖廟は、媽祖文化と両岸交流という名目を得て、市や省レベルの政策上の重点配分（省レベルの最初の対台湾開放地区への指定、一九九〇年代半ば以降の観光フェスティバルの開催）と財政支援を獲得することに成功した。媽祖文化は湄洲島の経済開発のための文化戦略となった。

しかし、一九八〇年代末以降、福建省の莆田地域と台湾の媽祖信仰コミュニティのあいだの交流が盛んになり、台湾側の大規模な巡礼が経済リソースをもたらしたり、それがもつ象徴的な意義が文化的正当性を獲得するうえで有用となるに従い、湄洲島と港里村の媽祖信仰コミュニティのリーダーのあいだには緊張関係が発生し、権威をめぐる争いが生じた。

権威とリソースをめぐる対立

湄洲島は福建省の対台湾開放地区に指定されたため、台湾の媽祖巡礼団の公式ルートは湄洲島だけを訪れることが多かった。しかし、台湾から参拝にやってきた信者たちは、港里村にも林姓の祖先を祭った林氏祖祠があり、媽祖の神像が祭られていることを知ると、港里村を通る際に媽祖廟（賢良港祖祠）を参拝し、寄進をしたいと言い出した。

筆者がインタビューを通じて聞いたところでは、当時の賢良港祖祠の管理委員（のちに役員会を設立した）は、地元の台湾事務弁公室に対して、台湾からの巡礼客に対して湄洲島だけを開放するのではなく、媽祖の父母の祠堂が港里村にあることを知らせてほしい、と求めた。管理委員の一人は、莆田の文甲埠頭（湄洲島へ渡る船着場）に向かう公道にある港里村への入口に「媽祖誕生の地」という標識を立て、ここを通りかかる、主に台湾から来た海外の信者たちを呼び込もうとした。しかし、このころの主流派であった地方文化の専門家は、歴史文献にもとづき媽祖の出生地は湄洲島だとしたため、媽祖の生誕地をめぐって湄洲島と港里村のあいだで対立が起きた。

媽祖の出生地をめぐるこの論争は、歴史問題というより、象徴シンボルをめぐる争奪戦だったといえる。二つの媽祖廟の信仰コミュニティのリーダー間の対立関係は、彼ら自身がそれぞれの栄誉や正統性を信じていたことに加え、この正統シンボルの独占を通じて、「地方ブランド」としての媽祖がもたらしてくれる地域の発展機会とリソースを独占し利用しようとする思惑から生じたものであった。

莆田地域の媽祖信仰のリーダーが「媽祖信仰を営む」プロセスにおいて、国家と地元の信仰リーダーと台湾の媽祖信仰コミュニティは一貫してコ・プレゼンスの状態にあったが、この三者間の関係にはその後、変化が起きた。一九七〇年代末から一九八〇年代初期には、台湾の媽祖廟と東南アジアの信者からの寄付は、中国側の信仰コミュニティにとってもっとも直接的な経済資源であり、廟の建立やその周辺環境の整備に投じられた。台湾の媽祖信仰コミュニティとの連携には象徴的な意味があり、地方のレベルでは、これによって民間宗教活動に対する地方政府の圧力や弾圧のリスクを減らすことができた。

廟の再建や信仰の復活を進めるなかで遭遇するかもしれない政治リスクや、文化的正当性をめぐる問題に直面したとき、媽祖信仰コミュニティのリーダーたちは、地方政府のなかに支援者を求め、また国家が正当なものとして認める既存の解釈枠組みのなかに自分たちの宗教実践を位置づけた。彼らは政府のさまざまな部局と付き合うなかで、台湾というカードを切ることで、媽祖信仰の地位や信仰コミュニティの文化的正当性を高める戦略を練り上げていった。不断に変化する両岸関係のなかで、地方の媽祖信仰コミュニティのリーダーたちは、地域での媽祖信仰の営みを、徐々に、正当性を有する「閩（福建省南部）―台（台湾）間の宗教文化交流」へと転化させていったのだ。

一九九〇年代末になると、媽祖信仰には両岸交流の象徴的意義があるという言説が公的にも定着した。ここにいたって、野心的な廟のリーダーたちは「媽祖祭典」、「媽祖文化観光フェスティバル」、「媽祖信仰風習という無形文化遺産の保護」、「媽祖文化生態保護区」といった文化的戦略を通じて、市や省、さらには国家レベルの予算、および政策面での重点的な資源投入を獲得しようと乗り出した。また、地元の信者のなかには、改革開放後に海外に出てビジネスで成功した者も多数現れ、信者による寄付に占める台湾の比率はかつてほどではなくなっていった。

こうして、地元の信仰コミュニティのリーダーは、国家の対台湾政策や地方政府の経済発展事業における現地協力者へと変わっていった。たとえば、一九九七年に湄洲媽祖廟の役員会は内外の媽祖廟に「世界媽祖聯誼会」の結成を呼びかけ、同役員会はこれをひな型として「中華媽祖文化交流協会」の結成を推進し、この半官半民の組織が、両岸間の媽祖信仰の交流事業を中心的に担うようになった。現在、同廟役員会には、湄洲島台湾事務弁公室や中華媽祖文化交流協会のメンバーが役員として参加している。

四　海峡を跨ぐ信仰実践と「宗教を通じた統一戦線工作」

台湾に対する統一戦線工作は、中国政府の両岸関係政策の重要な構成要素であり、さまざまなレベルの交流を通じて統一に有利な環境を醸成しようとするものである。媽祖は台湾の民間信仰のなかで重要な地位を占めているため、おのずから、この統一戦線工作のネットワークの不可欠な要素となっている。

「五つの縁」のなかの「神縁」

「五つの縁」とは、親縁、地縁、神縁、業縁、物縁を指し、中国の対台湾戦略の重要な構成要素の一部を成す[47]。その提唱者である林其錟教授は、当初はこの語を、華人および華僑社会の分析に用いていたが、のちには異なる解釈を提示するようになり、「縁」を紐帯とする中国共産党の文化面での統一戦線工作戦略が編み出された[48]。とくに福建省と台湾のあいだの「五つの縁」の紐帯は、地方交流、文化交流の枠組みの基礎とされた[49]。

このうち「神縁」は、両岸の民間信仰の廟間、信者間の交流を通じてしだいに強まった社会的つながりである。これは中国の対台湾戦略における宗教チャネルであり、「祖廟への巡礼」や「祖廟の巡台」、「文化交流」などを通じて民間信仰交流を促し、両岸交流の重要な構成要素とするものである。

「祖廟巡礼」は、台湾の廟による（中国の祖廟への）巡礼や各種の文化イベントへの参加を指す。閩南地域の民間信仰では、近年、さまざまな神の「祖廟」が大量に出現している。これらの総本山は、もとからあったものとは限らない。しばしば、台湾側の信仰コミュニティとの相互交流を促進するため、新たな伝統として発明されたものだ。「祖廟の巡台」は、各種の民間信仰の神々の「祖廟」が台湾を巡回し、各地の廟や信仰コミュニティと関係を確立するものである。これには、神がそのテリトリーを訪れ、神の霊力の及ぶ範囲を確立する儀式としての象徴的な意味がある。象徴的意義のほかにも、巡境を通じて、「祖廟」は台湾の信仰コミュニティからさまざまなリソースを集めることができる。「文化交流」とは民間宗教文化（媽祖文化、関公文化、三山国王文化など）の名のもと、両岸の寺廟組織どうし、村どうし、信仰コミュニティどうしの交流を強化するものである。

二〇〇〇年の「宗教直航」事件は、信仰コミュニティのリーダーたちが、台湾の信者たちの要望を代表するかたちで行動し、これに中国および台湾の政治的な実力者たちが呼応したもので、民間信仰が両岸のポリティクスに影響を与えるという歴史的なできごととなった。媽祖は、台湾に多くの信者を擁し、巡礼者の絶えない廟も多い。しかも、歴史、政治、社会の移り変わりのもと、台湾人の社会的なつながりや文化のなかで一定の地位を保ち続けてきた。そして台湾統一に前のめりな中国は、媽祖に「台湾海峡平和の女神」という象徴的な地位を与えてきた。政府の影響下にある中国の廟の役員会や管理委員会、台湾事務弁公室などは、こぞって媽祖が海峡両岸の「女神」であり、統一促進の架け橋となりうることを強調している。

清の時代に施瑯〔鄭氏政権の攻略を率いた清朝の軍人〕による台湾の「統一」を助けたこの神さまは、帝政中国期に国家権力による取り込みの対象となったように、現代の両岸ポリティクスのなかにおいてもふたたび、宗教交流の形式を通じて台湾の統一を促進しているようである。また、台湾の媽祖廟関連組織が中国を訪れる際にはいつも中国側から手厚いもてなしを受けている。媽祖は両岸関係のなかで常に宣伝の対象とされ、重大な責任を負わされて、中国においてほかの神とは異なる別格の地位を得ているのだ。

両岸媽祖信仰コミュニティの政治経済複合体

媽祖の信仰コミュニティには、台湾の地方政治に対する影響力がある。また、両岸宗教交流の担い手として、両岸関係に対する影響力もある。中国の廟や地方政府、台湾事務弁公室、統一戦線工作部門はおしなべて、媽祖信仰を通じて台湾の地方社会や政治家と交流してきた。二〇〇〇年以降は、こうした交流が制度化されたネットワークのかたちをとるようになり、政治や経済と絡み合うようになっている。台湾の一部の地方政治家や廟の役員会メンバーは、こうしたネットワークのなかで「信仰買弁」の位置を占め、その役割を通じてさまざまな利益を得るようになった。

以下では、「結節点」、「活動」、「規模」、「原動力」といったさまざまな側面から、媽祖信仰ネットワークの政治経済複合体を描写していく。

【結節点――中華媽祖文化交流協会と台湾媽祖聯誼会】

二〇〇四年一一月初め、中国政府と湄洲媽祖廟が中心となって、「中華媽祖文化交流協会」が結成された。アジア各地の媽祖廟も呼びかけに応じて参加したが、主な呼びかけの対象はやはり台湾の媽祖廟であった。つぎの政府側の祝辞からも、中国側のこの協会に寄せる期待がみてとれる。

媽祖文化は中華の優れた伝統文化の重要な一部であり、内外の中華の子女を団結させ、海峡両岸交流と協力を促進する架け橋であり、絆である。……中華媽祖文化交流協会は……伝統文化を発揚し、世界への影響を拡大し、中華の子女らを団結させ、海峡両岸交流を促進するうえで、さらにより大きな成果をあげるだろう(50)。

この協会はさまざまな交流活動をおこない、長期にわたって半・公務員や元・公務員が幹部となって、両岸の媽祖文化交流に重要な役割を果たしてきた。中国各地の地方政府と媽祖廟も、同協会を通じて台湾の媽祖廟との関係を築いてきた。台湾の媽祖廟の役員会メンバーも、同協会を通じて中国での関係を構築し、さらに政治・ビジネスネットワークを発展させてきた。

中華媽祖文化交流協会の台湾におけるカウンターパートは、前述の鎮瀾宮が二〇〇一年に組織した「台湾媽祖聯誼会」である。台湾のすべての媽祖廟がその会員になっているわけではないが、この組織は中台間の媽祖文化交流の重要な窓口となっている。国務院台湾事務弁公室（国台弁）や海峡両岸関係協会（海協会）の関係者が台湾を訪問し、媽祖廟を訪れる際には、必ず台湾媽祖聯誼会と大甲鎮瀾宮が行き先に入っている。

台湾媽祖聯誼会は、中国が台湾の媽祖信仰コミュニティに対して情報を伝達したり活動をおこなったりする際の重要な場となっている。この組織は宗教組織ではあるが、その政治的な立場は「親国民党」であり、馬英九をはじめ、中国国民党（国民党）からの立候補者のために選挙決起集会をおこなったり、関連イベントを支援したりしている。また中国政府との関係も良好で、その訪問団はふだんから中国政府に招かれたり、中国の各レベルの官僚の来訪を受け入れたりしている。政治的立場を異にするメンバーもいるが、大甲鎮瀾宮をはじめとする台湾媽祖聯誼会のリーダーたちは、前述のような政治的立場を明らかにしている。

海峡フォーラムに参加する台湾の媽祖信者たち。2014年6月（撮影：洪瑩發）

【活動――巡礼動員】

媽祖巡礼は、「海を越えた媽祖信仰」の重要な実践であり、一部の政治家はこれを政治活動にも利用している。巡礼は形としては民間儀式であるが、ときに、巡礼儀式の背後には政治的な動員のもくろみがたっぷりと込められており、実態としては「巡礼動員」となっている。すなわち、媽祖巡礼の名目で信者を率いて儀式に参加することが、宣伝または政治的効果を持つ活動になっているのである。

こういった巡礼に加わる信者や人びとは、単純に、信仰心や観光を目的として参加しているだけかもしれない。しかし、この手の大型動員はしばしば「祖国への思慕」という文脈で、中国のプロパガンダに利用されてきた。たとえば、毎年六月に福建省でおこなわれる「海峡フォーラム」の際には、これに合わせて「媽祖文化活動ウィーク」が開催されるが、台湾からの媽祖巡礼の儀式はそのもっとも重要なイベントとなっており、台湾側の廟は巡礼の名目でツアーを組んでこれに参加し、あわせて海峡フォーラムにも出席している。中国側は、大型の儀式を通じた巡礼動員以外にも、交流を通じた相互理解と「統一宣伝」の促進を狙っている。

従来の巡礼動員は、知名度のある媽祖廟が大規模な動員をおこない、大規模な儀式に参加するというかたちが主流であった。しかし最近では、より小規模の交流を多数おこない、よりきめ細かな動員を通じて、地方どうしの交流を促進しようとする新たな流れがある。巡礼動員のありかたの発展と変化は、引き続き観察するに値する。

【規模──地方の宗教／政治ネットワークの奥深くまで】

当初、中国政府の台湾との交流は、国民党の高層部とのネットワークを主なチャネルとするものであったが、のちにこのようなやり方では台湾の実情にそぐわないと悟り、さまざまな交流チャネルを築いて、地方の民間の草の根まで入り込もうとするようになった。その際、とっかかりとなったのが媽祖信仰であった。中国政府側の人物、とくに海協会の代表は、台湾に来るたびに必ず南部から北部までの主だった媽祖廟を訪れ、草の根交流と意見交換のネットワークづくりをしてきた。これは、二〇一六年の台湾の総統選挙の際の状況からもうかがい知ることができる。

二〇一五年から二〇一六年にかけての総統選の期間中、中国政府は、表向きは選挙に直接介入することはなかった。しかし実際には、海協会の陳徳銘会長が投票のひと月前に台湾を訪れ、まず大甲鎮瀾宮に直行し、台中市大甲区の二九の里長と非公開での会談をおこなった(51)。続いて宜蘭の南方澳進安宮や南天宮なども訪れた。これは単なる媽祖廟の訪問ではなかった。筆者の一人が座談会に参加した廟の委員や里長から聞いたところでは、陳会長は総統選での支持対象に直接言及したわけではないものの、みなが「両岸関係に鑑み、最良の選択をおこなってほしい」という希望を伝えたのだという。

これに加え、中国の関係部門はつねづね、各種の会議やイベント、報道などを通じ、中国当局の姿勢や情報を伝え、台湾世論の形成につとめている。とくに二〇一六年の総統選以後は、中国や親中派メディアによる特集報道が増えている。「一帯一路のもとの両岸の廟の文化システムに関する北京会議——実務ルールとガバナンスづくり」フォーラムでは、中国と台湾は「共通の信仰で結ばれ切り離せない」ことが強調された。

（台南の新和順保和宮総幹事の）楊宗佑は、両岸の廟交流の歴史は長く、双方は廟の歴史の結びつきという点で、へその緒で結ばれた仲である、と述べた。多くの神々が中国から台湾にお移りになり、祭られているのは疑いようもない事実である、と述べた。楊によると、両岸をめぐる多くのものごとは過度に政治化すべきでなく、とくに宗教交流は両岸人民の共通の信仰にかかわることで、互いに切り離すことはできない、との見方を示した(52)。

あるいは、二〇一六年七月に台湾で、中国人団体ツアー客が乗った観光バスが炎上し、多数の犠牲者が出た際には、顔清標が取材に応えてこう述べている。

大甲鎮瀾宮の顔清標董事長は、中国評論通訊社の取材に応じてこう述べた。事故が台湾で起こったからには大陸の人びとに対してきちんとした説明をしなければならない。感情的なわだかまりがこれだけたまってしまったのだから、大陸政府の態度が強硬になるのは避けようがない。蔡政権は誠意を持って適切に処置にあたるべきで、対応を引き延ばせば被害者家族の不満は募るばかりだ。しかし両岸政府は、双方の民間交流を妨げるようなことがあってはならない(53)。

この二つの報道は、その表向きの情報だけでなく、その背後にある意義もなかなかに興味深い。地方の廟のリーダーの発言を通じて、蔡英文政権が両岸の民間交流を阻んでいることを印象づけ、神縁が築いた両岸交流の関係とネットワークは断ち切ることができない、とほのめかす。メディアの立場がどうであれ、あるいは報道が取材対象の発言を忠実に伝えているかどうかにかかわらず、こういった報道の出現からは、ある種の新しいトレンドがみてとれる。地方の廟でもって台湾の「民間」の「世論」を代表させ、ある種のイメージをつくりだせば、中国内部のプロパガンダにも台湾内部の政党間の駆け引きにも使うことができるのである。

【原動力——台湾媽祖信仰のリーダーにとっての中国における宗教的配当金】

両岸関係の歴史的文脈ゆえに、台湾の媽祖廟の役員会のメンバー、とくに大型の廟の役員たちは、海峡を跨いだ媽祖信仰の広がりのなかで、政治的・経済的な配当金を得ることが可能になっている。中国の地方政府が、媽祖廟の役員のポジションにある台湾人ビジネスマンに政策的な支援と優遇を与えていることを論証した研究はまだないが、実態観察から判断するに、少なからぬ数の台湾の大型媽祖廟の役員たちは、媽祖信仰に関わるさまざまな交流を通じて、海峡を跨いだ政治・ビジネスネットワークを築く機会を得ており、これはとくに彼らの中国での事業展開に役立っている。

台湾の三つの主要な媽祖廟を例にとってみると、大甲鎮瀾宮は天津に、[54]北港朝天宮はアモイに、[55]鹿港天后宮は崑山に、[56]それぞれ分霊廟を建てている。この過程には、廟の建立、燈明、信仰活動のみならず、廟が建てられる土地や周辺地区の商業開発をめぐる莫大な利益も関わっている。このほか、中国の媽祖廟も、関連する開発事業に台湾資本を誘致している。たとえば、湄洲の祖廟の再建が成功すると、同廟の役員会は関連事業への投資や湄洲島の経済開発に取り組みはじめた。その際、廟の再建と巡礼を通じて培われた台湾媽祖廟との連携チャネルを通じて台湾からの投資誘致をおこなった。

このように、両岸間の媽祖信仰交流は、宗教と文化の交流・往来のほかに、社会面とビジネス面でのネットワークもつくりだしてきた。一部の、長年にわたって中国でビジネスを営んできた台湾媽祖廟の役員たちは、このネットワークを中国での事業に活かしたり、このネットワークを通じてビジネスチャンスを探索したりすることが可能になっている。

筆者のうちの一人は、フィールドワークを通じて、一部の中国の媽祖廟の役員会に、台湾人の席次があることを確認している。その任務は、台湾の廟からの団体訪問や参拝客らの手配や受け入れをおこなうことであり、彼らは同時に台湾側のネットワークのカウンターパートにもなっている。中国でも媽祖廟の組織は昔から地方社会エリートの交流拠点となっており、近年はさらに地方政府の経費による助成や政策的な重点配分を受けられるようになっている。そのため、廟の役員会には地方政府関係者に接触したり、政策の方向性を感知したりする機会がより多く開かれており、それゆえ、地方の政治・経済のコネクションの結節点となっている。

中国の廟で役員の席につく台湾人は、その地域で投資や事業を営むうえでの人脈や、地元に関する知識を得る機会があるだけでなく、台湾でも、これらの肩書を生かしてビジネス面での人付き合いをすることができる。台湾人としての身分、そして中国の廟の役員という身分を通じて、中台双方で個人的な社会資本を蓄積することができるため、台湾人のなかには、寄付などさまざまな手段を通じて中国の廟での地位を得て、これを社会資本に転換しようとする人もいる。「使いっ走り」の信仰買弁のほか、台湾の比較的有名な廟、代表的な廟の関係者のなかには、中国で宗教交流や投資事業をおこなうに際して、台湾の主要な廟での自分の地位を、中国での交渉や提携の切り札に使って政策的優遇を引き出したり、なかには土地を取得したりしている者までいる。

おわりに

一〇〇年近くにわたって互いに異なる道を歩んだのち、中国と台湾の媽祖信仰コミュニティのリーダーたちは、一九八〇年代末以降、台湾海峡両岸関係の変化の機をとらえて、「海を越えた媽祖信仰の営み」の実践を開始した。これによって、中国と台湾の信仰コミュニティは互いの発展に大きな影響を及ぼしあうようになっただけでなく、宗教交流という名目を通じて両岸関係の変化にも大きな影響を与えるようになった。

本章では、台湾と中国の媽祖信仰それぞれの政治経済的な文脈について、双方の信仰コミュニティのリーダーたちが、互いの存在が自らのおかれたローカルな環境のもとでの期待や願望の実現に役立つことをどのように知りえたか、そしてそれゆえ、彼らの「媽祖信仰の営み」が、中国と台湾、それぞれの国家と、双方の信仰コミュニティのコ・プレゼンスのなかで繰り広げられるようになったことを分析した。

本章では、両岸の媽祖信仰コミュニティが相互に影響を与え合い、また媽祖信仰の発展をともに構築してきたことを論じた。本章を締めくくるにあたって、この双方向的な影響関係と、共同構築的な関係のもとでの宗教発展が、中国側と台湾側ではそれぞれに異なる政治的インプリケーションを生み出していることを強調しておきたい。

中国と台湾では政治、社会のありかたが異なるため、地方レベルでの政治的影響力を持つ廟の役員会の権力の正当性の由来も大きく異なる。台湾の媽祖廟の役員会は、その地域での実務的影響力を選挙での実績に転化することができる。民主化の進展にともなって、このような政治力は徐々に地方のレベルを超え、役員会のメンバーは全国レベルの政治家を廟の儀式に招くようになった。これによって、政治家にとっては、「媽祖カード」を通じて信者の情に訴え、集票につなげることが可能になり、信者を代表する信仰コミュニティのリーダーは、適切なタイミングをとらえて対中関係について態度表明をすることができるようになった。一方、中国の媽祖廟役員会の組織は、信仰コミュニティのなかから自発的に発展したものではあるが、そこには、地方レベルの党幹部や政府の代表も入り込んでいる。中国では、多くの民間信仰にとって国家の協力者になることが、発展を遂げるうえでの鍵である。それゆえに、中国の媽祖廟の役員会は、受動的または能動的に国家に協力する。

本書の第一章では、中国ファクターの作用力と反作用力の相互循環の構図が提示された。媽祖信仰コミュニティの事例についていえば、中国と台湾では、ローカルな政治社会／政治体は、異なる内的ダイナミズムを有しており、それゆえ国家と民間信仰の関係も互いに異なる。そしてこのような内的ダイナミズムは、中国と台湾の社会的文脈のもと、異なる発展の道筋をたどってきた。異なる内的ダイナミズムおよび発展の道筋に立脚して、中台の信仰コミュニティのあいだの交流と相互作用は、信仰コミュニティリーダー間の関係／往来だけでなく、信仰リーダーと、海峡のこちら側およびあちら側の政府との関係にもかかわるものとなった。

海峡のこちら側（台湾）では「神の思し召し」という名目のもとで、政府と交渉をしたり、さらには政策規制に挑戦したりすることが可能となった。他方、海峡のあちら側（中国）では、地方政府の対台湾政策のもくろみが、宗教コミュニティの交流への願望とまじりあって一体となった。両岸民間信仰の交流は、中国と台湾のあいだの特異な国家／社会関係のダイナミクスに立脚したものであり、宗教の実践が国境を越える、といった宗教の能動的現象としてのみとらえることはできない。それは、宗教の営みが持ちうる政治的な含意に関わるものである。海峡を越えた媽祖信仰の実践のプロセスとその成果は、宗教という領域にはおさまりきらない両岸政治の効果を示している。

注記

＊ 本章は、古明君・洪瑩發「媽祖信仰的海峡利益」（呉介民・蔡宏政・鄭祖邦編『吊燈裡的巨蟒：中國因素作用力

與反作用力』新北市：左岸文化出版、二〇一七年、二八九～三二四頁）をもとに、本書収録用に再構成し、大幅に加筆・修正したものである。

（1）James L. Watson, "Standardizing the Gods: The promotion of T'ien Hou（"Empress of Heaven"）along the South China Coast, 960–1960," in David G. Johnson, Andrew J. Nathan, and Evelyn S. Rawski（eds.）, *Popular Culture in Late Imperial China*（Berkeley: University of Calif. Press, 1985）, pp. 292–324. 廖迪生「地方認同的塑造：香港天后崇拜的文化詮釋」陳慎慶編『諸神嘉年華：香港宗教研究』（香港：牛津大學出版社、二〇〇二年）、二二二～二三五頁。

（2）周越「關係／來往的『做宗教』模式：以台灣『媽祖遶境進香』為例」『研究新視界：媽祖與華人民間信仰國際研討會論文集』（嘉義、二〇一四年）、Adam Yuet Chau, *Miraculous Response: Doing Popular Religion in Contemporary China*（Stanford: Stanford University Press, 2006）.

（3）周越「關係／來往的『做宗教』模式」、五八頁。

（4）同前、六三～六四頁。

（5）台湾の漢民族の民間宗教の地域性については、「祭祀圏」「信仰圏」などの概念を用いて議論がおこなわれてきた。詳しくは林美容「由祭祀圏到信仰圏：台灣民間社會的地域構成與發展」張炎憲編『中國海洋發展史論文集（第三輯）』（台北市：中研院中山人文社會科學研究所、一九八四年）、九五～一二五頁、張珣「祭祀圏研究的反省與後祭祀圏時代的來臨」『考古人類學刊』五八（二〇〇二年）、七八～一一一頁などを参照のこと。本章では、民間宗教の地域性について、神の「テリトリー」（轄境）という概念を用いる。

（6）林美容「由祭祀圏到信仰圏」、九五～一二五頁、張珣『文化媽祖：台灣媽祖信仰研究論文集』（台北市：中研院民族學研究所、二〇〇三年）。

（7）張珣「進香儀式與臺中大甲地區的發展：兼論媽祖信仰與國家的關係」發表於『區域再結構與文化再創造：一個跨學科的整合研究研討會』（二〇〇五年）、洪瑩發「戰後大甲媽祖信仰的發展與轉變」（國立臺南大學台灣文化研究所碩士論文、二〇〇五年）、八一～八五頁。

（8）張珣『文化媽祖』、一五二頁。

（9）洪瑩發「戰後大甲媽祖信仰的發展與轉變」、二八～三三頁。

（10）同前、三四～三九頁。

（11）同前、四四頁。

（12）鎮瀾宮の役員会は、当時の不確実性に満ちた両岸関係の制約のもと、周到な政治的工夫を凝らして湄洲島への巡礼をおこない、分霊を台湾に持ち帰ることに成功した（洪瑩發「戰後大甲媽祖信仰的發展與轉變」、四五頁）。ここからは、政治、宗教、メディアなどが入り組んだ状況のなかで複雑な行動をこなすことのできる彼らの能力がみてとれる。

（13）張珣「進香儀式與臺中大甲地區的發展」、洪瑩發「戰後大甲媽祖信仰的發展與轉變」、一八、四一～四八頁。

（14）Mayfair Mei-hui Yang, "Goddess across the Taiwan Strait: Matrifocal Ritual Space, Nation-State, and Satellite Television Footprints," *Public Culture* 16(2) (2004), pp. 209–238.

（15）洪春木「拉攏劉顏 國民黨步步為營」『聯合報』二〇〇〇年一月一九日。

（16）「综述：〝宗教直航〞冲击台当局禁令」『中国新聞』二〇〇〇年六月八日、「国台办：欢迎台湾妈祖信众直航湄洲进香是一贯立场」『中国新聞』二〇〇〇年六月二四日。

（17）周文輝・劉永玉「神同源、人同根：台灣大甲鎮瀾宮謁祖進香側記」『臺聲雜誌』（二〇〇〇年九月号）。

（18）張珣「進香儀式與臺中大甲地區的發展」、一九頁。

（19）洪瑩發「戰後大甲媽祖信仰的發展與轉變」、三八～三九頁。

（20）同前、一五二～一五三頁。

（21）簡瑛欣「祖廟：台灣民間信仰的體系」（國立政治大學民族學系博士論文、二〇一四年）、一九～三三頁、一一〇～一二九頁。

（22）廖迪生「地方認同的塑造：香港天后崇拜的文化詮釋」陳慎慶編『諸神嘉年華：香港宗教研究』（香港：牛津大學出版社、二〇〇二年）、二二一～二三五頁。

（23）Vincent Goossaert, and David A. Palmer, *The Religious Question in Modern China* (Chicago: University of Chicago Press,

2011), pp. 241–269; Richard Madsen, "Religious Revival," in You-tien Hsing, and Ching-Kwan Lee（eds.）, *Reclaiming Chinese Society: the New Social Activism*（London and New York: Routledge, 2010）, pp. 140–156; Chau, *Miraculous Response*, pp. 2–4.

（24） 鄭振滿「湄洲祖廟與度尾龍井宮：興化民間媽祖崇拜的建構」『民俗曲藝』一六七号（二〇一〇年）、一一三～一五〇頁。

（25） Kenneth Dean, *Lord of the Three in One: The Spread of a Cult in Southeast China*（Princeton: Princeton University Press, 1998）, pp. 263–266.

（26） 鄭振滿「湄洲祖廟與度尾龍井宮」、一一九～一三〇頁。

（27） Ming-Chun Ku, "Local Strategies of Popular Religious Community Engaging the State: The Culturalization and Heritagization of the Mazu Belief," The Conference on 'Interactive Governance And Authoritarian Resilience: Evolving State Society Relations In China', Taipei（2015）.

（28） 蔣維錟・朱合浦『湄洲媽祖志』（北京：方志出版社、二〇一一年）、五五五頁。

（29） 鄭振滿「湄洲祖廟與度尾龍井宮」、一一七～一一九頁、蔣維錟・朱合浦『湄洲媽祖志』、五五六頁。

（30） 高丙中「一座博物館：廟宇建築的民族志」『社會學研究』一号（二〇〇六年）、一五四～一六八頁、Adam Yuet Chau, "Introduction," in Adam Yuet Chau（ed.）, *Religion in Contemporary China: Revitalization and Innovation*（New York: Routledge, 2011）, pp. 6–7; Ku, "Local Strategies of Popular Religious Community Engaging the State."

（31） 張珣「中國大陸民間信仰的變遷與轉型：以媽祖信仰為例」『科技部人文與社會科學簡訊』一五（二）（二〇一四年）、一四四～一四五頁、鄭振滿「湄洲祖廟與度尾龍井宮」、一一八頁; Ku, "Local Strategies of Popular Religious Community Engaging the State.

（32） 鄭振滿「湄洲祖廟與度尾龍井宮」、一一七～一一九頁。

（33） 蔣維錟・朱合浦『湄洲媽祖志』、五五六頁。

（34） Ku, "Local Strategies of Popular Religious Community Engaging the State."

(35) 莆田市地方志編纂委員会編・黄金懇主編『莆田市志』（北京：方志出版社、二〇〇一年）。

(36) 莆田市対外経貿委員会『莆田市外経貿志』（北京：方志出版社、一九九五年）、第四節「湄洲島」。

(37) 莆田市地方志編纂委員会編・黄金懇主編『莆田市志』。

(38) 莆田市対外経貿委員会『莆田市外経貿志』。

(39) 張珣「中國大陸民間信仰的變遷與轉型」、一四四頁、鄭振滿「湄洲祖廟與度尾龍井宮」、一二七～一二八頁、Dean, *Lord of the Three in One*, p. 264; Ku, "Local Strategies of Popular Religious Community Engaging the State."

(40) 「林文豪先生的媽祖緣」莆田文化網〈http://www.ptwhw.com/?post=4911〉;「難為媽祖傳承人」莆田文化網〈http://www.ptwhw.com/?post=4728〉。

(41) 「難為媽祖傳承人」莆田文化網〈http://www.ptwhw.com/?post=4728〉。

(42) 周金琰「媽祖宮廟管理模式探論」『莆田學院學報』一九（四）（二〇一二年）、六～一一頁。

(43) 「湄洲島祖廟董事會第三屆」〈http://big5.news.cn/gate/big5/www.fj.xinhua.org/mazu/2004-10/27/content_4121258.htm〉。

(44) 莆田市対外経貿委員会『莆田市外経貿志』。

(45) 莆田市地方志編纂委員会編・黄金懇主編『莆田市志』。

(46) Ku, "Local Strategies of Popular Religious Community Engaging the State."

(47) 「五緣文化」百度百科〈http://baike.baidu.com/view/2409614.htm〉。

(48) 陳昌福「二十年來之『五緣文化』論」『上海市社會主義學院學報』四（二〇一〇年）、三四～三八頁。

(49) 俞建軍「淺析閩文化『五緣』要素在構建和諧統戰文化中的定位與功能作用」『福建廣播電視大學學報』一（二〇一〇年）、一三～一六頁。

(50) 政治協商会議全国委員会主席・賈慶林による中華媽祖文化基金会の設立大会での祝辞、二〇〇四年一月二九日。

(51) 陳嘉寧、蘇木春、余采瀅「直奔鎮瀾宮　陳閉門會里長」『聯合報』二〇一五年一二月一日、A12版。

(52) 「兩岸三宮廟文化、面臨斷層隱憂」『旺報』二〇一六年七月一九日〈http://www.chinatimes.com/newspapers/20160719000841-260302〉。

（53）「顏清標：蔡英文須重新思考兩岸未來」中央網路報、二〇一六年七月二三日〈http://www.cdnews.com.tw/cdnews_site/docDetail.jsp?coluid=111&docid=103769683〉。

（54）「鎮瀾宮砸四百億、天津蓋媽祖廟」中時電子報、二〇〇九年三月一一日、「鎮瀾宮砸兩百億、天津蓋廟」『蘋果日報』二〇〇九年三月一一日、「天津濱海媽祖文化園開幕」中時電子報、二〇一六年九月一一日、「天津濱海媽祖文化園九月九日揭牌」聯合新聞網、二〇一六年九月一日。

（55）「廈門朝天宮譜神緣、濃濃北港味」『旺報』二〇一四年三月一〇日、「創先例、北港朝天宮、全分靈廈門」中時電子報、二〇一四年一二月二七日。

（56）「慧聚天后宮、六億人民幣打造」中時電子報、二〇一四年三月一一日、「天后宮媽祖分靈赴昆山慧聚天后宮」『鹿港時報』二〇一〇年九月三〇日。

訳　注

〔1〕神を祀ったり廟の建築維持をしたりする費用を地域住民で負担する制度。

〔2〕台湾の文化や歴史、社会およびその主体性を重視する立場。台湾を中国の一部とみなす立場とは対抗関係にある。

〔3〕当時、台湾側の政策により、中国と台湾のあいだでは直航が認められておらず、第三地を経由する必要があった。宗教界からは、湄洲媽祖廟への巡礼に際して「直航」方式を主張する声があがった。

〔4〕台湾中部を地盤とする黒道（ヤクザ）と深い関わりを持つことで知られ、立法委員に当選したこともある。

第5章　進撃の「紅い資本」

中国企業の台湾投資ネットワーク

黄健群

はじめに

中国の企業は近年、世界中で大規模な企業買収をおこなっている。その対象業種も、当初の鉱業、エネルギー分野から、ハイテク、医療、小売、メディア、エンターテイメントなどの分野に広がり、投資地域も、欧州、米国などの先進国向けが中心であった時期を経て、いまや世界各地へと広がっている。中国商務部の統計によれば、二〇一九年の対外投資は一一六九億米ドルに達した。

中国の対外投資の増加にともない、世界の有力企業の多くがいわゆる「紅い資本」に染まりつつある。二〇一三年には、中国の建設機械メーカー・三一重工が独プツマイスター社を、大連万達グループが映画館運営の米AMCエンターテイメントを買収した。二〇一四年には、中国最大手のコンピュータグループであるレノボが米IBM傘下のローエンド向けサーバーx86事業を買収し、米グーグルからモトローラ・モビリティの株式を取得した。二〇一六年八月にはドイツの政財界から技術流出を懸念する声があがるなか、中国の家電大手の美的グループがドイツの産業ロボットメーカーKUKAの筆頭株主となった。米GEやスウェーデンのボルボ、フランスのPSAプジョーシトロエンなどの世界的企業も、ここ数年のあいだに「紅い資本」の買収や資本参加の対象になっている。さらには、英国のヒンクリー・ポイント原子力発電所までもが中国資本の出資を受け入れている。

いわゆる「紅い資本」はいままさに破竹の勢いで世界を席巻し、資本のパワーを通じてグローバルな影響力を確立しつつある。台湾にとって、これはよそごとではない。台湾社会では長いあいだ、中国資本の台湾への投資に市場を開放するかどうかをめぐって、意見が分かれてきた。賛成派は中国資本を外資のひとつとみなし、興隆を遂げつつある経済大国である中国の資本を積極的に取り込むべきだと考える。反対派は、中国資本の流入は、複雑でデリケートな両岸間の政治問題にかかわるものであり、その背後にある政治的要素を考えれば、中国資本を単純な外資とみなすことはできないと考える。このため、二〇〇一年末から二〇〇二年初頭にかけて、中国と台湾が世界貿易機関（WTO）への加盟を果たした際に、台湾では中国企業への市場開放をめぐる議論がおこなわれたが、二〇〇九年四月の中台窓口機関（中国側の海峡両岸関係協会と台湾側の海峡交流基金会）のトップによる会談で合意が達成されるまで、中国からの投資への正式な開放はおこなわれなかった。

しかし、二〇一六年に成立した民主進歩党（民進党）・蔡英文政権は、中台関係の基調が「冷たい平和」から「冷たい対立」へと変わり、さらに米中貿易摩擦が強まるなか、台湾経済の対中依存からの脱却をめざして、東南アジア諸国連合（ASEAN）との関係強化を図る「新南向政策」や台湾資本のUターン投資の誘致を全力で進めている。また、中国資本の対台投資の管理を厳格化している。

中国企業の台湾投資は、果たして台湾経済の活性化の呼び水となったのだろうか。それとも中国が一貫して推進してきた、「経済を通じた統一促進」を目的としておこなわれる「経済的利益供与」にすぎないのか。

中国は、両岸間の経済統合の進展とともに、その強大な経済力でもって、台湾に対して貿易、投資、市場アクセス面での優遇を与え、台湾の政治に対する影響力の「てこ」を仕込んできた、と指摘する研究もある。(1) このような観点からみれば、中国資本の台湾への投資は、中国が台湾におけるその影響力を深めるうえでの必然的なプロセスだということになる。

そもそも、中国企業はなぜ台湾に投資をするのだろうか。政治的な理由によるのか、それとも経済利益を求めて投資をおこなっているのか。単に政治目的なのだとしたら、利益の見込めない場合でも台湾に投資するのだろうか。逆に、もし経済的理由から台湾に投資しているのなら、そのような投資でも台湾に対する政治的影響力を及ぼしているのだろうか。また、台湾企業は、不慣れな土地である中国に投資する過程で、地元の政府（主に台湾事務弁公室）や台商協会などの組織を頼ってネットワークをつくり、現地に根を下ろしてきた。中国企業も台湾への投資の過程で同様の問題に直面しているはずだが、どうしているのだろう。本章ではこれらの問いについて考えていく。

本章では、さまざまなアクターが、既存の制度を利用しながら中国資本の対台湾投資ネットワークをいかに構築してきたのかを検討する。また、台湾に進出した中国企業の行動のロジックについても考察する。これらの分析を通じて、中国資本の台湾進出を支える政治経済チャネルについて、また台湾における「中国《チャイナ》ファクター」の具体的な姿について、明らかにする。

一　中国資本の台湾進出をめぐる紆余曲折

台湾では二〇〇〇年に史上初の政権交代が起き、民進党・陳水扁政権が成立した。同政権は、中国企業による直接投資の受け入れ開放についての議論をおこない、二〇〇一年には経済発展諮詢委員会議が中国企業の台湾投資の受け入れについてのコンセンサスに達した。二〇〇二年には、WTOへの加盟実現を受けて、二段階での中国資本の受け入れ計画が策定された。これは、第一段階で中国資本の不動産への投資を許可し、第二段階で、WTOのサービス業に関する「特定の約束に係る表」にもとづいて対外開放するサービス業種一〇八項目のうち、中国に対して五八項目を先行開放し、製造業投資の開放も検討する、というものであった。二〇〇三年一〇月、行政院大陸委員会は「両岸人民関係条例」の第七三条を改正し、中国資本の投資を審査許可制にすることを定めた。

このような流れからわかるように、台湾はこの時期にすでに中国からの投資の受け入れへの備えを進めていた。しかし民進党政権は、その政治的な立場ゆえに、中国からの投資に対して厳しい審査制度を設けた。そのため実際には、この時期、中国資本は外資のかたちをとった迂回投資として台湾に入ってくるのみであった。

二〇〇八年にふたたび政権交代が起き、中国国民党（国民党）・馬英九政権が成立した。馬英九政権は、二〇〇五年の連戦・国民党主席と胡錦濤・中国共産党総書記の歴史的会談を機に形成された国共プラットフォーム〔国民党と共産党の交流・協力チャネル〕を土台として、対中政策を大幅に開放した。新自由制度主義的な立場をとる馬英九政権は、両岸間の経済統合は、台湾の経済発展に寄与し、両岸の平和と安定をもたらし、さらには中国に対してソフトなかたちで影響を及ぼすことにつながる、という認識を有していた。

中台双方の窓口機関は、二〇〇八年の協議再開から二〇一五年までに二三の協定を交わし、中国資本の対台投資などについても協力することで合意した。中国政府はこれを受け、二〇〇八年一二月に「大陸企業の対台湾地区投資管理に関する規定通知」（関於大陸企業赴台湾地区投資項目管理有関規定的通知）を、二〇〇九年五月に「大陸企業の対台湾地区投資ないし非企業法人設立に関する事項通知」（関於大陸企業赴台湾地区投資或設立非企業法人有関事項的通知）を発布した。一方、台湾は二〇〇九年六月末に「大陸地区からの台湾投資許可弁法」（大陸地区来台投資許可弁法）と「大陸地区の営利事業の台湾における子会社ないし弁事処の設立に関する許可弁法」（大陸地区之営利事業在台設立分公司或弁事処許可弁法）を公布し、中国資本の対台投資に法的根拠を与えた。中国と台湾はここに、本格的な双方向投資の時代に足を踏み入れたのである。

数度にわたる投資規制の緩和を経て、現在、中国資本による投資が認められている業種は、全体の半数を超えるまでになっている（製造業で九五・二％、サービス業で五〇・六％、公共工事で五一・二％）。しかし、中国企業の台湾での事業展開は、さまざまな要因ゆえに、いまにいたるまで「初期的段階」にとどまっている。台湾の経済部投資審議委員会の統計によれば、二〇〇九年七月から二〇二〇年末までに認可を受けた中国からの対台投資は一四六一件、投資認可額（増資分を含む）は二四億一一二八万米ドルと、同時期の対内投資全体の四％にも満たない。台湾企業の対中投資が年間数十億米ドルっている。

程度[*1]なのに対して、中国資本の対台投資は年間わずか二億米ドル程度にすぎず、限られた規模にとどま

それでも、中国企業のなかに、数々の規制を突破して台湾に進出しようとするケースがあるのはなぜなのだろうか。中国政府の政策に歩調を合わせたものなのだろうか、それともそこにはわれわれのあずかり知らない経済的利益があるのだろうか。合弁や資本参加、買収といったかたちで流入する中国系の資本は、台湾に影響を及ぼす「中国ファクター」たりえているのだろうか。そのなかで海峡両岸の政府はどのような役割を担っているのだろうか。われわれは、こういった問いを考えてみる必要がある。

二　「引き」より「押し」が強い中台政府の関係

中国共産党にとって中国企業の台湾投資の促進は、「経済による統一促進」政策に合致しており、経済的・政治的な目的を兼ね備えたものである。一方、馬英九政権にとって中国企業の投資の受け入れは、いわゆる「両岸経済関係の正常化」を実現し、経済成長という目的にも寄与するものであった。

しかし、台湾社会では、馬英九政権の姿勢に対して、中国に傾斜しすぎているのではないかという疑念が生じ、二度目の政権交代を経て、二〇一六年に民進党がふたたび政権の座に就いてからは、政府は中国資本の受け入れに対してより慎重になっている。政府の役割という点からいえば、中国側の「押し」の力は明らかに、台湾側の「引き」の力を上回ってきた。

郵　便　は　が　き

おそれいりますが切手をおはりください。

101-0052

東京都千代田区神田小川町3-24

白　水　社　行

購読申込書

■ご注文の書籍はご指定の書店にお届けします。なお，直送をご希望の場合は冊数に関係なく送料300円をご負担願います。

書　　名	本体価格	部　数

★価格は税抜きです

（ふりがな）

お　名　前　　　　　　　　（Tel.　　　　　　　　）

ご　住　所　（〒　　　　　　　　）

ご指定書店名（必ずご記入ください）	取次	（この欄は小社で記入いたします）
Tel.		

『中国《チャイナ》ファクターの政治社会学』について (9852)

■その他小社出版物についてのご意見・ご感想もお書きください。

■あなたのコメントを広告やホームページ等で紹介してもよろしいですか？

1. はい（お名前は掲載しません。紹介させていただいた方には粗品を進呈します） 2. いいえ

ご住所	〒　　電話（　　）		
（ふりがな） お名前	（　　歳） 1. 男　2. 女		
ご職業または学校名		お求めの書店名	

■この本を何でお知りになりましたか？

1. 新聞広告（朝日・毎日・読売・日経・他〈　　〉）
2. 雑誌広告（雑誌名　　）
3. 書評（新聞または雑誌名　　） 4.《白水社の本棚》を見て
5. 店頭で見て 6. 白水社のホームページを見て 7. その他（　　）

■お買い求めの動機は？

1. 著者・翻訳者に関心があるので 2. タイトルに引かれて 3. 帯の文章を読んで
4. 広告を見て 5. 装丁が良かったので 6. その他（　　）

■出版案内ご入用の方はご希望のものに印をおつけください。

1. 白水社ブックカタログ 2. 新書カタログ 3. 辞典・語学書カタログ
4. 白水社の本棚（新刊案内／1・4・7・10月刊）

※ご記入いただいた個人情報は、ご希望のあった目録などの送付、また今後の本作りの参考にさせていただく以外の目的で使用することはありません。なお書店を指定して書籍を注文された場合は、お名前・ご住所・お電話番号をご指定書店に連絡させていただきます。

「押し」の力――中国政府の対台政策

中国は一九九〇年代以来、戦略的な資源・技術の獲得とグローバル展開のために対外投資を積極的に奨励する「走出去」戦略をとっており、外国企業の投資誘致を進めると同時に、対外投資も後押ししている。

中国企業の対外投資の戦略的な目標は四つに大別できる。第一に、海外市場の確保を目的とした「市場型」である。第二に、低コスト資源の有効活用と、複数市場に分散した機動的な生産をめざす「資源型」である。この二つは、一九七八年の改革開放の開始から一九九二年ごろまでの中国の対外投資の中心であった。このタイプの投資は、業種としては鉱業や石油などのエネルギー産業、投資主体としては国営企業が主であった。

一九九二年ごろから新たに目標とされるようになったのが、第三の、戦略的な資産の獲得を目的とする「技術型」である。業種としては加工型の製造業、投資主体としては国営企業だけでなく民間企業も加わった。さらに二〇〇一年以降は、海外での上場、融資などの手段を通じて国際資本とのリンケージ構築をめざす「資本型」の投資が出現した。このタイプの投資の重点は、技術、管理ノウハウ、市場、産業サプライチェーンの構築、投資収益の獲得などにある。業種としてはあらゆる産業に広がり、投資主体に占める民間企業の割合もしだいに上昇した。

以上の類型に即していうと、中国企業による台湾向けの投資には、「市場型」と「技術型」が多い。くわえて、中国企業の対台投資については、中国の対台湾経済政策がもつ政治的意図に鑑みて、その「政治志向」性にも注目する必要がある。(2)

中国は、自国企業の対外投資についていわゆる「政治的規範」を設けており、「対外投資管理弁法」（境外投資管理弁法）では「……我が国の国家主権、安全、社会の公共利益を脅かすものについて……主管機関はこれを許可しない」ことを定めている。また台湾への投資について規定した「大陸企業の対台湾地区投資管理弁法」（大陸企業赴台湾地区投資管理弁法、以下「管理弁法」と略）では、台湾への投資が「国家の安全と統一を脅かさないこと」が強調されている。この種の概略的な条文にどの程度の実際的な効果があるかは掘り下げた検証が必要であるが、党と国家が一体化した中国の「党国資本主義体制」のもとで、国営企業であれ民営企業であれ、政府機関による審査と認可が必須の対外投資をおこなう過程では、多かれ少なかれ政府の立場に配慮しなければならない。

中国では、企業の対外投資は、発展改革委員会（発改委）と商務部の審査を受けるが、対台湾投資の場合には、これに加えて国務院台湾事務弁公室（国台弁）による審査がある。共産党からすれば、「管理弁法」に定めるとおり、中国企業の「台湾地区への投資は互いに利があるウィン・ウィンの関係および市場経済の原則を遵守すべき」である。同時に「現地の法律法規を真剣に理解、遵守し、現地の風俗習慣を尊重し、環境保護を重視し、必要な社会的責任を尽く」さなければならず、さらに「両岸関係の平和的発展に寄与すること」が重要である。

また、「管理弁法」第一二条では、台湾側から認可を受けた中国資本は、中国政府の政策的支持のみならず、両岸間で交わされた各種協議で定められた待遇を受けられることが定められている。発改委や商務部、国台弁は対外投資協力情報サービスシステムや投資の手引きなどを通じ、中国企業の台湾投資に関係する各種サービスや訓練に力を入れている。同時に研究機関が台湾の投資環境や市場の情報、産業発展状況に関する研究や分析をおこない、企業の対台投資の参考に供することを奨励している。

以上からわかるように、中国政府は企業による台湾への投資の促進に非常に積極的である。中国政府の台湾工作部門の幹部が言うように、両岸間の関係は「先経後政」（先に経済問題を処理し、後から政治問題を話し合う）であるのみならず、「経中有政」（経済のなかに政治あり）なのである。[3]

引きの力——社会に影響される台湾政府の態度

ひるがえって台湾では、中国からの投資に対する政府の反応は、ときの政権与党のスタンスに加えて、さらに重要な要素として世論からの影響を受けてきた。民進党・陳水扁政権（二〇〇〇〜二〇〇八年）の時代には、いちどはＷＴＯの規範にのっとり、同じくＷＴＯのメンバーである中国からの投資の受け入れの可否について議論がおこなわれたものの、当時の政権は「国家の安全保障」を理由として、投資の受け入れをおこなわなかった。

二〇〇八年に政権与党に復帰した国民党は、中国からの投資を受け入れ、かつこれを積極的に奨励した。政府は各種のプラットフォームを作って中国企業の台湾進出をサポートしただけでなく、中国各地に赴いて、投資誘致説明会を開いた。しかしその一方で、中国企業の台湾進出には依然として何重もの投資障壁が残された。投資許可対象項目は限られ、人員の往来には不便があり、中国企業にとっては「正門は開いたが、小さなドアやガラスのドア、跳ね返ってくるスイングドアがまだまだある」という状況であった。また中国企業が台湾で受ける待遇は、ほかの外資の水準に及ばず、中国企業による投資への門戸開放は、実質的なものであるというより象徴的なものにとどまった。

一方、馬英九政権が「海峡両岸サービス貿易協定」を含む両岸協定をつぎつぎと交わすなかで、台湾社会ではしだいに中国との急速な経済統合に対する懸念が高まり、ついに二〇一四年に、大規模な社会運動（ひまわり学生運動）が発生した。これ以降、馬英九政権はさまざまな対中政策の棚上げを余儀なくされ、対中関係について慎重な態度へと転じることとなった。

二〇一六年、再度の政権交代によって誕生した民進党・蔡英文政権は、対中政策については「現状維持」を強調しつつ、中台経済関係については「国家セイフティネット」（国家安全網）という概念を提起し、市場開放と台湾の安全保障のあいだのバランスをとることは可能である、という考えを示した。[4]一方で、林全・行政院長（当時）は「中国資本の対台投資は経済問題であるとともに、国の安全保障にかかわる問題でもある。……これが就業に有益ではあってもイノベーションに貢献しなければ、なぜ誘致する必要があるのか……」と述べた。[5]このような考えのもと、民進党政権は馬英九政権期の中国資本の受け入れ策の枠組みを引き継いではいるが、積極的な誘致に向けた政策はとっていない。

馬英九政権期以来、経済部は中国資本を外資とみなし、その対台投資を奨励する立場をとっている。ただし「中国資本の台湾進出がもつ複雑性に鑑み」、その受け入れに際しては、「利益最大化とリスク最小化」という政策目標の実現をめざして、「先に厳しく後に緩く。順を追って進め、成果を上げたのちにさらに拡大する」という原則を掲げている。[6]

しかし、「順を追って進める」といってもその明確なスケジュールがあるわけでもなく、「成果を上げてから」の「成果」の意味も曖昧であり、「利益最大化とリスク最小化」という目標も、解釈の余地があまりに大きい。審査メカニズムが不透明なこともあり、行政機関のさじ加減で「厳しくも緩くもできる」という柔軟性が生じている。これは中国資本の台湾投資のパワーを削いだのみならず、中国企業の台湾投資をめぐる不確実性を高めることにもなった。

たとえば、経済部はもともと、中国企業の受け入れに積極的な役割を果たすべき立場にあったが、張家祝・経済部長（大臣に相当）は後任部長への引き継ぎセレモニーにおいて、経済部の今後の重要な役割のなかには「中国企業の対台投資の審査を厳格におこなう」ことも含まれると述べた。(7) 二〇一四年末、当時の沈栄津・常務次長（事務次官）は、中国企業の台湾投資に対するハードルが高すぎるのではないかと中国メディアに問われた際に、「投資案件が台湾側に疑念を抱かせるようなものであるなら、明確に説明する必要がある」と述べた。(8) 二〇一五年六月には、当時の鄧振中・経済部長が立法院での報告のなかで、中国企業の進出に関する管理メカニズムをとくに強調した。(9) 二〇一六年五月に蔡英文政権が誕生すると、李世光・経済部長はとくにハイテク産業での中国からの投資について、「技術が流出せず、就業と安全保障がともに確保される」ことを前提として個別に検討することを強調した。(10)

特筆すべきは、二〇一六年五月の民進党政権の誕生後も、中国の台湾への投資額は特段減少していないということだ。同年五〜一二月に経済部投資審議委員会が許可した中国資本の対台投資金額は二億五〇〇〇万米ドルと、前年同期比五・五％減にとどまり、馬英九政権時代の平均金額を大きく下回ったわけではなかった。両岸間の緊張がさらに高まった二〇一八年においても、中国からの投資は一四一件にのぼり、投資額は前年比で一三％減だったが、二・三億米ドルと、馬英九政権下の二〇一五年（二・四億米ドル）とさほど変わらなかった（ただし、二〇一九年は九七〇〇万米ドルに減少した）。ここからも、馬英九政権の後半以降、台湾社会において、中国企業の台湾進出が台湾の国家および経済面での安全保障に及ぼす影響への懸念が高まり、これを受けて政府の中国資本の台湾進出に対する態度がより慎重なものとなったこと、ただし馬英九政権、蔡英文政権とも、中国企業の台湾投資に対して一定の柔軟性を示し、完全に禁止したわけではなかったことがわかる。

明らかなことは、中国資本の台湾進出のプロセスにおいて、中国政府の政策の「押し」の力のほうが、社会からの影響を受けた台湾政府の「引き」の力よりも強いということだ。

三　対台投資を支えるネットワークと現地協力メカニズム

呉介民が論じたように、中国は「海峡を跨いだ政治・ビジネスネットワーク」を介して、中国と台湾の双方で事業を展開し、一定の政治的影響力を持つ企業である「海峡を跨いだ資本」（両岸資本）に、台湾での政治的影響力を発揮せしめている。中国ファクターが海峡を越えて作用するうえでは、台湾側の現地協力者ネットワークが必要である。[11] しかし、呉も指摘しているように、「海峡を跨いだ資本」としての中国企業はたしかにこのネットワークを頼って台湾にやってくるが、その台湾進出を支えるネットワークを構成するアクターのあいだで利益が完全に一致しているかといえば、現実にはそうではない。以下では、中国企業の台湾進出のプロセスではどのような推進力が働いているのか、現地協力者にはどのようなタイプがあり、それぞれがどのような役割を演じているのか、といった点を考察する。

中国資本の台湾投資を後押しするアクター群

中国側には台湾関係の業務を一手に請け負う国台弁があるが、台湾側にはそのカウンターパートとなる「大陸弁公室」のような組織は存在しない。また現行法令の制約により、台湾に進出した中国系企業は、中国の台商協会のような制度化された組織を作ることができない。さらに、中国と台湾では制度、市場のありかたが異なるため、台湾では、「国共フォーラム」や「紫金山峰会」といった海峡両岸にまたがる「政財界クラブ」であれ、有力な政治家や実業家を囲むように形成されたインフォーマルな政治・ビジネスネットワークであれ、減税や利益供与などの政策的な優遇を受けたり、多額の経済利益をやすやすと得たりすることはできない。そのため、台湾で、綿密な政治・ビジネスネットワークを形成するのは難しい。

現時点で、中国企業の台湾投資に関わる主なアクターには、以下のような四つの類型がある。

【中国の経済団体の台湾出先機関――中国政府の政策実行者】

二〇一〇年、中台の窓口機関は、「海峡両岸経済協力枠組協議」(ＥＣＦＡ)を締結した。このなかで、両岸経済協力の促進のため、中台双方の経済団体が相互に拠点を設置することが強調された[12]。中国からは、中国機電産品進出口商会(機電商会)と海峡両岸経貿交流協会(海貿会)が、それぞれ二〇一三年と二〇一五年に台湾に拠点を開設した。これらはいずれも公的な性質を備えた組織であり、台湾に駐在する主要幹部も、中国政府で重要なポジションにあった者が多い。

【台湾の経済団体と企業――産業ごとに異なる利益】

中国資本の台湾進出に際して台湾の経済団体が果たしている役割には、つぎの三つがある。政府への政策提言、政府がおこなう政策に関する説明への協力、中国企業に代わって政府に対しておこなう問題点の指摘であり、このように多くは政策面での提言活動である。中国企業の投資、買収、出資といった個別事案について、政府が審査過程で諮問する先は個別の産業公会（法律にもとづいて設立された業界団体）であって、経済団体ではない。

とはいえ、個々の企業の利益は異なるため、同じ業界のなかでも中国企業の投資に対するスタンスは、企業によって異なる。二〇一二年に台湾の発光ダイオード（LED）用エピタキシャルウエハー・チップ大手、璨円光電（フォルモサ・エピタキシー）が中国LED最大手、三安光電（三安オプトエレクトロニクス）から二〇％近い出資を受け入れようとした際、台湾のLED業界は燦円光電のひとり勝ちになるのではないかと懸念を示した。ただ、燦円光電は資金や中国市場開拓といったニーズから中国からの出資受け入れを求めたため、政府は一定の制限のもと、この案件を承認した。

注意すべきは、台湾企業の側にも、資金や市場などさまざまな要素に鑑み、積極的であれ消極的であれ中国資本の買収や出資を受け入れるところがあるということである。台湾企業が今後、中国資本の対台投資の重要な協力者となり、これが対台投資の主な経路になっていくであろうことが予想される[13]。

【専門職代理人――法律によって積極的な役割を与えられた直接的な利益獲得者】

経済部は二〇一三年、「大陸地区からの台湾投資許可弁法」第九条を改正し、「投資者のうち、台湾地区に住所や営業所のない者は……会計士または弁護士に委任して手続きをおこなうこと」と定めた。また、会計士と弁護士の役割は投資者に協力して「投資申請書に記入し、投資計画や身分証明、委任状および関連する文書を添付」し、「主管機関に（投資の）許可申請をする」ことと定めた。ここからわかるように、弁護士や会計士といった「専門職代理人」は、中国企業の台湾進出のもっとも直接的な利益関係者である。弁護士や会計士らは、自身のビジネス上の利益にもとづき、中国各地で積極的に「投資誘致」をおこなって、中国企業の台湾での投資や買収、出資を後押しするのみならず、中国企業がスムーズに台湾で事業を展開できるよう、彼らに代わり、各種のルートを通じて台湾で適当な投資先を物色したりもする。

【台湾に進出した中国企業――「新しい台商」という現地アクター】

政治や政策の影響を受けつつも、二〇一六年末までに、九〇〇社を超える中国企業の台湾投資が許可を受けた。中国で事業を展開する台湾企業（台商）がそうであったように、台湾に進出した中国企業も、台湾で一定の時間を過ごすことで、いわゆる「新しい台湾企業」（新台商）ともいうべき現地アクターとなり、台湾の政治やビジネス、さらには社会の各方面との関係を築くとともに、新たな中国資本の台湾投資を呼び込む役割を担うようになっている。法律が障壁となって中国で台湾企業が組織している「台商協会」のような団体を結成することはできないが、中国の駐台湾経済機関の奨励や仲立ちのもと、交流を目的とした講座やイベントを日常的におこなっている。

中国企業の台湾進出を支える現地協力メカニズム

以上でみた中国資本の台湾投資に関係するアクターは、台湾側の政治環境と政策規制に阻まれ、台湾に影響を及ぼす中国ファクターにはなりえていない。だが、中国企業の台湾投資の現地協力メカニズムとして、以下のようないくつかの役割を担っている（図5-1）。

【政策ロビイング】

台湾に拠点を設けた機電商会と海貿会は、いずれも台湾への「投資促進」の任務を担う。機電商会の台湾での主なミッションは、両岸の産業面でのシナジー促進、企業が直面する問題の解決、さらに政府関連機関への情報提供や提言活動、そして中国企業の台湾向け投資誘致といった活動である[14]。中国企業の台湾投資の便宜をはかるため、「大陸企業の台湾投資指南」をまとめたり、台湾の高等教育機関と共同で「大陸企業幹部育成クラス」を開設したりもしている[15]。海貿会もまた「両岸間の貿易投資のさらなる利便性向上の促進[16]」を主な任務としており、折に触れて台湾に「大陸資本受け入れのさらなる開放」を呼びかけている[17]。

台湾の経済団体は中国企業の台湾投資に比較的前向きな態度を示している。全国工業総会、全国商業総会、工商協進会、電機電子工業同業公会（電電公会）などの台湾の主な産業公会はいずれも、政府への政策提言や公開の場での談話を通じて、政府が中国資本への市場開放を加速するよう希望する旨を表明している。たとえば全国工業総会と工商協進会は、中国資本の投資開放項目を現行の「ポジティブリスト」方式から「ネガティブリスト」方式に変えるよう提言している[18]。サービス産業の企業が会員の中

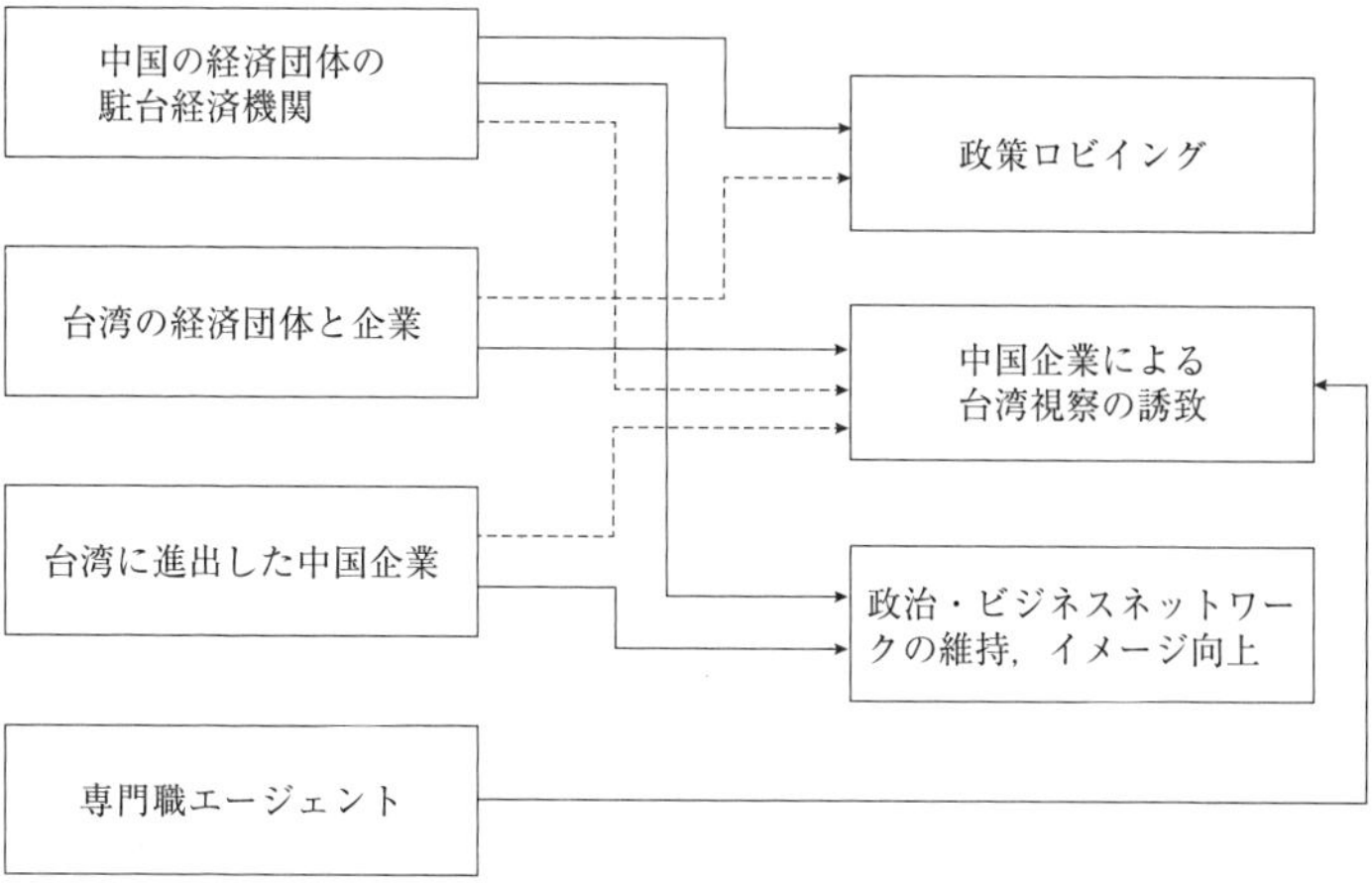

図 5-1　中国資本の対台投資の海峡を越えたネットワーク
出所：筆者作成。

心を占める全国商業総会は、中国資本のサービス業への投資の規制緩和を呼びかけ[19]、電機電子産業の事業者が中心の電電公会は、政府が中国企業の台湾の液晶パネル産業への投資を開放するよう期待を表明したことがある。

【中国企業の台湾視察の誘致】

中国から団体で訪れるビジネス関係者らの招聘や接遇は、在台の経済機関の中心的な業務のひとつである。これらの経済機関には公的な後ろ盾があるため、台湾に投資をしたいと考えている、あるいはすでに投資をしている有力企業（「中央企業」[*2]）や有力な民間企業とのあいだにネットワークを有しており、これらの企業と台湾の経済団体、企業との交流プラットフォームの役割を担っている。台湾の経済団体は中国企業の台湾訪問を招致する役割を担い、これらの企業の台湾での出資や投資を後押しする役割を果たしている。中国経済の台頭に加えて、台湾企業の側にも資金と市場へのニーズが高まっていることから、台湾企業が能動的に中国企業を引き入れる投資案件は枚挙にいとまがなくなっているが、現行の法律が障壁となっているため、台湾の経済団体や産業公会を通じて招致するというやり方がとられている。

各種の協会などの団体も、中国企業の台湾への投資の促進、誘致を推進する役割を担っており、台湾での投資、買収の対象探しに協力することも多い。この過程で、弁護士や会計士と協力することも多く、これらの団体の代表者が自らこうした「専門職代理人」であることも少なくない。台湾の弁護士や会計士がこうしたことを手がけるのは経済的な利益にもとづいていることが多く、彼（女）らの個人、あるいは事務所のイデオロギーや立場は、その行為に影響を与える決定的な要素ではない。台湾で事業展開する中国企業も、こうした視察の招致をすることがあるが、現行法では中国から交流のため台湾を訪れるには厳しい制限があり、関連する産業の中国企業の視察を招致することができるのみである。

【政治・ビジネスネットワークを営み、プラスのイメージを構築する】

台湾での政治・ビジネスネットワークの開拓は、中国の駐台経済機関と台湾に進出した中国企業の重要な仕事である。機電商会と海貿会が台湾拠点を開設したのは馬英九政権の時代だった。このとき、経済部や海峡交流基金会、中華民国対外貿易発展協会（ＴＡＩＴＲＡ）など、台湾の主だった経済団体の責任者はみな祝賀に駆けつけた。また、台湾で事業展開している中国の「中央企業」のなかには、台湾の立法委員と共同で公益活動に取り組んでいるところもある。[20] 台湾では中国資本の投資に多くの制限があるため、これらの活動の多くは親睦活動的なものである。

台湾では、中国企業が問題に直面した場合でも、行政機関は政策にのっとって処理し、特別扱いはしない。注目すべきは、中国の駐台経済機関の台湾拠点が公益イメージをとくに重視していることで、二〇一四年の高雄でのガス爆発事故や二〇一六年の台南大地震の際には、機電商会が在台中国企業からの寄付を募った。

四　進出事例の検討

台湾に進出している中国企業の類型を明らかにすることは、その台湾進出の過程や進出後の現地協力者との協力のありかたを理解するうえで有益である。しかし、データに限りがあるため、所有構造の面から中国企業の台湾進出が及ぼす「中国ファクター」の作用を検討することは難しい。

中国の党国資本主義的な経済体制のもとで、政治と企業の関係は密接である。中国政府は、国営企業に限らず、民営、外資系企業に対しても、影響力を発揮する余地とそのためのチャネルを持っている。とはいえ、こういっただけでは中国企業の持つ主体性を見失ってしまうだろう。台湾への進出が容易ではない状況で、なぜ一部の中国企業は幾重もの困難を突破して台湾に投資をしようとするのか。それは、中国政府の「経済による統一促進」や「ビジネスによる政治の囲い込み」といった戦略に歩調を合わせたものなのか。あるいは、われわれの知らない経済的な利益があるのだろうか。

本節では、限られたデータからではあるが、既存のデータを用いて、台湾で事業を営む中国企業へのインタビュー結果をまとめる。これらの企業が台湾に投資した動機をみていくことで、在台中国企業の姿をより細やかに描き出したい。

多岐にわたる投資先

李沃牆は、中国政府による自国企業の台湾進出の促進戦略は、香港向けのそれと同じであると指摘する。その特徴は、第一に、国益をその前提とすることだ。金融、不動産、建設、メディア、文化など、台湾の経済および社会に影響を及ぼす産業を長期的な戦略的投資の重点対象としている。第二に、企業の利益に配慮していることだ。実質的な利益獲得と同時に、台湾企業の対中依存を深め、これを通じて市場展開を広げることをめざす。具体的には、電子、通信、航空運輸、鉄鋼、旅行・観光などの産業を提携戦略の重点投資対象とする(21)。

もし中国が、特定産業への投資を通じて政治的な目的を遂行したり、台湾の経済面での安全保障に影響を及ぼそうとしたりするなら、右の産業はすべて中国の重点投資項目となるだろう。しかし、経済部の統計をみると、現在までの中国の投資対象産業は非常に分散的である。

表5-1からわかるように、二〇二〇年末までの産業別の投資金額あるいは件数の累計では、いずれも「卸売・小売業」がトップである。その一件あたりの投資規模をみると、全業種合計の平均投資額の一六五〇万米ドルを大きく下回り、わずか七二万米ドルと、かなり小さい。件数と金額を総合的にみれば、電子部品やコンピュータといったエレクトロニクス・通信関連産業での中国企業の影に注目すべきだろう。これについては第五節であらためて詳しく議論する。

表5-1　中国企業の対台湾投資の産業別構成（2020年末までの累計）

（単位：件，1,000米ドル，%）

	件数	構成比	金額	構成比
卸売・小売業	967	66.2	694,498	28.8
電子部品製造業	61	4.2	335,153	13.9
銀行業	3	0.2	201,441	8.4
港湾業	1	0.1	139,108	5.8
機械設備製造業	37	2.5	116,177	4.8
情報ソフトウェアサービス業	107	7.3	115,055	4.8
研究開発サービス業	9	0.6	112,135	4.7
コンピュータ，電子，光学製品製造業	34	2.3	110,954	4.6
電気設備製造業	9	0.6	109,708	4.5
金属製品製造業	14	1.0	107,052	4.4
宿泊業	5	0.3	104,651	4.3
化学製品製造業	6	0.4	75,856	3.1
飲食業	68	4.7	34,197	1.4
医療機材製造業	3	0.2	26,281	1.1
その他	137	9.4	129,015	5.4
合計	1,461	100.0	2,411,282	100.0

注：件数は新規投資件数のみ。金額は増資分を含む。

出所：經濟部投資審議委員會「核准僑外投資，陸資來臺投資，國外投資，對中國大陸投資統計月報」より筆者作成。

卸売・小売業の投資は規模が小さく、政治的な戦略的重要性もない。それなのに、中国企業によるこのセクターでの投資が活発なのはなぜだろうか。中国の研究者・熊俊莉はこう分析する。中国の対外投資は、当局が「対外投資国別産業導向目録」を発表し、企業に政策に合致した方向への投資を奨励するなど、明らかに政策の動向に影響される。しかし、台湾では、中国からの投資を社会が注視しており、政府の中国資本に対する監視・管理も厳しいため、政策によって特定産業の対台投資を促すのは難しい。中国企業の投資が卸売・小売業に集中しがちなのは、これが台湾の地場企業が強みを持つ産業で、投資規制もなく、台湾の行政機関による合同審査を通りやすいからであるという[22]。台湾では中国からの投資の審査にポジティブリスト方式を採用しているため、会社設立の利便性に鑑み、実際の手続きをする弁護士・会計士といった台湾側の代理人が、まずは規制の少ない「卸売・小売業」での投資を申請して政府の審査を通りやすくするよう提言しているのだ[23]。

このように、中国資本が台湾でセンシティブな、あるいは情報安全を含む国家安全保障上の懸念があるセクター、しかもまだ中国企業による投資が開放されていない、あるいは制限の多いセクターである金融、不動産、建設、メディア、文化といった分野に投資することは、たとえそれが中国の国家利益に即したものであっても、非常に難しい。中国政府が投資を通じて経済利益の獲得と、台湾の対中依存の深化を期待したとしても、現行の制度面での制約に加えて台湾メディアの監視の目も厳しいため、台湾で「香港モデル」を実現するのは難しい状況にある。

中国資本による対台投資の動機と目的

中国企業による台湾投資が開放されたばかりの二〇〇九年に、両岸のメディアが協力して、中国の上場企業に「対台投資の意向調査」をおこなったことがある。この調査で、台湾への投資に意欲を持つ企業に「台湾への投資の決め手」について尋ねたところ、回答が多かった順に「市場のビジネスチャンス」五五・六%、「国際展開」五五・六%、「サプライチェーンの整備」四四・四%、「中国政府の奨励」三三・三%となった。また、意欲のない企業は、その原因として、「市場のビジネスチャンスが小さすぎる」五〇%、「台湾の法規がわからない」四七・九%、「人件費が高い」四一・七%、「台湾の政治が不安定である」三三・三%をあげた[24]。

つぎに、中国資本の受け入れ開始から数年たった時点で、すでに台湾で事業展開をしている中国企業にその動機を尋ねた調査の結果をみてみよう。

経済部による委託調査の結果をみると、[25]対台投資の主な動機は「台湾市場の開拓」であり、そのほかに比較的多かったのが「両岸間の分業体制の構築」、「グローバル展開の一環」、「顧客、川上・川下サプライヤーの要望への対応」、「台湾の運営管理ノウハウの利用」などだった。注目に値するのは、「中国政府の投資政策への呼応」が、二〇一一年、二〇一二年の二年間にそれぞれ一四・八％と二一・五％だったのを除けば、他の年は一割にも満たなかったことである（表5-2参照）。

この調査はランダムなサンプル調査にすぎず、すべての企業を調べたわけでもなく、業種の違いも考慮されていない。したがって、多数の中国企業の対台投資の動機を反映しているかどうかは議論の余地がある。ただ、連続しておこなわれてきた調査から、「台湾市場の開拓」が主な動機であることが示されたわけであり、これを土台に、筆者によるインタビュー調査の結果を検討することで、[26]中国企業の投資の姿がより明確に浮かび上がるだろう。

【台湾市場の開拓から台湾製品の調達へ】

台湾は相当に開放的な市場であり、産業の競争は激しい。中国企業はどのようにして台湾市場の開拓をおこなっているのだろうか。中国の国営系のA社は数年前に卸売・小売業の投資として台湾に進出し、中国の飲料を台湾で販売している。しかし、台湾の消費者の多くは、台湾、日本、欧米の飲料ブランドに親しんでおり、市場はほぼ飽和状態で、中国の飲料ブランドが入り込む余地は限られている。A社の業績は何年たってもぱっととせず、ここ数年は、台湾製品の中国での販売を始めるなど、他の分野に転じ

の主要動機（2010–2019年）

（単位：%）

中国での投資パートナーとの共同投資	台湾の運営管理ノウハウの利用	イノベーション	台湾の高度人材の活用	中国政府の投資政策への呼応	その他
4.4	20.3	10.1	26.1	8.7	7.3
2.5	25.9	16.1	27.2	14.8	6.2
6.2	36.9	24.6	29.2	21.5	9.2
2.9	23.0	12.6	17.2	4.6	4.6
2.3	26.2	18.0	21.5	4.1	5.8
2.1	16.5	16.1	14.8	4.5	7.0
3.5	17.5	18.3	18.8	3.1	4.8
2.1	20.1	20.1	21.5	4.9	2.8
0.8	18.8	15.8	21.1	3.0	3.8
2.3	19.1	21.4	22.1	3.1	4.6

筆者作成。

つつある[27]。

中国の地方政府が出資するB社も同様の問題をあげた。同社は中国産の食品を台湾の大手の卸売業者に販売していたが、輸入関税が加わるとコストが高くなってしまい、市場競争も激しいため、もうお手上げだ、という。台湾の量販店などでの販売も試みたが、製品の味は悪くなくても、中国製と表示されると売れにくい。店舗も仕入れに後ろ向きとなってしまったという[28]。

公共工事プロジェクトは、中国企業には開放されていない。中国で建設業を営むC社は、まず台湾で事務所を設立し、何に投資できるか、どのようなビジネスチャンスがあるかを観察したのちに会社設立を正式に申請した。しかし、数年間の市場観察を経て、同社は、台湾市場が飽和状態にあるとの結論に達した。中国企業に投資が認められる項目も非常に限られており、何年かけてもふさわしい事業項目が見つからず、事務所のかたちで台湾に留まるほかなかったという[29]。

D社は中国中部のある省の元国営の民営物流企業で、上

表 5-2　中国企業の台湾投資

年	サンプル数	台湾市場の開拓	両岸間の分業体制の構築	グローバル展開の一環	顧客，川上・川下サプライヤーの要望への対応
2010	69	75.4	31.9	43.5	23.2
2011	81	75.3	27.2	39.5	32.1
2012	65	78.5	30.8	46.2	32.3
2013	174	70.1	32.8	33.3	32.8
2014	172	69.8	31.4	30.8	26.7
2015	243	66.3	28.0	25.1	24.7
2016	229	68.6	33.2	36.7	27.5
2017	144	72.9	27.8	28.5	29.2
2018	133	63.9	29.3	33.1	29.3
2019	131	61.1	28.2	35.9	34.4

出所：中華經濟研究院「僑外及陸資投資事業營運状況調査分析報告」各年版より

場企業である。二〇一一年に農水産品、食品、日用品の調達を主要業務として台湾で事務所を開設した。責任者によると、これまでも台湾からの調達をおこなってきたが、調達品目も金額も限られたものであった。事務所の設置後は台湾の商品動向を迅速にキャッチできるようになり、調達の拡大に役立ったという。興味深いことに、同社はいまでは民営であるが、台湾の調達事務所の開設を手がけた幹部は地元の省の元官僚である。同社の幹部は、台湾からの商品調達は同社の任務のひとつだが、そのほかにも、台湾の先進的な技術、とくにコールドチェーンの物流技術を学びたいと語った(30)。

E社は国有企業で、台湾で独資の現地法人を設立した。同社はもともと中国でさまざまな分野を幅広く扱っていたが、台湾では中国企業に参入可能な分野が限られていることから、まずは卸売・小売業と貿易業に従事することとした。現在は、中国で需要が見込めそうな商品を探し、持ち帰り販売をおこなう調達業務が主である。同社の幹部は、台湾に進出して数年がたち、台湾は想定していたより商売がやりにくい市場だとわかったため貿易業を始めた、という。インタビューの時点では、台湾の米加工食品を中国に持ち帰り輸出することを検討中であった[31]。

F社も国営の上場企業で、台湾では卸売・小売業に従事している。同社はもともと、中国のある地方の政府が中心となって設立したディベロッパー企業であった。主にインフラ事業をおこなっていたが、徐々に国内外での商社事業に展開し、さらに物流、不動産事業に手を広げた。商社業務においては、中国の政策に歩調を合わせ、労働集約型の加工製品を輸出し、中国が必要とする原材料を輸入する事業を営んでいた。一九九〇年以降、台湾の製造企業が多数、中国に進出するようになると、F社はこれらの企業への原料サプライヤーとなった。台湾企業との長年にわたる取引を通じて、台湾についての知識があることから、台湾が中国からの投資の受け入れを開始した機をとらえて、事務所、ついで現地法人を設立した。工業用原材料を台湾企業に販売する一方、台湾を貿易業務のプラットフォームとして第三国との三角貿易もおこなっている。また、台湾産の果物を中国向けに調達する役割も担っている[32]。

前述のとおり、台湾の市場は小さく、飽和状態にあり、ビジネスは容易ではない。飲食業をみると、多くの中国資本が市場競争に敗れて撤退している。G社は、中国では非常に有名な外食グループであるが、台湾にはまだ進出したばかりで、客の入りは良いが利益率は高くない。まずは、ブランドを確立してから事業を拡大したい考えだという。同社は、台湾進出の目的は利潤を上げることではなく、台湾で外食産業の国際化を学び、台湾でブランドをPRし、知名度を上げることだという[33]。

一方で、台湾の顧客企業へのサービスを目的として進出する中国資本もある。H社は大型の国有企業で、海外から原材料を輸入して中国や台湾の企業に供給しており、台湾企業とも長期的な取引関係がある。原材料を国外から中国に輸入し、それを台湾に輸出すると、関税の関係で顧客のコスト増となる。折よく台湾が中国からの投資に門戸を開放したため、H社は台湾に法人を設立して、海外の原材料を直接台湾企業に提供し、台湾での調達、契約ができるようになった。これにより、時間と費用がかなり節約できるようになったという。同社が台湾で法人を設立しなければ、台湾企業はこの特別な原材料をH社の中国本社から取り寄せねばならず、コストも高くつき、効率も低下するところであった[34]。

以上をまとめると、台湾市場は規模が小さく、しかも、早くから外資を受け入れてきたうえ、中国からの投資に制限を設けており、中国企業にとっては利益獲得が難しい。しかし、前述した国有系中国企業のいくつかの事例からは、つぎのような特徴が共通してみられる。第一に、台湾市場は飽和しており開拓は難しいとみているが、撤退せずに投資を続けていること。第二に、台湾製品を調達して中国で販売することが主な業務のひとつとなっていること。第三に、既存の業務をベースとしつつ、事業分野を広げていること、である。

台湾から商品を調達して中国で販売することを主要業務としている中国企業は、あるいは中国政府の対台経済政策に歩調を合わせているのかもしれない。また一方で、台湾産の商品の中国での販売に期待を寄せているのかもしれない。実際、これらの中国企業からすれば、台湾での製品調達活動は、台湾の政府や世論の批判を招くことなく、台湾企業とより緊密な関係を築くことのできる「安全」な方法である。ただ、注目すべきことは、これらの中国企業が台湾企業との合弁によって、法律上は中国資本とはみなされない企業を設置し、中国資本に投資が開放されていない業種にも参入するようになっているということである。

【市場開拓のため中国資本を受け入れる台湾企業】

経済部投資審議委員会の統計によると、二〇二〇年末現在、三〇五社の中国企業が台湾の既存企業に投資している。在台中国系企業のうち、一割以上が、台湾企業の側が経営戦略などのさまざまな要因をふまえて、自発的にであれ、受動的にであれ、中国資本からの出資を受け入れ、「中国系企業」となっているのである（表5−3参照）。

台湾企業が中国資本を導入するのはなぜだろうか。ひとつには、中国からの出資の受け入れを通じて中国市場でのシェア獲得をめざすためである。卸売・小売業のEコマース業者である台湾企業I社の場合、中国での台湾製品の販売をしやすくするために、中国からの出資を受けたという。同社は、中国企業との提携により、サプライチェーン上で自社の川上と川下にあたる企業との関係をより強固なものとし、台湾の商品の中国市場での販売をやりやすくすることをめざしたという[35]。

ただ、I社は、Eコマースを通じて台湾の農産物や日用品、食品を中国で販売しようとしたが、海運・空運の輸送コストが高く、関税も加わり、販売価格が高くなってしまったこと、また通関に時間がかかりすぎて加工食品などの保存期限が短くなってしまったことから、経営は非常に苦しいという。出資した中国の親会社の側では、Eコマースはそもそも世界から商品を仕入れており、台湾の商品に競争力がなければ、サイト上で台湾農産物のコーナーが小さくなるだけで、大した影響はない。

台湾の食品業者J社も、中国市場を視野に入れて中国企業からの出資を受けた。同社の幹部によれば、出資元の中国企業は同社の意思決定には参加しておらず、取締役会に代表を派遣しているだけである。ただ、J社は主に台湾で利益を上げているため、中国との資本提携の効果は期待には及ばなかった。その原因のひとつは、通関に時間がかかりすぎて商品の食品の鮮度が落ちてしまうという問題である。また、J社の製品の多くはギフト包装をして売られることとなり、「買ったその場で食べる」という台湾の観光地での消費文化とはギャップがあった。J社はまた、中国企業との資本提携がメディアで報道されたため、さほど利益も上がっていないのに「紅い企業」とみられ、戸惑っている、ともいう。中国のオンラインモール上のギフトショップも休業し、中国企業の持ち株比率も低下した。しかし中国市場をあきらめたわけでなく、将来はぜひ中国企業と合弁会社を設立したいと考えている。J社が生産技術を担い、中国側の既存工場を利用して製造をおこない、中国側パートナーが流通販売を担うかたちにしたいという考えだ(36)。

中国企業との合弁で中国市場を狙うのは卸売・小売や食品業だけではない。電子メーカーのK社は中台合弁で新たに設立された会社であるが、従業員は台湾人のみである。合弁で新会社を設立したのは、中国市場と海外市場の開拓を目的としてのことであった。K社は、早い時期から中国で製造をおこなっており、台湾では研究開発と受注をおこなっている。K社の幹部は、従業員は台湾人しかおらず、自分たちは台湾企業だと考えているにもかかわらず、中国資本とみなされる、と繰り返し述べた。また、中国側の出資比率も法定の三〇%を下回っ[*3]ているのに、株主のなかに中国の官僚がいるため、中国資本とみなさ

表 5-3　中国企業による台湾投資の構成（2020 年 12 月末）

（単位：1,000 米ドル）

投資形態	金額	件数
新規設立	490,197	976
既存企業への投資	1,085,382	305
子会社の設立	217,309	180
増資	618,394	254
合計	2,411,282	1,715

注：「増資」は中国で事業展開する台湾企業が進出先での事業のため，中国企業からの出資を受けたもの。

出所：經濟部投資審議委員會「核准僑外投資，陸資來臺投資，國外投資，對中國大陸投資統計月報」より筆者作成。

れる、という。K社の幹部は、台湾系であることは、台湾も含む世界からの受注に有利で、中国系であることは中国の顧客の受注を受けるうえで有利だ、と述べた[37]。

機械メーカーのL社も似たような状況にある。同社は台湾企業であるが、台湾へのUターン投資に際しては、株主のなかに中国企業が含まれているため中国資本とみなされた。そのため、台湾政府が発注する公共工事に参加しづらいが、それは構わないという。台湾は研究および中核技術の保有の場であり、中国については市場開拓に重点がある。幹部によると、中国企業の出資を受けたのは、相手に中国で製品の代理業務をしてもらい、中国市場の開拓に協力してほしいと考えてのことであるという[38]。

M社は教育ソフトウェアの開発を主な業務とする台湾企業だが、中国からの出資を受け入れたことで、政府に中国系企業とみなされるようになった。中国の株主は同業者で、台湾企業の研究開発能力を見込んで提携した。M社にとって、中国企業との提携は、中国市場の開拓のみならず、ほかの国々への市場展開にもメリットがある。しかし、台湾政府により中国系企業と認定されたことで、台湾の公共事業への参加が難しくなり、同業者からもボイコットを受けているという[39]。

台湾企業が中国企業と資本提携するのは、多くの場合、中国市場への展開を視野に入れてのことである。N社の場合、原材料のサプライヤーからの出資を受け、中国でこのサプライヤーと合弁で別の会社を設立し、さらに提携関係を強化するため、相手方からの出資を受け入れた。N社の主な顧客は欧米や日本の企業で、中国市場が占める比率は高くはない[40]。

総じていえば、中国企業からの出資を受け入れたり導入したりしている台湾企業の動機は、主に、中国企業との提携を通じ、中国市場の開拓を進めたいという点にある。

【台湾の技術／管理／人材／ブランドの獲得】

中国企業にとっては、台湾の技術、管理、人材、ブランドなども重要な投資インセンティブである。台湾のオールドエコノミー型製造業の企業であるO社は、中国資本に一〇〇％買収された事例である。言語面、文化面での理由のほか、O社の親会社は台湾への展開を国際化の第一歩と位置づけて、投資をおこなった。台湾人従業員の仕事の熱心さも、中国側の幹部が評価する点である。同社の幹部は、台湾への投資の動機について、台湾企業の優れた生産能力を活かして受託生産をおこなうとともに、ASEAN諸国や中国での製品販売もおこなう計画であるという。注目されるのは、買収した側もされた側も似たような製品を生産していることだ。それでも中国の消費者にとって「MIT」（メイドイン台湾）は安心をもたらすものであり、差別化を通じて中国市場の開拓ができるとみている[41]。

中国では「MIT」製品には一定の吸引力がある。オールドエコノミー型産業の中国民間メーカーであるP社は、卸売・小売業を営業項目に追加し、不定期で台湾の加工食品を調達して、地元の省で販売している。自前の流通チャネルで販売しているが、輸送費や流通コストが加わると、販売価格は割高になり、売り上げには限りがあるという。しかしP社は台湾でさまざまなチャンスをとらえ、台湾企業と提携して本社のある省でレジャー・クリエイティブパーク（休閒文創園區）を設立したり、台湾製品を調達したりして、台湾企業からマーケティング、観光ビジネスとクリエイティブ産業との結びつけ方、ブランディング、集客技術といったソフトパワーを吸収し、自社傘下のクリエイティブパークで再現しようとしている[42]。

Q社は、コンシューマエレクトロニクス製品を製造する中国の上場企業グループである。同社は長年にわたり台湾のサプライヤーと取引してきた。台湾投資が解禁されたことを受け、台湾で子会社を設立し、調達をおこなったり、グループの台湾窓口となって自社の系列企業と台湾のサプライヤーとの橋渡しをしたり、台湾での提携先の開拓にあたるなどしている。しかし、台湾の現行法では、中国企業がコンシューマエレクトロニクス産業で業務を展開するうえでの規制が多く、実質的な業務はおこなっていない。台湾で研究開発サービスを手がけたいとは考えており、台湾をサプライヤー探索の拠点とする考えだ(43)。

R社も、コンシューマエレクトロニクス製品を生産する中国の上場企業である。このセクターでの利益率の低下を受けて身売りを決意した台湾企業を買収したが、主たる市場はいまでも中国である。台湾の子会社は、中国の親会社を主な顧客として研究開発を手がけ、並行して欧米の顧客の開拓もおこなっている。同社の台湾人幹部は、マクロな事業環境は不景気であるものの、中国企業に買収されたあとも、台湾の従業員の福利厚生や賃金は従前どおりであるという(44)。

S社は、中国から出資を受けた医療機器メーカーである。医療機器の研究開発には、長い年月と多額のコストがかかる。しかし、S社にはこれまで画期的な製品がなく、台湾での資金調達も困難な状況にあった。同社はかねてより中国との行き来があり、そのなかで中国の同業メーカーとのつながりができて、中国企業から研究開発を受託するようになった。その延長線上で、中国からの出資を受け入れることになったという。技術流出や株式の希薄化の懸念について、S社は「心配ない」という。同社は、研究開発イノベーションでもっとも重要なのは「人」と「チーム」であり、もしこれを引き止められなければ、台湾企業に出資しても効果は見込めないという。また、S社は、研究開発を主とする企業にとって中国企業の資本の受け入れは「利益がデメリットを上回る」と強調する。中国企業の出資による技術流出を心配する必要はなく、かりに流出が起こっても、研究開発チームはさらに新しい製品を開発すればよい、というのが同社の考えだ。まだ赤字状況にある同社にとって、中国からの出資の受け入れは研究開発に寄与するし、出資する中国企業の側にとっても新たな特許の獲得にあたって台湾企業が助けになる、という[45]。

以上にあげた個別の事例から、国営企業に多い、中国政府の政策に歩調を合わせた台湾からの商品調達であれ、中国の資金力や市場機会と引き換えに台湾の技術・管理・人材・ブランドを獲得しようとするケースであれ、中国企業の台湾進出は、経営面でのパフォーマンスを考慮に入れないわけにはいかないことがわかる。資金的なプレッシャーが相対的に少ない国営企業であっても、台湾製品を調達して中国で販売することで収益をあげる取り組みをしている。民営企業の場合は言わずもがなである。ビジネス上の利益なくして、政策に歩調を合わせるだけでは、経営を続けることは難しいのだ。

五　中国資本による台湾進出の鍵セクター――半導体設計

中国の研究者である熊俊莉は、台湾が技術的に進んでいると考えられている重点産業、すなわち通信設備、電子部品、機械、自動車、紡織、医療サービス、医薬品製造、食品加工などのセクターにおける台湾企業の強みは絶対的なものではなく、中国の発展のスピードからすると三〜五年で追いつきうることを指摘している[46]。たしかに、中国資本は買収や出資を通じて台湾以外の国や地域から迅速に技術を取得することができる。台湾は中国の対外投資の唯一の選択肢ではない。

とはいえ、ほかの産業に比べると、台湾のエレクトロニクス産業は今後も中国資本が出資に強い意欲を示す重点産業だろう。メディアの分析によると、エレクトロニクス産業では今後数年のうちにも、台湾企業の買収ブームが起きる可能性がある。たしかに、二〇一八年以降の米中経済対立や台湾政府の政策方針により、現時点では中国企業による台湾電子メーカーの買収の可能性は低下している。しかし、台湾の電子メーカーが中国の工場を中国企業に売却するといった新たなかたちで、提携の動きは続いている。

このような買収の背後にある理由はつぎのとおりである。第一に、技術および欧米の輸出市場を獲得し、最短経路で高度化を実現するうえでの最速の戦略は台湾企業の買収であること。第二に、中国の銀行が潤沢な資金供給をおこない、中国企業の株価収益率が台湾をはるかに上回り、台湾の上場企業の時価総額が割安になっている状況下では、中国企業にとり、台湾企業の買収は比較的低コストであること。第三に、中国企業にとって台湾の上場企業は手ごろであり、値打ちのある買い物であること、くわえて中国政府の反汚職政策により、中国では多くの「問題のある資金」や「問題企業」が速やかに本国を逃れ、政府の手が及ばない台湾を投資の避難所とする可能性があること[47]。

こうした懸念から、台湾では、中国企業が台湾の電子メーカーを買収や出資の対象とする動きがあるたびに注目が集まることになるが、なかでも二〇一〇年代半ばごろからもっとも議論を呼んできたのが、台湾の半導体設計業への中国企業の出資を解禁すべきかどうか、という点である。

半導体設計業での中国企業による投資・買収・出資をめぐっては、国家の安全保障に影響が出るのではないか、人材や技術の流出を引き起こすのではないか、開放しない場合には中台企業の協業にどのような影響があるのか、といった懸念が提起されてきた。

台湾政府は、この分野での投資の受け入れがもたらす安全保障上の懸念と、雇用創出面での効果のあいだに折り合いをつけるという前提のもとで、投資案件ごとに個別に審査をおこなう、という立場をとっている。一方、台湾の半導体設計業界には、中国の同業者に「勝てないならその仲間に入ろう」という考えから、知的財産保護の面での懸念は抱きつつ、中国企業の出資を条件付きで受け入れることで中国市場に食い込みたいと考える企業が少なくない。一方、学術界では中国資本の受け入れは、技術流出、台湾の半導体設計業の長期的な凋落を引き起こし、国と経済の安全保障に影響するとして、いかなる形式による解禁にも反対する声が強い[48]。

しかし、政府が投資を解禁しようがしまいが、中国資本が台湾の半導体設計業に出資するのは決して難しいことではない。メディアによれば、「中国には『金』と『市場』があり、これに台湾企業が抗うのは困難だ。……中国企業が第三地を経由すれば防ぎきれない[49]」。実際、中国資本が香港資本や外国資本のかたちをとって台湾に会社を設立し、半導体設計の人材を引き抜いているという話はよく聞かれることである。メディアの報道では、中国の通信設備最大手メーカー、華為（ファーウェイ）傘下の訊崴技術と、中国の携帯電話・スマートフォン向けシステム・オン・チップ（ＳｏＣ）ベンダーの展訊系であるとみられる鑫沢数碼は、いずれも台湾の半導体設計エンジニアを数倍の給与で引き抜いたといわれる。竹北の台元科技園区にも、少なくない数の中国系半導体設計企業が進出しており、地の利に加えて、恵まれた給与条件で多くの台湾の半導体設計人材を獲得している[50]。

センシティブなセクターであるため、台湾で半導体設計業に従事している中国系企業は、なるだけ目立たないようにしている。ここでは、台湾の半導体設計業への中国からの投資のメリット・デメリットについて踏み込んだ議論はおこなわない。ただ、筆者は、中国系の半導体設計企業であるX社の幹部と、公式・非公式に対話したり、インタビューをしたりする機会があったので、以下では、そのなかでかいま見た、在台中国系半導体設計企業の様子をミクロの視点から記したい。

X社の台湾人幹部は、同社の経営者について、中国出身ではあるが長い米国在留経験をもち、その思考は完全に米国式であるという点を強調する。X社が台湾で会社を設立した理由については、X社の事業展開にあたって海外進出は必須であり、台湾を選んだのは主に人材を集めるためである、という。

この台湾人幹部によると、中国人幹部らは、台湾の半導体人材のグローバルな視点は、中国より五年以上進んでいると言っているという。くわえて「パスポート」も台湾の強みである。台湾のパスポートの持ち主は欧州など多くの国で、ビザなしまたはランディングビザで入国できるため、台湾人従業員は、きょう指示を受けたら明日にも現地に出張に行ける。この幹部は、同社の海外展開が広がるにともない、台湾の人材の果たせる役割が広がっていると考えている。また、台湾の政府や社会が、中国系企業による人材引き抜きに懸念を抱いていることについては、同社の台湾人従業員はすべて台湾で働いており、同社は台湾での就業機会を創出しているだけでなく、台湾の人材が自身の得意な分野で力を発揮できる環境をつくりだしている、と述べた。

X社の台湾人幹部はさらに、同社の台湾拠点には中国人幹部は一人もおらず、台湾の専門職の人材だけを雇用しており、また人材も台湾で働き、中国へと引き抜いているわけではないと強調した。また、台湾政府は世論の影響を受けて、台湾の一部の産業を過度に保護し、むしろ世界と競争するきっかけを失っている、と述べた。さらに、台湾での事業展開にあたってX社がもっとも困るのが、台湾のメディアが、中国企業は台湾の産業を打ち負かし、台湾人の仕事を奪うために進出しているかのように報道することだ、という。X社の主な販売市場は中国であり、台湾に拠点を設けているのは、顧客との意思疎通をはかり、海外市場への展開をはかるためだ。これに対して、台湾のある半導体設計企業は、中国各地に研究開発センターを設立し、中国で就業機会を創出し、中国の半導体設計人材を育てている。これに比べれば、X社のほうがよほど台湾の産業発展に貢献しているという。[51]

おわりに

近年、「紅い資本」の世界的な興隆により、多くの国では、中国による対外投資や企業買収が「中国ファクター」となって、自国の国家、経済、社会面での安全を脅かすのではないか、という焦りや懸念が生じている。しかし、多くの国では、政府が「紅い資本」に対して慎重な態度で臨んでいても、これがもたらす経済面および就業面でのメリットを考慮して、中国資本の受け入れが進んでいる。[52] 米国をみても、「アメリカ・ファースト」を強調し、中国に厳しい態度で臨んでいたトランプ政権でも、米国で一〇〇万人の雇用創出をうたうアリババ創業者のジャック・マー（馬雲）に対しては、もろ手を挙げて歓迎していた。

ひるがえって台湾では、政府が中国資本に対する審査にあたって慎重で厳しい態度をとっているため、中国ファクターの作用は、中国企業による投資よりも、中国に進出している台湾企業の団体や経済団体など、台湾側の既存の現地協力ネットワークを通じた作用力のほうが際立っている。すなわち、いわゆる「紅い資本」は、現時点で台湾に影響を及ぼす「中国ファクター」たりえてはいない。むしろ、台湾に進出した中国企業は、台湾の政治、社会の空気のなかで、目立たないようひっそりと事業を営んでいるのだ。

前述したように、中国政府のいかなる対台政策にも政治的意図が埋め込まれている。しかし、中国企業による台湾への投資を、もっぱら政治的側面から眺め、中国政府が台湾の各層にその影響力を浸透させるためのツールとしてのみ捉えるなら、中国企業の「政治ミッション」は、台湾の既存の法律や政府の審査メカニズム、社会や世論の圧力のもと、その目的を果たすことが難しい状況にある。

他方、中国企業の投資を経済面からみると、台湾企業は中国企業にとっての技術取得の唯一のチャネルではないが、国際化のレベルや管理・技術面、人材といった点で中国企業の参考になるところがある。さらに、中国資本にとって、台湾企業の買収コストは比較的低く、台湾企業のなかにも中国市場の開拓のため自ら進んで中国資本を受け入れるケースがあるため、中国企業はこれからも引き続き台湾企業への投資をおこなうであろう。

総合的にみると、今後の中国資本の台湾進出のトレンドとしては以下のような可能性が考えられる。

第一に、資本の属性の識別は困難であり、政府の審査コストは高まるものと考えられる。近年、資本の流れのグローバル化、複雑化とともに、海外からの投資の「身元」を識別することはますます難しくなっている。台湾政府は中国企業の台湾投資に対して受動的で防御的な立場をとっており、その結果、たとえ厳格な審査制度を運用したとしても、中国企業がさまざまな規制を逃れ、外資の形式をとって台湾向け投資をおこなっている事例について、しばしば耳にするといったことが起きている。その一方、外資企業の台湾向け投資が、株主のなかに中国企業が含まれていることを理由に却下されるケースもある。資本の属性がますます判別しにくくなるなかで、投資審査を厳しくし続ければ、審査にかかる時間面でのコストが増加することは必至である。

第二に、市場機会の面でのインセンティブによって、台湾企業が自発的に中国資本を導入したり、中国企業による買収を受け入れたりする事例が増えていくことが予想される。中国における「赤いサプライチェーン」の興隆、輸入代替高度化政策の展開にともない、台湾企業が中国市場や国際市場への進出を目的として、中国企業による買収を積極的に受け入れたり自ら名乗りをあげたりするケースが増えるだろう。この過程では、弁護士や会計士といった「専門職の代理人」および台湾企業が、中国企業の台湾進出への現地協力者としての役割を担うだろう。

第三に、中国企業の台湾向け投資は、市場志向、技術志向のものが中心になるだろう。近年の両岸関係をとりまく政治的雰囲気と対中政策の引き締めのもとで、今後もしばらくは、中国に対する投資開放の対象産業はかなり限られたものになるとみられる。中国企業の対台投資は、市場志向型、技術志向型のものが中心になり、政治的意図を持った投資については「模様眺め」となるだろう。

第四に、中国企業が「現地アクター」となっていくことが予想される。台湾に定住した中国人配偶者たちと同様、中国企業とその中国籍、台湾籍の幹部も、台湾の制度、文化、社会の雰囲気に慣らされ影響され、「現地アクター」となっていくであろう。

直接投資というのは、本来、純粋な経済行為である。しかし中国と台湾のあいだには、経済規模の著しい不均衡がある。これに加えて、中国政府の台湾に対する政治的な意図ゆえ、中国企業の台湾向け投資は、経済や社会に関する問題であるのみならず、政治的な問題ともなってしまう。

近年の台湾社会では、中国企業の台湾進出の目的への懸念が高まってきた。台湾の中核的な技術の流出が、経済面での安全保障に影響を及ぼすのではないか。中国政府が企業の対台投資を通じて台湾の政治経済体制に干渉するのではないか。あるいは台湾で土地投機をして人びとの生活に影響を与えるのではないか、ひいては親中的な利益集団を形成し、台湾の民主主義の足かせとならないだろうか。こうした懸念が生じている。このような疑念は、台湾社会に根づいた民主主義的な制度やライフスタイルが変わってしまうのではないか、という人びとの懸念を反映したものである。

ここ数年の「海峡を跨いだ政治・ビジネスネットワーク」による台湾への影響を考えると、こういった懸念には、もちろん根拠がないわけでない。しかし中国の台頭と国際社会への影響力に直面するなかで、台湾はこのようには考えられないだろうか。すなわち、どのようにすれば、主体的な能動性を発揮して、法治とイノベーションをその中核とする建設的な「台湾ファクター」を構築し[53]、いまや台湾社会のいたるところに存在している「中国ファクター」に対して対応をすることができるのか、その方策について思考をめぐらせていこう、と。

注記

＊ 本章は、黄健群「紅色資本的進擊」（呉介民・蔡宏政・鄭祖邦編『吊燈裡的巨蟒：中國因素作用力與反作用力』新北市：左岸文化出版、二〇一七年、八七～一四六頁）を本書収録用に再構成し、大幅に加筆・修正したものである。

（1） 呉介民『第三種中國想像』（新北市：左岸文化、二〇一二年）。

（2） 工研院產經中心、中華民國全國工業總會「推動陸商來台投資之招商策略及效益」台北市：中華民國全國工業總會委託（二〇一五年）。

（3） 羅添斌「王毅：兩岸先經後政、經中有政」『自由時報』二〇一〇年一〇月二一日〈http://news.ltn.com.tw/news/focus/paper/437186〉。

（4） 張瀞文『蔡英文：從談判桌到總統府』台北市：商業周刊（二〇一五年）、七八～七九頁、二一一～二一三頁。

（5） 呉琬瑜・陳一姍・李明軒「林全：政府必須重建人民信心」天下雜誌ウェブサイト、二〇一六年一月四日〈https://www.cw.com.tw/article/5073619〉。

（6） 行政院大陸委員会のウェブサイト「開放陸資來台從事事業投資政策說明」〈http://www.mac.gov.tw/public/Data/97171524171.pdf〉。

（7） 陳曼儂「張家祝交棒叮囑陸資來台嚴審」『旺報』二〇一四年八月一六日。

（8） 陳曼儂「沈榮津爆、不少陸資疑是空殼公司」『旺報』二〇一四年九月四日。

（9） 陳曼儂「開放陸資來台六年、罰十五件」『工商時報』（二〇一五年六月九日）。

（10） 黃巧雯「李世光談陸資來台、列三前提未表態」中央社ウェブサイト、二〇一六年五月二五日〈http://www.cna.com.tw/news/afe/201605250225-1.aspx〉。

（11） 呉介民「中國因素的在地協力機制：一個分析架構」『台灣社會學會通訊』（二〇一五年）、八三。

（12） ＥＣＦＡの条文を参照。

（13） 謝金河は、中国資本による台湾企業の買収の流れをとどめるのは難しいだろうという見方を示しており、筆者もこれに同意する（謝金河「台灣企業的命運：等著高價賣中資？」『財訊』四八〇期、二〇一五年）。
（14）「陸機電商會：扮橋梁促兩岸合作」中央社ウェブサイト、二〇一三年一二月七日〈http://www.chinatimes.com/realtimenews/20131207001518-260410〉。
（15）我会台北办事处与中国文化大学共同举办陆企高管培训班」中国機電産品進出口商会ウェブサイト（二〇一五年八月二〇日）〈http://www.cccme.org.cn/news/content-254601.aspx〉。
（16）海峽兩岸経貿交流協会のウェブサイトの紹介を参照。
（17）陳柏廷「海貿會來台、服務兩岸企業」『中國時報』二〇一五年六月一七日　を参照。
（18）全国工業総会および工商協進会のウェブサイトを参照。
（19）全国商業総会による二〇一二年「全國商業總會產業建言書」を参照。
（20）郭芝芸「京泰送車不手軟、原民足感心」『旺報』二〇一三年一月二三日。
（21）李沃牆「陸資來台投資概況及對經濟的影響分析」『財團法人國家政策研究基金會』二〇一四年五月五日。
（22）熊俊莉「陸資在台產業分佈及影響因素」王健全・朱磊・童振源編『二〇一五年投資台灣藍皮書』（台北市：博誌、二〇一五年）、三三一頁。
（23）筆者によるインタビュー。
（24）「陸資登台投資調查」『遠見雜誌』二七九（二〇〇九年九月号）。
（25）中華經濟研究院編「僑外及陸資投資事業營運狀況調查分析報告」各年版を参照。
（26）筆者が正式なインタビューをおこなった対象企業は四三社である。
（27）中国系A社（食品業）の台湾人幹部へのインタビュー（二〇一五年九月一七日）。
（28）中国系B社（食品業）の台湾人幹部へのインタビュー（二〇一五年七月六日）。
（29）二〇一四年から二〇一五年にかけておこなった、中国系C社（建設業）の中国人駐在代表者へのインフォーマルなインタビュー。
（30）中国系D社（卸売・小売業）の中国人幹部へのインタビュー（二〇一五年五月二八日）。

(31) 中国系E社(卸売・小売業)の中国人幹部へのインタビュー(二〇一五年五月二二日)。
(32) 中国系F社(卸売・小売業)の台湾人幹部へのインタビュー(二〇一五年九月二一日)。
(33) 中国系G社(飲食業)の中国人幹部へのインタビュー(二〇一六年八月二二日)。
(34) 中国系H社(卸売・小売業)の中国人幹部へのインタビュー(二〇一五年九月一七日)。
(35) 中国系I社(Eコマース)の台湾人幹部へのインタビュー(二〇一五年六月一八日)。
(36) 中国系J社(食品業)の台湾人幹部へのインタビュー(二〇一五年八月二七日)。
(37) 中国系K社(電子業)の台湾人幹部へのインタビュー(二〇一五年八月五日)。
(38) 中国系L社(機械業)の台湾人幹部へのインタビュー(二〇一五年七月七日)。
(39) 中国系M社(ソフトウェア業)の台湾人幹部へのインタビュー(二〇一六年七月二六日)。
(40) 中国系N社(情報機器業)の台湾人幹部へのインタビュー(二〇一六年八月二四日)。
(41) 中国系O社(製造業)の台湾人と中国人幹部へのインタビュー(二〇一五年七月七日)。
(42) 中国系P社(卸売・小売業業)の中国人マネジャーへのインタビュー(二〇一五年二月五日)。
(43) 中国系Q社(電子業)の台湾人幹部へのインタビュー(二〇一五年八月五日)。
(44) 中国系R社(電子業)の台湾人幹部へのインタビュー(二〇一五年八月一二日)。
(45) 中国系S社(製造業)の台湾人幹部へのインタビュー(二〇一六年七月二一日)。
(46) 熊俊莉「陸資在台產業分佈及影響因素」、三三一頁。
(47) 郭正亮「陸資收購台灣電子業漸成燎原」「美麗島電子報」二〇一五年一〇月五日における、謝金河のフェースブック投稿からの引用。
(48) 嚴珮華・朱致宜「四大爭議、看陸資參股IC設計吵什麼」天下雜誌ウェブサイト 二〇一六年六月一五日〈https://www.cw.com.tw/article/5076883〉。
(49) 卓怡君「中資早伸手入台、管理規定形同具文」『自由時報』二〇一五年一一月二九日。
(50) 嚴雅芳「紅流襲台、陸廠五倍薪挖人」『聯合晩報』二〇一四年一〇月一四日。

(51) 中国系X社(半導体設計業)の台湾人幹部へのインタビュー(二〇一五年五月二九日)。
(52) ただし、中国政府による対外投資のコントロール、米中対立の激化といった国際環境の変化のもと、中国の対外投資は二〇一六年の一九六二億米ドルから二〇一九年には一三六九億米ドルにまで減少した。とくにアメリカ向けの投資は、このあいだに五四〇億米ドルから五〇億米ドルへと激減している。
(53) 蔡宏政「中國因素與台灣因素」『新新聞』五四二期(二〇一六年)、一三頁。

訳　注

〔1〕二〇一九年は四二億米ドル、二〇二〇年は五九億米ドルであった。
〔2〕国有企業のなかでも中央政府の管理監督下にあるもの。
〔3〕台湾では中国企業の直接・間接の出資率が三〇%以上の企業が「中国企業」(陸資企業)とみなされる。

第6章　「中国《チャイナ》ファクター」と台湾の教科書論争

鄭祖邦

はじめに

台湾では、過去二〇年近くにわたって教科書をめぐる論争が繰り広げられてきた。この「教科書論争」には、台湾の民主化と本土化*[1]の社会過程の姿が具体的に現れている。

教科書は、教育の再生産プロセスの重要な構成要素であり、さらに、歴史の記憶や解釈の主導権の争奪の場でもある。本章では主に、教科書をめぐる論争の背後にある社会過程を考察し、さまざまなアクター、団体、歴史的文脈、地政学的条件の変化といった視点から、台湾の教科書論争の発生と展開の理解を試みる。まず台湾内部での展開について、一九九七年に新科目「認識台湾」（台湾を知る）をめぐって起きた論争と、二〇一四年の高等学校の歴史科目の課程綱要〔学習指導要領に相当する〕の「微調整」をめぐって起きた論争について、エスノポリティクス（「族群政治」）のファクターが論争にもたらした作用と影響を比較する。また、論争の繰り返しのなかで徐々に起きてきた「構造化」現象を探る。つぎに、台湾外部における展開として、「中国ファクター」が担った役割、および「現地協力者ネットワーク」の動きを浮き彫りにする。そして中国ファクターの登場により、台湾の教科書論争が、海峡を跨いだ文化・イデオロギーの争点へと変化してきたことを論じる。

一　エスノポリティクスのもとの教科書論争

一九八七年に戒厳令が解除されたのち、一九九〇年代の台湾では、台湾独自の歴史・文化・社会とその主体性を重視する価値観としての「本土意識」が高揚した。この時期には、政治や社会といった分野で激しい変化が起きただけでなく、台湾の教育史のうえでもかつてない大きな変化が起きた。「大学法」の改正をはじめ、「教員養成法」（師資培育法）、「教師法」、「教育基本法」などの重要な法制がつぎつぎと改正、あるいは公布された。また、一九九四年四月に教育改革を求めて数万人がおこなった「四一〇教育改革デモ」を受けた一連の教育改革も、台湾の各段階の教育に大きな影響を与えた。教育部は、新たな社会の変化や教育ニーズに応えるため、一九九三年、一九九四年、一九九五年に相次いで「国民小学課程標準」、「国民中学課程標準」、「高級中学課程標準」を改訂、公布した。小学校では「郷土教学活動」、中学校では「認識台湾」という科目が新たに開設された。

一九九三年六月、教育部は中学校の課程標準の「科目と授業時間数」を改訂し、「台湾に立脚し、大陸を思い、世界に目を向ける」という原則にもとづき、中学の一年次に「認識台湾」という新科目を週に三コマ設け、それぞれ「認識台湾《歴史篇》」、「認識台湾《地理篇》」、「認識台湾《社会篇》」として、それまでの中学一年次の「歴史」、「地理」、「公民と道徳」の三科目に代えることとした。「認識台湾」の新設により、中学校の六学期分の歴史の課程綱要の教学順序が、それまでの「本国史」（中国史）と「外国史」各三学期から、「認識台湾《歴史篇》」、「本国史」、「外国史」各二学期へと変わった。*[2]

この課程の変更は、当初はさほど注目されていなかったが、実施直前の一九九七年になって、社会の一部から疑問の声が上がるようになった。一九九三年に結成された政党で、中国との統一を主張する新党が中心となり、新同盟会、愛国同心会、中国統一聯盟といった関連の外郭団体、および政治的な立場の近い研究者らが加わって、少なくとも八回の公聴会が開かれ、反対デモも四回（国立編訳館への生卵の投げつけなどを含む）おこなわれた[1]。一方、改訂を支持する側の民主進歩党（民進党）、建国党、台湾教授協会なども公聴会を相次いでおこなって教科書の内容を肯定的に評価し、人びとを率いて教育部を訪れ、支持を表明した。

社会学者の王甫昌は、台湾における教科書をめぐる論争について二つの観点を提示した。まず、論争の具体的な内容が何であれ、その背後には、「大中国史観」と「台湾主体性史観」の対立と衝突がある。この二つの歴史観は、異なるエスニック・アイデンティティ、すなわち「中国意識」と「台湾意識」の基礎のうえに、台湾の過去と未来についての異なるイマジネーションと解釈を生み出している。

王はまた、台湾のエスノポリティクスの長きにわたる対抗関係の文脈から、なぜ一九九〇年代に「認識台湾」の教科書をめぐる論争が起こったのかを説明する。王の分析によれば、一九七〇年代までの台湾では「中国意識」が全面的に優勢であったが、一九七〇年代の中華民国の外交面での挫折と一九七九年の美麗島事件〔第三章監訳者、訳注4を参照〕が、台湾の民主政治と台湾意識の発展に決定的な影響を与えた。反体制派が、中国国民党（国民党）の中国民族主義（中国ナショナリズム）の言説に対して、「台湾民族主義」（台湾ナショナリズム）を主張するようになったのである。(2) 文化とイデオロギーの営みという視点からいえば、一九八〇年代初期には、台湾の文化人、知識人のあいだでいわゆる「中国コンプレックス」（中国結）と「台湾コンプレックス」（台湾結）をめぐる議論が起こり、それが文学の領域から歴史、社会科学の分野にまで広がった。

さらに、大学院の歴史学専攻のなかで台湾研究が活発化したことも注目される。修士論文に占める台湾史研究の比率は、一九八一～一九九〇年のあいだの九％から一九九一～二〇〇〇年のあいだの二五・七％にまで増加した。台湾史関連の書籍の出版も、一九八七年以降、一般書籍をはるかに上回る速度で増えた。学術論文と学術書籍とを問わず、その増加はいずれも、台湾意識の広がりと関係しており、これらの研究の蓄積が、のちの「認識台湾」教科書の編纂の先行条件となったのである。

一九九〇年代の台湾では、数多くの重要な政治体制改革がおこなわれた。国会の全面改選、省長および行政院直轄市の市長の民選の開始、総統直接選挙の実施などがおこなわれ、それまで「中国法統論」*〔3〕を裏づけてきた制度的な土台がしだいに崩れていった。一九九一年に、民進党は条件付きの台湾独立の主張を党の綱領に掲げ、一九九二年には内乱罪を規定した刑法一〇〇条が廃止された。このころから、それまで押さえ込まれてきた台湾独立の主張が表にあらわれるようになった。

こうした状況のなか、中国意識は制度的な支えを実質的に失っていった。この時期に結成された新党は、当初から「反・台湾独立」を掲げた。この主張は、本来エスニシティと連動する必要はないものであったが、省籍*[4]に対応した集合的記憶と結びつくこととなった。このようなエスノポリティクスの激しいぶつかり合いのなかで、教科書の編纂はいきおい、歴史の記憶と解釈の主導権をめぐる戦場となっていったのである。

二　教科書をめぐる論争の経緯

二〇一五年の夏、教育部が改訂版の「普通高級中学課程綱要」〔高等学校学習指導要領に相当〕の実施を発表しようとしたところ、高校生や教師、市民団体からなる「反ブラックボックス課程綱要連盟」（反黒箱課綱連盟）による教育部の建物の包囲や抗議が起きた。

この衝突の種は、一九九七年にすでに播かれていた。この年、中学の教科書「認識台湾」をめぐって起きた論争は、教育部が中学校の歴史系教育の授業の順序を変更して、二学期にわたる新課程「認識台湾」を設けようとしたことが発端だった。政界、教育界でこの新カリキュラムをめぐって議論が続くなか、同年六月に、教育部は、一九九九年（民国八八年）から実施する高校の歴史教科書の課程標準を発表した。

これがのちに、「民国八八年課程綱要」と呼ばれるようになったものである。これにより、一九九九年から高校の教科書編纂には民間の出版社が参入できるようになり、「国による一律編纂」制度から「検定制」となり、台湾は「一つの課程綱要に複数の教科書」（一綱多本）の時代を迎えたのであった[3]。

「民国八八年課程綱要」は二つの重要な変化を代表するものであった。まず、歴史の教材（教科書）については、それまでの歴代王朝順の記述と編集をテーマ別に改め、中国史のなかに台湾に特化した四つの章を設けたことである。次いで、国による統一的な教科書の編纂をやめて検定制に変更したことである。[4] 一九八七年の戒厳令解除後の政治の自由化と民主化の機運のなか、教育分野でも小中学校の教科書を民間に開放すべきだとの声が上がり、長きに及んだ国立編訳館による統一的な教科書編纂制度が打破された。教科書の自由化と多元化の背後には、従来の権威主義体制下の教育イデオロギーの解体があった。[5]

検定制度のもとでは、まず研究者や専門家、教師からなる委員会で、一定の手順を踏んで課程綱要を策定し、教育部でその確認と公布をおこなう。その後、各出版社は課程綱要に沿って教科書を編纂し、国立編訳館が組織する「教科書審定委員会」が検定をおこなう。検定に合格し、証書を取得すれば発行できる。

このように、一つの課程綱要に沿って複数の教科書が編纂されるようになったことで、課程綱要はイデオロギーを異にするアクターやグループが教科書の内容の解釈の主導権を奪い合う主戦場となった。この方式はさらに、政権交代が繰り返されるようになった過去二〇年のあいだに、課程綱要の改定が繰り返しおこなわれるおおもとの原因となっている。

高等学校の課程綱要は一〇年ごとに改訂されるので、本来であれば、「民国八八年課程綱要」の次の新たな課程綱要は二〇〇九年から実施されるはずであったが、陳水扁政権（二〇〇〇〜二〇〇八年）のもとで九年一貫教育が実地されることになったため、教育部は二〇〇三年七月に「高等学校課程綱要」

を公布した。民進党政権のもとで二〇〇二年に推進された九年一貫カリキュラムでは、中学の歴史、地理、公民の科目が「社会」学習領域としてまとめられ、独立した科目としての「歴史」は中学校の教科書から消えて、歴史科目は高校のカリキュラムのなかに残るだけとなった。後述するように、これが、「認識台湾」をめぐる論争以降、大中国史観論者らが高校の歴史の課程綱要に攻防の焦点を絞るようになった理由である。

この課程綱要では、高校一年の第二学期（下半期）に学ぶ「中国古代史」の内容を、明の武将、鄭和の大航海までとし、明の中葉以降の歴史については、中華民国の建国の歴史も含めて、すべて高校二年で学ぶ第三冊「世界近代史」に含めることとした。これは、「脱中国化」の動きであるとして激しい議論を呼び、多くの攻撃を受けた(6)。教育部はこの論争を収めるため、新しい課程綱要の実施を一年遅らせることとし、さらに方針を再修正して、明朝以降の中国史をふたたび「中国史」のなかに戻した。結局、第一冊は台湾史、第二冊は中国史、第三冊と第四冊は世界史とし、基本的に九年一貫教育の中学歴史教材と同じように、後述する同心円ナラティブ構造を採用した(7)。これが、教育部が二〇〇四年末に修正を経て出し、二〇〇六年から実施されることとなった、いわゆる「高等学校暫定課程綱要」（九五暫綱）である。ここでの重要な変更は、「台湾史」を独立した一冊として、「中国史」と分けて授業をおこなうようになったことである。これは大中国史観の持ち主たちの目には、いわゆる「一辺一史*5」であると受け止められた。

「高等学校暫定課程綱要」は二〇〇六年秋から実施され、高校の歴史科目で初めて一学期（半年間）を使って台湾史を教えることとなった。さらにこれを再修正して策定された課程綱要は、二〇〇九年から用いられるはずであった。しかし、二〇〇八年の総統選挙で馬英九が当選し、国民党が政権に復帰すると、新たに就任した教育部長は、カリキュラム発展委員会の会議で、国語と歴史の課程綱要の公布を見合わせることを決めた。そして、歴史科目の課程綱要を改訂するため、高校の課程綱要の改訂チームを発足させた。二〇一〇年、課程綱要委員会が再開されると、新たに大中国史観派の王暁波教授（世新大学中国語学科）が加わって民国九八（二〇〇九）年からの課程綱要の改定がおこなわれ、二〇一一年に「高等学校歴史課程綱要」が公示された。しかし、この改訂に不満を抱いた委員の一人である台湾大学歴史学科の周婉窈教授は委員を辞任したうえ、課程綱要改訂の問題に目を向けるよう、社会に広く呼びかけた。この経緯については第四節でふたたび触れる。

三　二つの歴史観の争い

「認識台湾」から高校の歴史科目の課程綱要の改訂にいたるまで、教科書をめぐる文化覇権の争奪戦は、一貫して、エスノポリティクスのもとでの二つの異なる歴史観のあいだの争いであった。あるいは、台湾の民主化と本土化が進むにつれ、教科書も「台湾主体性意識史観」にもとづいて執筆されるようになったが、その過程では、大中国史観に立つアクターや団体からの不断の挑戦を受け（「認識台湾」のケース）、ひいては変更を試みられてきた（高校の歴史の課程綱要のケース）といったほうが正確かもしれない。

しかし、攻撃を受けるたびに台湾主体性史観はより確固たるものになってきたようにもみえる。一冊の教科書は、無数のディテール、史料や史実をめぐる異なる解釈に関わるものだが、この二〇年近くに及ぶ論争のなかで、時間とともに収斂し、一種の構造となるにいたったと思われるものもある。

「同心円史観」の登場と定着

まず、中学・高校の歴史課程の「同心円史観」はすでに定まった構造となっており、大中国史観論者がいかなる行動をとっても、もはやこれを変えることはできなくなっていると思われる。

同心円史観というのは、台湾大学歴史学科の教授であり、のちに陳水扁政権時代に教育部長を務めた杜正勝が、一九九七年に、「認識台湾」課程の「社会篇」の主任編集委員をつとめていたときに提示したものである。

杜によれば、同心円史観の枠組みは、学術的な視点からいえば何らかの哲学的基礎のうえに立ったものというわけではないが、そこには切実な実際上の必要性がある。

これまでの、中国を主体とした歴史は台湾の『緊箍呪《きんこじゅ》』*〔6〕となっているかもしれず、これを必死で乗り越えなければ生き残れない。われわれが直面している問題とは、まもなく二一世紀に入ろうというこのとき、我が国の政治はすでに民主化を遂げ、経済はグローバルなネットワークに組み込まれているなか、二一世紀の主役である子どもたちにどのような歴史を伝えれば、より広い世界観と深い歴史観を備えさせ、国際的な競争力を高めることができるのか、ということだ。われわれは台湾に生きている。子どもたちがどのような歴史の知識を身につければ、「国家アイデンティティ」と「文化アイデンティティ」のもつれに向き合えるのか？[8]

この同心円概念は、中学校の歴史科目の編成が、「台湾史」の教育から始まり、つぎに「本国史」（中国史）、最後に「外国史」を教授するという並びになるうえで、直接的な影響を及ぼした。高校の歴史科目の課程編成は、前節で述べたように、二〇〇六年度以降、一冊目が「台湾史」、二冊目が「中国史」、三冊目と四冊目が「世界史」という編成に全面的に移行した。こうして、「台湾史」が初めて独立した教科書となり、「本国史」という科目名は過去のものとなった。

大中国史観論者からの批判

大中国史観論者らは、教科書の細部に対しても数多くの異論があったが、彼（女）らが実際にもっとも問題視したのは、その編成、すなわちいわゆる同心円史観にもとづくカリキュラム構造であった。台湾大学政治学科の張亜中教授は、高校の課程綱要をめぐる論争の中心的なプレイヤーのひとりであるが、彼は同心円史観が「一辺一国、一辺一史」の歴史教科書をつくりあげたと強く批判した。「同心円理論のロジックとは、地理的な立場と枠組みから歴史を叙述し、台湾を東アジアや世界の視角のなかに置くもので、中華民族の発展の視角のなかに置いて台湾の歴史を描くものではない[9]」。このような「疎外史観」は学生たちに「アイデンティティの疎外」をもたらす「一辺一史」の記述構造なのだ、と。[10]

張亜中からみれば、李登輝が一九九四年三月に作家の司馬遼太郎と対談した際に「台湾人に生まれた悲哀」と述べたことが、「両国論」[*7]と「文化面での台湾独立」の実践の起点であり、教科書における台湾史と中国史の切り離しは、まさしくこのような背景のもとでおこなわれたということになる。

前述のように、民進党政権のもとで二〇〇二年に推進された九年一貫カリキュラムでは、独立した科目としての「歴史」は中学校の教科書から消えて、歴史科目は高校のカリキュラムのなかに残るだけとなった。これが、大中国史観論者らが高校の歴史の課程綱要に攻防の焦点を絞るようになった理由である。ただ、課程綱要がどのように変更されても、同心円構造の編成を揺るがすことはできず、まさにそれゆえ、課程綱要の実質的な内容の調整が焦点となったのであった。

王甫昌は、「認識台湾」をめぐる論争内容を類型化して四つの具体的な争点を挙げ、またこれに対する反対派の批判として、以下を挙げた。(一)台湾と中国の歴史的関係について→反対派「『認識台湾』の記述は反中的である」。(二)台湾と日本の歴史関係について→反対派「親日的に過ぎる」。(三)台湾独立について→反対派「脱・中華民国の視点からの記述である」。(四)李登輝の功罪について→反対派「反李登輝の立場から李を批判する」。

これらの争点はいずれも、異なるエスニックグループの台湾の過去・現在・未来に対するイマジネーションにかかわるものである[11]。同時代の政治家の歴史的評価をめぐる(四)を除き、(一)〜(三)は、この約二〇年の教科書の内容をめぐる対立の核心を成すものだ。

二〇一四年以降の高校の歴史の課程綱要をめぐる論争は、ある程度、「認識台湾」をめぐる論争(反中、台湾独立、親日のトライアングルの構図)の延長にすぎないともいえよう[12]。このような角度からみれば、二つの歴史観の不断の対立と衝突のなかにあって、これらの論争は構造化され、その内容と論点も固定化されてきたといえる。

大中国史観の持ち主からみれば、台湾の過去二〇年の教科書の編纂は、「脱中国化」（台湾独立化）と「皇民化」の歴史観をつくりだそうとする動きに映るのであり、これこそがもっとも「波風をたて間違いを正す」必要のある点だ。

馬英九政権のもと、二〇一一年に公示された「高等学校歴史課程綱要」の改定の結果からは、この「正さねばならない」という立場が鮮明にみてとれる。そこではまず、課程綱要の「反中」的立場や脱中国化の立場が修正された。すなわち、それまでの「一辺一史」を終わらせ、台湾史をふたたび中国史の文脈のなかに組み込んだ。たとえば以下のとおりである。
一、海外勢力の覇権争いの時代→漢人の台湾渡来と海外勢力の覇権争いの時代
二、鄭氏の統治時代→明朝の鄭氏政権による統治時代
三、清代の台湾統治政策→清朝の台湾統治政策
四、中華民国政府による台湾接収→中華民国政府による台湾光復（祖国復帰）
一つ目の点についていえば、「認識台湾」の教科書では、台湾の歴史を「先史時代、海外勢力の覇権争いの時代、鄭氏の統治時代、清による領有時代（清領時代）、日本統治時代、中華民国在台湾」に分けていたが、大中国史観の持ち主たちはこれを「先史時期、先住民集落文化期、漢人の台湾渡来とオランダ・スペインによる占拠時期、明の鄭氏政権時期、清朝期、日本による占拠期、中華民国期」に改めるべきだと主張した。すなわち「海外勢力の覇権争い」[*8]には「漢人の台湾渡来」を加え、「鄭氏」を「明朝の鄭氏政権」に、「清による領有」を「清朝」に改め、接収を「光復」へと変えるよう主張した。

「認識台湾」から高校の課程綱要の調整にいたるまで、大中国史観の持ち主たちによるこのような歴史の段階区分の用語の修正のしかたは一貫し、一致している。高校の歴史の課程綱要の改訂は、大中国史観論者がなんとしても成し遂げたいと願う未完の任務であったといえよう。

「皇民化史観」批判、「違憲」批判

脱中国化の歴史観の撲滅に加え、もうひとつの構造的な論争の的となってきたのが、いわゆる「皇民化史観」である。「日治（日本統治）時代」か「日拠（日本による占拠）時代か」という用語をめぐる論争は、一九九〇年代に大きな注目を集めた。台湾主体意識の伸張の過程で、台湾の歴史をどのように再認識するかが重要なミッションとなり、そのなかで日本統治時代を理解することの重要性が徐々に表面化したからである。[13] 戦後、国民党政府には、反日・脱植民地化の思想があり、日本統治時代に遺された研究成果や、この時期の制度、建設などについての成果をめぐる探究を抑え込んだ。そのため、日本時代の統治をどのように解釈するかということが、長期に及んだ国民党による大中国意識にもとづく教育への抵抗作用を持っただけでなく、台湾の自己アイデンティティの確立を探究するうえでの重要な手がかりともなった。学術研究の成果という点からみると、台湾アイデンティティが興隆しはじめたばかりの一九八〇年代、日本統治時代の研究はもっとも急速に成長した分野となったのみならず、もっとも重要な研究課題にもなった。[14] これらの研究が生み出した歴史観は、いきおい、それまでの「大中国意識」のもとで構築されてきた歴史観との矛盾を生んだ。

興味深いことに、大中国史観論者たちは、教科書が日本の植民地統治を「称揚」することは、台湾の主体性を拭い去るものだと考える。王暁波は、「日本占領下の台湾人の日本帝国主義の植民統治に対する抵抗は、武装抵抗から思想抵抗まで、本島での抵抗から祖国大陸での抗日への参加まで、途切れることはなく、これはすなわち『台湾人の主体性』であり、『台湾人の主体性』を形づくった思想の基礎は、すなわち林献堂の言う『言うなればナショナリズム』なのである」と論じている[15]。王暁波にとって、当時の台湾人は、日本の植民統治下にあっても、中国とのあいだに切り離すことのできない民族意識を持っており、日本の植民統治に抵抗し（台湾民主国の簡大獅の事例）、中国に行って抗日運動に参加さえし（李友邦の事例）、中華民国の革命と建国に参加した（羅福星、許賛元の事例）のであり、これら中国ナショナリズムの上に打ち立てられた抗日運動こそが台湾の人民の主体性を顕彰するものである。

したがって、皇民化史観も一種の脱中国化史観として、おのずと高校の課程綱要修正の重点となった。課程綱要の調整の結果、「日本統治時代」という表現が「日本植民統治時代」に改められたほか、主な変更点として、日本統治期のさまざまな面での台湾に対する独占や搾取が強調され、またこの時期の中国と台湾のつながりとその影響についての記述が強化された。

もうひとつの構造化された論争点は「中華民国の法統（中国全土を代表する正統性）と正当性」である。これは、「認識台湾」をめぐる論争の際には「台湾独立への反対」というかたちをとったが、近年の課程綱要の調整をめぐる議論では、大中国史観論者たちは台湾主体性史観の立場が「違憲」であると反論し、自身の行動の正当性を守ろうとしている。課程綱要の改定の結果をみると、際立つのは第四部「中華民国時代：現代の台湾」の大幅な改訂である。「テーマの部」で「台湾の接収」を「台湾の光復」とし、その「説明の部」には「カイロ宣言とポツダム宣言、中華民国政府の台湾光復について説明する。また中華民国憲法の制定と台湾代表の参加について叙述する」という段落を加え、これにより中華民国政府の法理上の地位を打ち立てている。

また、「説明の部」では、この時期の台湾の経済建設や民主主義の発展に対する国民党の貢献が強調されている。前者については土地改革、為替改革、輸出加工区の設置、十大建設、[*9]サイエンスパークの整備などが、後者については地方自治の推進、立法委員の「増加定員選挙」[*10]、党禁〔戒厳令下での新規政党結成の禁止策〕の廃止、戒厳令の解除、国会の全面改選、総統直接選挙の実施などの項目が新たに加えられた。「認識台湾」の改訂では、政府の政策を称揚している箇所にはあまり意見が出されず、むしろ「国家統一綱領」を強調することにより、中華民国の地位と将来の両岸の平和的な統一のビジョンが描き出された。

高校の歴史の課程綱要の改訂にあたり、大中国史観論者が改訂の最大の根拠としたのは、それまでの課程綱要が「違憲」であるというロジックであった。彼らは、課程綱要は中華民国教育部が制定するのだから、中華民国憲法を遵守しなければならない、との認識を示した。ただ、この理由は、「認識台湾」をめぐる論争が勃発したときにはさほど強く主張されなかった。

王暁波はつぎのように述べている。

台湾の歴史課程綱要は中華民国教育部が実施するものであり、中華民国憲法第一五八条（教育文化の目標）では「教育文化は、国民の民族精神、自治精神、国民道徳、健全な体格、科学、生活上の能力を発展させるものとする」と定めている。……われわれは馬英九政権に対し、「憲法の遵守」を厳しく求め、台湾の歴史教育を確実に「国民の民族精神の発展」に引き戻すのみならず、両岸の中華文化アイデンティティと中華文化の復興のため、逆さまにされた台湾の歴史を元に戻さなければならない[16]！

「中華民国憲法増修条文」第一一条と「台湾地区與大陸地区人民関係條例」第二条の規定にもとづけば、中華民国には「大陸地区」と「台湾地区」があり（すなわち「一国二区」）、両岸の分裂や台湾独立を意図する教科書の課程綱要はなべて憲法違反である[17]。

王暁波の視点からすれば、教育部の課程綱要は必ずや憲法に合致し、対外的には両岸の平和的統一と中華民族の復興を促進するものでなければならない。

実のところ、二〇一〇年代半ば以降にみられる興味深い傾向がある。それは、台湾の社会では、台湾主体意識が不断に高まってきたにもかかわらず、大中国史観論者たちは中華民族の復興と両岸の平和的統一といった考えをますます表だって表明するようになっていることである。中国の台頭が進むなか、大中国史観論者にとって、両岸の平和的統一は大局の行き着くところなのかもしれない。そしてこのことは、近年の教科書をめぐる対立を、中国ファクターの作用と結びつけてさらに一歩踏み込んで考えることをわれわれに迫ってくる。

四　中国ファクター——海峡を跨いだ文化・イデオロギーネットワーク

呉介民は「中国ファクター」という概念を、政治経済学の視点からつぎのように定義する。「中国政府が資本とその他の手段を用いて、他国または域外地域を経済的に取り込み、経済的に中国へ依存させ、その政治的目標を実行すること。この作用メカニズムがすなわち『中国ファクター』である」[18]。より詳細にいえば、「海峡両岸経済協力枠組協議」（ＥＣＦＡ）の締結などのように経済貿易面での依存構造を確立し、この構造を擁護する「現地協力者」（親中派の資本家、政治家、関連団体など）を育成し、ビジネスによって政治を囲い込むといった手段を用いて、中国政府の政治的意志が、選挙の結果、メディアや世論の醸成などの台湾と香港の日常の政治に影響を及ぼすようにすることである。

ここではこの概念を広げ、教科書をめぐる論争から、海峡を跨いだ文化・イデオロギーネットワークの作用を観察する。なかでも「現地協力者」は、実証観察面での重要な操作概念である。以下ではまず、このネットワークのなかにいる現地協力者がいかにして互いの理念を一致させ、教科書問題をめぐって影響力を行使しようとしたかを探る。また、大中国史観を掲げる人びと（アクターまたは団体）が海峡を跨いだネットワークのなかで果たす役割が、必ずしも受動的なものではないことを明らかにする。両者、すなわち中国側と台湾の大中国史観の持ち主たちは、互いに影響を与え合い、融合し、両岸にまたがるフィールドのなかで、ともにイデオロギー上の一種の文化覇権をつくりあげてきたのである。

大中国史観論者にとって、二〇〇八年に馬英九政権が誕生したことは教科書の記述を再度書き換える契機となった。教育部は教科書の改訂という目標を達成するため、その一環かつもっとも重要な手段として、課程綱要策定プロジェクトチームのメンバー交代をおこなった。張亜中は、二〇〇九年に「呉清基部長（大臣）に交代したことで、ようやくわずかながらも公正な立場の研究者が参加するようになり、課程綱要委員会（民国一〇一年版の課程綱要の策定をめざすもの）がついに動き出し、二〇一〇年下半期に課程綱要の審査・修訂が完了した」と記している[19]。当該科目の専門家として新たに召集されたのは、王暁波、孫若怡、黄秀政、周婉窈、翁嘉声であったが、このうち、王暁波と孫若怡の二人は大中国史観派から送り込まれた教授たちであった。

彼らとともに委員会に参加した台湾大学歴史学科の周婉窈教授は、「第一回の会議に出席して驚いたのは、王暁波氏が現れたことである。しかも、ことあるごとに九八課綱は違憲だと息巻いた[20]」と述べている。二〇一〇年にはふたたびプロジェクトチームのメンバーが入れ替わり、中央研究院の著名な中国史の研究者が数名加わった。最終的には、王暁波らがめざした改訂の方向性は全面的には受け入れられず、一部が反映されるにとどまった。

両岸統合学会による教科書会社の設立と編纂

二〇一二年に歴史の課程綱要の改訂が終わり、出版社による教科書編纂と検定送付の段階に入った。六月になると、張亜中が国家教育研究院の検定委員会に加わった。張によると、検定の対象となった教科書のいくつかでは、共通して「日本の植民統治を過度に美化し、国民党の台湾に対する貢献を故意におとしめ、台湾の民主化の功績をすべて民進党の努力に帰した。文中で両岸の『一辺一史』を『一辺一国』に、『台湾史』を『国史』として記述していた[21]」。当時、張は委員会で「憲法は課程綱要に優先する」との原則により、憲法遵守の重要性を強調し、憲法一五八条にもとづき課程綱要のなかの事実に合致しない内容や不合理な記述は修正しなければならないと主張した。

しかし張は、検定委員会が憲法にもとづいて修正すべき記述を手直ししたとしても、出版社に対して、課程綱要のなかですでに使用されている語彙を変更するよう求めることはできないと考え[22]、両岸統合学会を通じて出版社を創設し、自ら教科書を編纂することとした。こうして、両岸統合学会の鄭旗生執行長が出版社を設立し、謝大寧ら一部の研究者が執筆をすることとなり、二〇一二年一〇月に三社の出版社（「克毅」、「史記」、「北一」）が設立され、三種類の高校歴史教科書が編纂された[23]。

これら三冊の教科書は二〇一三年一月に国家教育研究院の検定に付されたが、内容をめぐってさまざまな議論が起こった。とくに「日本による統治」（日治）を「日本による占拠」（日據）に変えたことについては、当時、教科書審査プロジェクトチームの招集人を務めた黄克武が直接、反対を表明した。その後、馬英九政権の政務委員（無任所大臣）があいだに入り、馬英九自身も教科書ではいずれの用語も使うことができるという決議をした。ただし、その後の政府の公文書では必ず「日本占拠時代」を使うこととされた[24]。張は、一九九七年から使われてきた「日本による統治」という言葉が一六年ぶりにようやく「日本による占拠」と表記できるようになり、李登輝から陳水扁の時代にかけてつくられた「分離史観」と「脱中国化教育」の城壁についに亀裂が走った、とする[25]。

このように大中国史観論者は大いに努力を傾けたが、二〇一三年七月に、のちに論争を引き起こすこととなる「課程綱要検討審査プロジェクトチーム」が登場した。*[11] 一〇人のメンバーのリストを見ると、「民国九八年課程綱要」（九八課綱）の改訂委員であった王暁波、両岸統合学会の教科書編纂に参加した謝大寧のほか、「認識台湾」をめぐる論争に加わった陳昭瑛と潘朝陽が参加していたことがわかる。

このほか、『海峡評論』という定期刊行物が、人脈ネットワークの中心になっており、王暁波がその総主筆と編集長を務め、潘朝陽、謝大寧、李功勤、および「課程綱要」（一〇一課綱）の改訂に加わった孫若怡がそろって編集委員となっており、黄麗生はここに寄稿したことがある。これらの人びとのあいだに、同質的で緊密な、イデオロギー上の連帯があることがわかる。

「両岸共同体史観」の提唱

実際のところ、大中国史観論者にとって、課程綱要の調整は文化覇権をめぐる争いの過程の一部を成すにすぎない。両岸統合学会という組織の活動の方向性からいえば、そのめざすところは、台湾内部の「分離史観」からの「秩序回復」だけではなく、より重要なことは、台湾の外に向かって、中国と台湾は同一の共同体に属しているとする歴史観としての「両岸共同体史観」を打ち立てることである。[26]

このような考えにもとづき、両岸統合学会は、辛亥革命から一〇〇年目にあたる二〇一一年、ドキュメンタリー映像「中国一〇〇年――迷いと目醒めのあいだで」を制作したが、[27] その内容は、両岸の人びとが忘れていた共同体史観を呼び覚まそうとするものであった。[28] これに加え、大中国史観論者らはさまざまなレベルで文化面、イデオロギー面での両岸行動戦略を打ち出した。たとえば、漢字の共通化、両岸双方の高校での中華文化に関する共通の基本教材の使用推進、高校の国語教科書を半分以上共通にすること、といった目標などであり、その狙いは、両岸双方の若者に共通の文字と文化的記憶を持たせることにある。また、中国・台湾・香港の「両岸三地」で、民族文化のＩＤカードとして「アイデンティティカード」を発行することも主張している。

漢字の共通化については、馬英九が総統任期中の二〇〇九年六月に「識正書簡」（繁体字を識り簡体字を書く）を提言し、同月二六日には「大陸『識正書簡』の文化的意義」という文章を発表して、両岸が共同で『中華大辞典』を編纂することを呼びかけ、中国の国務院台湾事務弁公室から前向きな反応を得たことも注目される。七月一一日には、湖南省長沙で開かれた「両岸経貿文化フォーラム」で、全国政治協商会議の賈慶林主席が、両岸の文化交流を文化的アイデンティティ、民族アイデンティティ、中華民族の復興といったレベルにまで引き上げる、と述べた[29]。

シンポジウムの開催はしばしば、両岸交流のもっとも直接的な仲介の場となってきた。両岸統合学会、中国の孔子基金会、香港の中国評論通訊社は、共同で「両岸文化融合推進シンポジウム」を発起し、その第一回会議が二〇一三年一一月二九日から一二月二日にかけて、江蘇省の宜興大覚寺でおこなわれた。また両岸統合学会は、中国共産党の文化統一戦線工作組織である「中華文化発展促進会」と共同で「両岸軍事信頼構築シンポジウム」を組織し、第一回の会議が二〇一三年六月二四日に北京でおこなわれた。そこでは「戦いの終結と信頼の確立」をテーマに、双方の退役将校や専門家、学者らが両岸の軍事安全保障面での相互信頼について公開討論をおこなった[30]。

この中華文化発展促進会は、「中華文化を発揚し、民族意識を結集し、祖国統一を推進する」ことを目標に二〇〇一年六月に設立された団体で、さまざまなイベントの推進や参加に際して、「在外華僑・

華人の『反台湾独立、統一促進』運動に積極的に参与し、『世界の華僑華人による中国の平和的統一促進大会』の発起人のひとつである」ことをとくに強調している。[31] そのメンバーの多くは人民解放軍出身で、なかでも副会長の辛旗は解放軍の政治査察機関である総政治部聯絡部副部長（当時）の職位にあった。辛旗は台湾の課程綱要問題への関心を示し、ここに口出しをしたことがあり、[32] 教科書論争への中国の介入に対する疑念と批判を巻き起こしたことがある。

歴史的な発展の文脈からみると、一九九〇年代末に「認識台湾」が引き起こした教科書編纂をめぐる対立は、民主化と本土化という大きな対立の構図のもと、エスノポリティクスの力学に沿っておこなわれた綱引きであった。しかし、中国ファクターが徐々に姿を現すにつれ、争点は台湾内部のエスノポリティクスから、海峡を跨いだ両岸の政治と文化のアジェンダへと移っていき、台湾の大中国史観論者と中国の文化統一戦線工作組織が「文化的台湾独立」の波に対抗する防波堤の役割を担うようになった。これは、今後の台湾主体意識の発展が直面する新たな試練であろう。

ここまで分析してきたように、台湾の大中国史観論者には文化覇権をめぐる争いの過程のなかでのエスノポリティクスの文脈があり、彼らは中国の台頭が起きたのちに行動をとりはじめたわけではない。台湾の大中国史論者と中国側のあいだの相互性と親近性の度合いは、「理念」（Ideen）、「観念的な利害関心」（ideellen Interessen）、「物質的な利害関心」（materiellen Interessen）という三つの側面からみることができる。[33]

まず、「理念」の角度からみると、「中華民族の復興と両岸統一」が、両者を結ぶ重要な世界ビジョンである。つぎに、「台湾独立史観と皇民化史観の打倒」が、双方が共有している「観念的な利害関心」

である。これまでの分析からみると、文化面とイデオロギー面での動きの実態からいえば、「物質的な利害関心」（資金援助など）はもっとも目立たないことがわかる。そのような利害関心は生まれていないのかもしれないし、実際には生まれているのに覆い隠されているのかもしれない。

中国ファクターに対する「反作用力」

最後に、「反作用力」の角度からみると、一九九〇年代の教科書論争は、主に異なる立場にある学者、政党、関連団体のあいだでの対立であったが、近年の課程綱要をめぐる論争では、学術界や政党だけでなく、高校の教師や生徒、市民団体などが参加していることが新しく、また顕著な現象である。このような新たなタイプの団体やプレイヤーの出現については、近年の台湾の市民社会による中国ファクターの作用への抵抗という文脈からみることによって、よりよく理解できるかもしれない。

二〇〇八年以降、中国ファクターが台湾社会のさまざまな側面で影響を及ぼすようになるに従い、台湾社会では、この「作用力」に呼応するように、抗議運動や事件が絶えず発生するようになっているが、これは中国ファクターに対する一種の「反作用力」である。二〇〇八年一一月に中国の海峡両岸関係協会の陳雲林会長が初めて訪台した際には、これに抗議する市民らと警察が押し合いとなり、警備のありかたをめぐって論争が起きて、「野いちご運動」と呼ばれる学生運動に発展した。

二〇一二年一一月末から一二月初旬にかけて、旺旺中時グループが壱伝媒（ネクストメディア）を買収しようとした際には、その動機と資金面での背後関係をめぐって社会から疑念の声があがり、市民団体の抗議が起きた。学生たちは「反メディア巨獣連盟」（反媒体巨獣聯盟）を結成し、幾度も集会や抗議活動をおこなった。二〇一四年三月には、立法院で、ECFAの枠組みのもと、「海峡両岸サービス貿易協定」が強行採決されそうになり、同月一八日、透明性に欠けるブラックボックス的なかたちでの同協定の採決に抗議するため立法院の外に集まっていた学生たちが、建物の中に突入して議場を占拠し、二四日間にわたる「ひまわり学生運動」を展開した。そして、二〇一五年の夏には、高校生らによる課程綱要の「微調整」への反対運動が起こり、長いあいだくすぶっていた教科書をめぐる対立が広く社会の注目を集めるようになったのであった。

おわりに

二〇一六年に蔡英文政権が誕生すると、新たに教育部長に就任した潘文忠は、二〇一四年に公告された国語、歴史、地理、公民、社会科の改訂版課程綱要を正式に廃止して、それぞれ二〇〇八年版ないし二〇一一年版の課程綱要に戻すことを表明し、ここに、数年にわたった課程綱要をめぐる対立はひとまず区切りを迎えた。エスノポリティクスと中国ファクターの作用のもとで繰り広げられてきた文化覇権をめぐる争いが、今後どのように続いていくのか、あるいは別の場に舞台を移すことになるのか、現時点ではわからない。

課程綱要は必然的に、ある種の社会的価値観、知識・技能の選択・伝達を内包しており、絶対的な客観性（価値中立性）をもって二つの歴史観やこれにもとづく行動の是非を判断するのは難しく、両者のあいだには一定の共約不可能性が存在する。[34] しかしこれは、われわれが純粋な多元論の世界に身を置き、われわれが両者のあいだでおこなわねばならない価値選択を避けられるということを意味するのではない。総じてみると、大中国史観論者が気にかけているのは、いわゆる中華民族の復興と両岸統一であり、彼らは馬英九政権の成立と中国の台頭という機会をとらえて課程綱要の改訂をしようとした。しかし現実には、このようなやり方は台湾の民主化と本土化の深まりという歴史の流れとのあいだに衝突を生んだ。

歴史的事実の客観性や歴史教育の目的については、議論の余地があるかもしれない。しかし、議論を呼んだような課程綱要の改定の進め方は、台湾社会で確立されてきた民主的な生活のありように対する重大な挑戦となった。

台湾では、民主化と本土化が相互促進的に進んできた。大中国史観論者たちは、課程綱要の修正にあたり、中華民国の憲法を彼らの「合法性」の基礎であるとしたが、実際にはこのようなやり方は台湾の多くの人びとのあいだのコンセンサスに反するものであった。若い世代の行動からみるに、彼（女）らが直面しているのは、あるいは「疎外された歴史観」ではなく「疎外された憲法」なのかもしれず、大中国史観の現実離れした性格は、「台湾で生きる」ことの切実な感覚にはかなわないのかもしれない。

本章で明らかにしたように、台湾の教科書論争の過程では、エスノポリティクスが一貫して重要な作用を及ぼしてきた。しかし、近年、中国ファクターが外部要因として登場したことにより、この論争は海峡を越えた政治とイデオロギーのアジェンダへと押し上げられた。同時に、台湾の課程綱要をめぐる対立は、社会の内部での現象としてのみ捉えることはできず、中国ファクターの作用のもとでは、教科書という文化・イデオロギーの生産チャネルは、より複雑で、地域を跨いだ社会権力の作用プロセスのなかに置かれている。

最後に強調すべきこととして、台湾では従来、エスニシティによる動員は特定の年齢層で起こり、若い世代はこれにはあまり参加してこなかった。若い世代についていえば、アイデンティティの確立において、エスニシティのカテゴリーがもつ必然的重要性はほぼなくなっており、民族イマジネーションの違いがより重要なアイデンティティの統合原理となっていると思われる。(35) 前述したように、中国ファクターの作用が強くなるほど、台湾アイデンティティはより深まる。これは若い世代においてより際立っており、もしかすると、若い世代が中国ファクターへの反作用として体現している行動力と積極性は、このことによってある程度説明できるのかもしれない。このような世代間の違いと今後の趨勢が、この文化覇権をめぐる争いをいかに駆動し、また変えていくのか、さらなる観察に値する。

注　記

＊　本章は、鄭祖邦「中國因素與台灣教科書爭議」(呉介民・蔡宏政・鄭祖邦編『吊燈裡的巨蟒：中國因素作用力與反作用力』新北市：左岸文化出版、二〇一七年、一四七〜一八七頁) を本書収録用に再構成し、大幅に加筆・修正したものである。

(1)　王甫昌「民族想像、族群意識與歴史：『認識台灣』教科書爭議風波的内容與脈絡分析」『台灣史研究』八 (二) (二〇〇一年)、一四六頁。

(2)　同前、一五九〜一八〇頁。

(3)　この間の経緯については藍順徳『教科書意識形態：歴史回顧與實徵分析』(台北：華騰文化、二〇一〇年)、一五四頁を参照。
（4）陳慧先・許粧荘「中國民族主義者的執念？：檢視課綱微調的『成果』」、「歷史教育與課綱『微』調ワークショップ」での発表論文（二〇一四年）、一二頁、藍順徳『教科書意識形態』、一五三～一五四頁、周婉窈「『黑箱大改』的台灣史課綱、為何非抵制不行？」『我們為什麼反對「課綱微調」』（台北：玉山社、二〇一五年）、一二一頁。
（5）国立編訳館は二〇一一年に国家教育研究院に編入・統合された。
（6）たとえば、呉俊瑩「課綱修改真的只是藍綠惡鬥嗎？」「台灣與海洋亞洲」二〇一四年八月二七日〈https://tmantu.wordpress.com/2014/08/27/課綱修改真的只是藍綠惡鬥嗎？-2/#_ftn1〉を参照。
（7）陳慧先・許粧荘「中國民族主義者的執念？」、三頁、韓国棟『走在風尖浪頭上：杜正勝的台灣主體教育之路』（台北：時報文化、二〇一六年）、二二一～二二三頁。
（8）杜正勝「一個新史觀的誕生」『當代』一二〇（一九九七年）、一二四～一二五頁。
（9）張亜中『論統合：張亞中自選集』（香港：中國評論學術、二〇一四年）、三五八頁。
（10）作家の陳映真は、一九九七年、「杜正勝の歴史論は虚構の新台湾国家建設の民族論、国家論、社会論という『国策』歴史であり……とどのつまりは、民族の団結と和解に反対し、現在の与野党の権力に合わせた「国」づくり、「建国」運動の歴史論であり、民族の分裂の克服、民族団結の回復という歴史の帰趨に対する強い焦燥感からの歴史論である」と論じていた。陳映真「一個『新史觀』的破綻」王仲孚（編）『為歷史留下見證：《認識台灣》教科書參考文件』（台北：海峽學術、二〇〇二年）、一二一～一二二頁。
（11）王甫昌「民族想像、族群意識與歷史」、一五四頁。
（12）林怡廷「民主化之後的歷史詮釋：台灣歷史教科書的爭議」『陽光時務』二四（二〇一二年）、七四頁　を参照。
（13）王甫昌「民族想像、族群意識與歷史」、一七六頁。
（14）同前、一七八～一七九頁。
（15）王曉波『馬英九時代的歷史見證』（台北：海峽學術、二〇一一年）、一三七頁。
（16）同前、一三四頁。

（17）同前、一三七頁。
（18）呉介民「『中國因素』氣旋下的台港公民抵抗運動」謝政諭・高橋伸夫・黄英哲（編）『東亞地區的合作與和平』（台北：前衛、二〇一四年）、一三五～一三六頁。
（19）張亜中『論統合』、五二六頁。
（20）周婉窈「『黑箱大改』的台灣史課綱、為何非抵制不行？」」、二四頁。
（21）張亜中『論統合』、五二七～五二八頁。
（22）同前、五二八頁。
（23）両岸統合学会は二〇〇八年に設立され、理事長は張亞中、秘書長は謝大寧、執行長は鄭旗生。その八つの主要ミッションのひとつとして「両岸共同史観とアイデンティティの確立」を挙げている。
（24）張亜中『論統合』、五三五頁。
（25）同前、五三五頁。
（26）両岸双方の学者が両岸アイデンティティの問題にさらに関心を払うよう、二〇一一年一月に両岸統合学会等が主催者となり、中国社会科学院台湾研究所等が共催者となって、オーストラリアで非公開ワークショップが開催された（張亜中『論統合』、二九一頁）。
（27）動画URLは次のとおり〈https://www.youtube.com/watch?v=rHr_GsLcTf0〉。
（28）張亜中『論統合』、二九〇頁。
（29）王曉波『馬英九時代的歴史見證』、一一一～一一三頁。
（30）張亜中『論統合』、五〇七頁。
（31）同会のウェブサイト〈http://www.chinaapc.org.cn〉を参照。
（32）詳細については、「華夏文化教育的省思與展望：辛旗副會長、劉君祖理事長、徐泓教授的對談」中華奉元學電子報第二八期（二〇一六年四月七日）〈http://www.fongyuan.org/newsletter/28/112/〉を参照。
（33）韋伯（マックス・ヴェーバー）（著）、康樂・簡惠美（譯）、羅麗芳（編）「比較宗教學導論：世界諸宗教之經濟倫

理」、『宗教與世界：韋伯選集Ⅱ』（台北：遠流、一九九一年）、七一頁。
(34) 張茂桂「高中『公民與社會』新課綱的訂定」『新教育研究月刊』一六六（二〇〇八年）、四四頁。
(35) 王甫昌は「認識台湾」をめぐる議論のなかでこの点を指摘したが、近年の状況からは、このような趨勢がしだいに生まれつつあることがみてとれる（王甫昌「民族想像、族群意識與歴史」、一九四頁）。

訳　注

〔1〕台湾を主体とする政治意識の広がりと深まり。
〔2〕台湾では一学年が上学期と下学期の二学期からなる。
〔3〕国民党政権・中華民国政府が、中華民国憲法の手続きにしたがって編成された全中国を代表する合法的正統政府であり、台湾は中国の一部にすぎない、とする立場。
〔4〕台湾省籍を持つ「本省人」と、その他の省籍を持つ「外省人」のカテゴリーを指す。
〔5〕台湾と中国を別の国としてそれぞれの歴史を叙述する歴史観。後出の「一辺一国、一辺一史」と同じ。
〔6〕『西遊記』で、三蔵法師が孫悟空に言うことを聞かせるために唱える呪文。
〔7〕中国と台湾の関係を「特殊な国と国の関係」とする立場。
〔8〕これらの変更は、いずれも台湾の歴史が中国史の一部であることを強調するニュアンスがある。
〔9〕一九七〇年代半ばにおこなわれた大規模インフラ建設計画。
〔10〕中国大陸で選出された立法委員とは別に、台湾で新たに立法委員を選出するためにおこなわれた選挙。
〔11〕教育部によって、課程綱要改訂委員会とは別に新たに設置されたもの。その背後には、委員会を通じた課程綱要の改訂が進まないことに焦りを覚えた大中国史観論者らの思惑があったものと推測される。

第7章 「報道の自由」における米国ファクターと中国《チャイナ》ファクター

黄兆年

はじめに

「民主化の第三の波」のモデルケースのひとつとして、台湾における報道の自由は、一九八〇年代末の政治の自由化、民主化の潮流とともに長足の進歩を遂げた[1]。しかし皮肉にも、民主主義の定着を象徴する二度目の政権交代[2]ののちに、台湾における報道の自由は後退することとなった。これはなぜだったのだろうか。

フリーダムハウス等の国際的な指標からは、台湾の報道の自由が二〇〇八年以降、低下傾向にあることがわかる。これは、権威主義体制のもとにある中国の台頭を受けたものではないかと広く考えられている。いくつもの研究が、中国の台頭が周辺諸国および世界の人権、民主主義に与える潜在的な脅威に注目するようになっている[3]。中国の権威主義体制が香港、アジア、アフリカ、ラテンアメリカ、ひいては欧米諸国の報道の自由にまで負の影響を及ぼしているとする研究もある[4]。また、中国はすでに台湾のマスメディア（以下、適宜「メディア」と略）の環境と報道の自由に負の影響を与えていると指摘する研究もある[5]。

本章では、台湾における報道の自由が、二〇〇八年以降、「中国ファクター」の影響を受けているという合理的な仮説に呼応するとともに、歴史を遡って、二〇〇八年以前の台湾の報道の自由が国際的なファクターの影響を受けていたかどうかを考察する。時系列的な視点から、また外部要因に注目する視点に立って、一九四九年から現在までの台湾における報道の自由の移り変わりを系統的に説明することをめざしたい。

また本章では、台湾の報道の自由が、二〇〇八年以降、中国ファクターのインパクトを受けていることはもとより、それ以前から「米国ファクター」による制約を受けていたことを明らかにする。さらに、国際的な力学構造および社会構造の変化にともなって、米国ファクターの台湾の報道の自由に対する影響が一九八八年の前後で異なること、これは、各段階での国際的な覇権《ヘゲモニー》が台湾の「現地協力メカニズム」に及ぼす作用の違いによるものであることを論じる。

本章で論じる「報道の自由」には、積極的なものと消極的なものの双方が含まれる。「消極的な報道の自由」（negative press freedom）とは、報道が政府の干渉から自由であることを指し、その概念は古典的な自由主義の伝統に由来する[6]。「積極的な報道の自由」（positive press freedom）とは、人びとが多様なニュースや情報を入手し、マスメディアを活用して民主的なコミュニケーションをおこなう権利である。この概念は、一九四七年、シカゴ大学のロバート・M・ハッチンズ学長率いる「報道の自由委員会」が提唱した「報道の社会的責任モデル」（the social responsibility model of the press）にもとづくもので、メディアは政府の干渉から自由であるだけでなく、市民に多様な情報、公正な報道、さらには公共的なコミュニケーションのプラットフォームを提供する責任を負うことを重視するものである[7]。したがって、「消極的な報道の自由」の度合いは、国有メディアの比率、政府による統制の程度、検閲の有無などによって決まる。一方、「積極的な報道の自由」の度合いは、政府の制度のみならず、マスメディアの集中度や市場主導型の自己検閲、報道のバイアスといった、市場構造や企業の組織構造からの影響も受ける[8]。

台湾における報道の自由の発展を理解するために、本章ではつぎのような理論的視点を提起する。かりに台湾が経済面で、自由な政治体制をとる、グローバルな、あるいはリージョナルな覇権（たとえば米国など）に依存するなら、台湾の報道の自由度は高まる。逆に、抑圧的な政治体制をとる、グローバルな、あるいはリージョナルな覇権（たとえば中国など）に依存するなら、その報道の自由度は低下する。本章は、呉介民が「中国ファクター」の枠組みにもとづいて提示した「政治代理人モデル[9]」と、筆者が提示した「経済依存」志向の「自己利益」（self-interest）理論[10]を統合して、理論的枠組みとする。

覇権への依存が報道の自由に与える影響のメカニズムは、おおむねつぎのとおりである（図7−1）。台湾がある覇権国に対して経済的に依存するとき、その覇権国政府は、政治的・経済的なリソースを活用し、両国の政府間または政治・ビジネス協力ネットワークを通じて、台湾の政府エリートやメディア企業を「現地協力者」として取り込み、これらの協力者にメディア政策やマスメディアの経営戦略、さらに報道の方針を調整させ、覇権国の政策やイデオロギーに迎合するよう導くことで、最終的に台湾のメディアに関係する諸制度や報道の自由に影響を及ぼす。

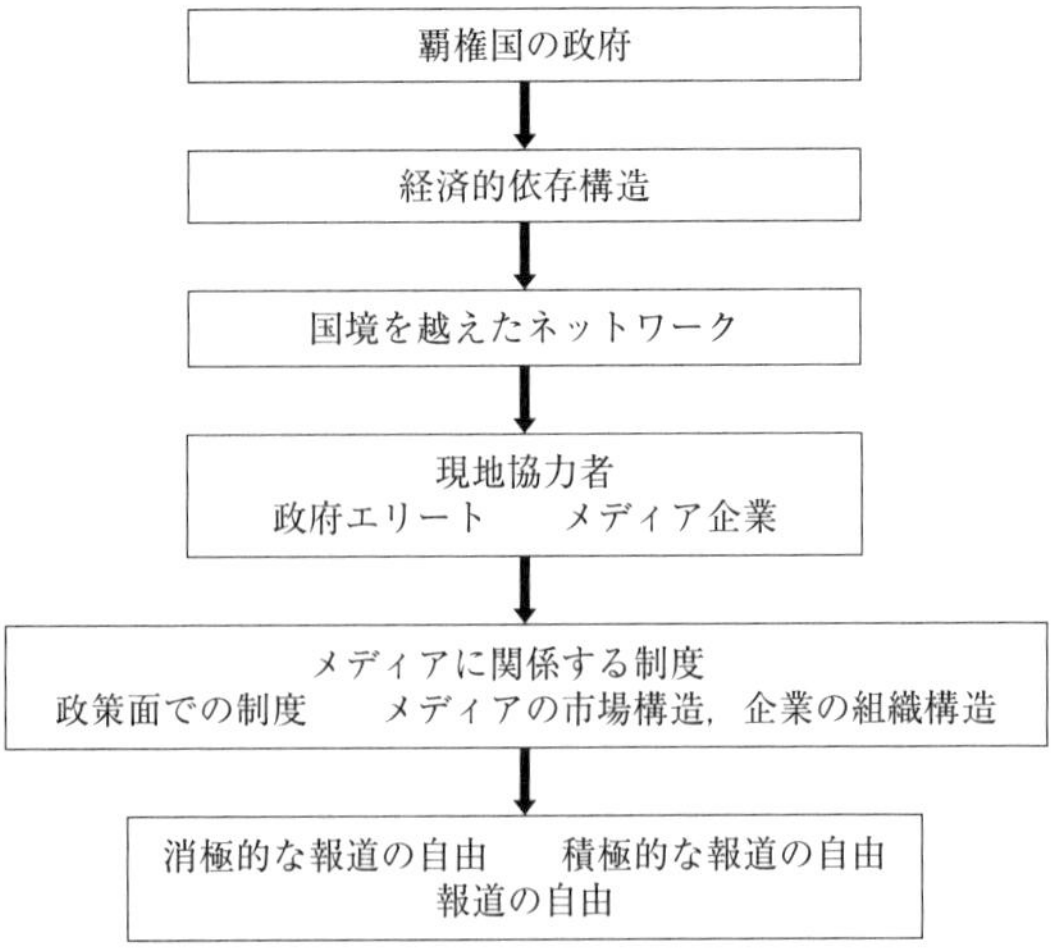

図 7–1　グローバルな覇権国家が報道の自由に及ぼす影響力のメカニズム

出所：筆者作成。

この理論を検証するため、本文では歴史的制度論（historical institutionalism）を分析アプローチとして採用し、現地協力者がダイナミックな権力関係構造のなかでいかにマスメディアを取り巻く制度の変遷を引き起こしてきたのかを整理する。

本章の理論的枠組みのなかでは、プレイヤーらは、「利己的」で「構造化」された個人あるいは集団として定義される。すなわち、プレイヤーはリソースの増加（政治的合理性にもとづいてめざすもの）、あるいはその有効利用（経済的合理性にもとづいてめざすもの）を通じ、自己の生存と発展に役立つ利益を極大化する傾向がある。しかしプレイヤーと他のプレイヤーのあいだには、資源の相互比較と競争があり、したがって利己的行為は同時に、これらのプレイヤーらが置かれた権力関係構造の制約を受ける[11]。

現地協力者は、メディアに関係する制度を直接的に形づくるプレイヤーであり、具体的には、覇権によって取り込まれた政府エリート（国家機構をコントロールする権力当事者集団と定義される）およびメディア企業などである。前者の利益は主に統治の正当性の維持（内外からの異議申し立ての排除や内外における支持の獲得など）であり、後者の利益は企業利益（その生存と発展に寄与する商業的利潤や政治的影響力など）の極大化である。しかし、両者の利益の追求は同様に、相互間の、および覇権とのあいだの権力関係構造による制約を受ける。歴史的制度主義からみると、制度とはプレイヤー間の権力闘争の産物であるといえ、すなわちそれは強者の利益を反映し、また強者により多くのリソースを与えるものである[12]。したがって、制度の持続や重大な変化は、キープレイヤーの利己的傾向だけでなく、それが置かれている権力関係の構造の維持や盛衰にも左右される[13]。

本章では、歴史的な制度の変遷のほか、「複数事例内対照」（multiple within-case comparisons）と「過程追跡」（process tracing）という分析手法で、経済的な依存と報道の自由のあいだの因果的な結びつきを整理する。主な実証データとしては、政府の資料や既存文献、そして筆者が二〇一四年に集中的におこなった詳細なインタビューを用いる。インタビューの対象はマスメディア企業の管理職やジャーナリスト、非営利のプレイヤー、政府の官僚など、計三三名である。以下では、台湾における報道の自由の変遷を三つの歴史的段階に分け、順を追って論じていく。

一　対米依存と報道の自由の低発展（一九四九〜一九八八年）

国民党による権威主義体制とマスメディア統制

中国国民党（国民党）による権威主義的統治の時代、台湾の報道の自由は「継続させられた」国共内戦の構造だけでなく、東西冷戦構造からも制約を受けた。しかし、「米国ファクター」が台湾に影響を及ぼすのに先だって、台湾のマスメディアのシステムと報道の自由には、歴史的な基本状況が存在していた。

一九四九年一二月、国民党は中国大陸から台湾へ撤退し、以後、台湾において、政治、経済、社会、文化などの各側面における厳しい権威主義的統制をおこなった[14]。そのなかにはマスメディアへの統制も含まれていた。国民党がマスメディアを掌握しようとしたのは、メディアに国策の宣伝や世論の主導といった役割を期待したからであり[15]、その目的は、国共内戦という文脈において、自らこそが中国を代表する政権であるとする法理的基礎を築き、さらに外来政権として、台湾社会に対して権威主義的統治をおこなううえでの正当性を強固なものにすることにあった。国民党が当初、台湾のマスメディアの統制に用いたのは、中国大陸において第二次世界大戦や国共内戦への対応として制定した法体系、すなわち「国家総動員法」、「反乱鎮定動員時期臨時条項」、戒厳令、「反乱処罰条例」、および「出版法」の踏襲であった[16]。このなかで、新聞や雑誌に対して各種の規制を課す出版法は、「報禁」[*1]のもっとも直接的な法的根拠となった。

国民党はこれらの制度体系にもとづきメディアに対して各種の強制的なコントロールをおこなったが、これは三つの面に大別できる。まず、新聞の市場参入をコントロールする発行登録管理制（「限証」）政策である。政府は一九五一年以降、新聞の発行登録の交付数を引き締め、一九六〇年以降は新たな発行登録を一切交付せず、新聞社の数はこののち、長らく三一社のまま推移した[17]。つぎに、報道の「量」、ないし新聞のページ数を規制することとなった「紙の統制」と「ページ数制限」政策である。政府は新聞用紙の輸入を規制し、その生産と配分を統一管理し、新聞一部あたりのページ数を制限した[18]。第三に、報道の「質」、ないし新聞の中身に対する検閲制度である。軍事的・政治的な機密の漏洩、社会秩序の破壊、国家安全に危害を及ぼすことを疑われた新聞や雑誌、あるいは報道関係者に対して、とくに共産主義や台湾独立思想などとかかわり、国家の基本政策に挑戦する者に対して、政府は厳罰を加えた[19]。通常、新聞雑誌ならば警告、罰金、没収、期間限定の発禁処分、重い場合には出版許可取り消しなどの処罰を課し、報道関係者については懲役刑、または死刑に処される可能性もあった[20]。

対米依存の構造とマスメディア統制の部分的手直し

しかし、国民党のメディア政策は終始一貫していたわけではなかった。むしろ、台湾は経済、軍事、外交の面で米国にかなりの程度依存していたため、東西冷戦構造とその変化から一定の影響を受けることとなった。一九五〇年六月に朝鮮戦争が勃発すると、台湾は東西両陣営が対立する冷戦構造の構図のなかでしだいに西側資本主義陣営に組み入れられ、米国の西太平洋地域における反共拠点のひとつとなり、米国から多額の軍事的・経済的な援助を受けて、その準周辺（semi-periphery）国のひとつと目されるようになった[21]。資本面では、米国から、直接投資に加えて一九五一年から一九六八年のあいだに一四・八億米ドルの経済援助を受けた[22]。これは一九五二年から一九六八年のあいだの台湾の貿易赤字額（一四・五億米ドル）にほぼ相当する。

貿易面をみると、一九五〇年代の台湾では、原料と資本財の輸入が喫緊の課題であり、輸入代替を通じた工業化促進政策がとられた。一九五二年から一九六〇年のあいだ、米国は台湾の輸入総額の三七・

九％を占めた。一九六〇年代からは安定した輸出先としての米国に依存するようになり、輸出主導型の工業化が進展した。対米輸出の占める割合は年々高まり、一九六八年には対米貿易が初めて黒字に転換した。これは、貿易収支が初めて安定的な黒字に転換した一九七一年より三年早かった[23]。

台湾は経済面のみならず、外交や軍事の面でも米国からの支援に強く依存した。たとえば一九四九年以降、国際連合における中国代表権の維持、一九五四年の「米華相互防衛条約」の締結、一九五一～一九七四年にかけての二五億七〇〇〇万米ドルの軍事援助などがあげられる。軍事面と経済面での依存により、米国と台湾のあいだには多くの政府間ネットワークが形成された。米国側では駐台湾米国大使館や経済援助使節団、軍事援助顧問団、J. G. White Engineering Corporation など、また台湾側では行政院米援運用委員会、その後身の行政院経済安定委員会、中国農村復興聯合委員会などに米国側の代表が送り込まれたり、米国側と頻繁に協議をおこなう政府の関連部門があったりした。

軍事面および経済面での対米依存構造と政府間ネットワークを経由して、台湾の統治エリートの意思決定は、直接的・間接的に米国政府の影響を非常に受けやすく、林麗雲の研究が指摘しているように、メディア政策もその例外ではなかった[24]。若林正丈の言葉を借りれば、冷戦期の米国は、反共の最前線を直接支配しようとする意図は有しておらず、通常は現地に「協力者政権」を育て、米国の冷戦戦略をそこに反映させた。「蔣介石政権は、極めて成功した協力者政権であった[25]」。

冷戦構造のもと、米国は台湾において「自由中国」（free China）を打ち立て、民主主義、資本主義が、中国の全体主義的な共産主義に勝ることを喧伝したいという期待を抱いていた[26]。アメリカ国家安全保障会議（ＮＳＣ）の公文書によれば、一九五〇年代初期の米国の対台湾政策の重点のひとつは、「中国国民政府」(Chinese National Government)を、「ますます多くの中国大陸と台湾の人びとの支持と推戴を得ることができる、責任ある代議制政府(responsible representative government)」へと進化させることにあった。

このような米国の要求に対して、台湾の統治エリートは、どのように対応すれば自身の統治の正当性を維持できたのだろうか。若林正丈によれば、協力者政権はしばしば、対外的役割と対内的役割のあいだでジレンマに直面する。すなわち、一方では米国と協力することで外部からの支持を獲得し、米側の不満を招いてすげ替えられてしまうような事態は避けたい。その一方で、米国と過度に協調して(たとえば米国の自由や民主といった価値観を取り入れるなどして)内部での支持を失い、対抗勢力に取って代わられることも不安である。[27] 協力者政権は内外の権力構造のバランスをとり、「外的正当性」と「内的正当性」のあいだでの平衡を見いださねばならない。協力者政権が直面するこのジレンマは、冷戦期の台湾と米国の関係の変容が台湾のメディア制度の制度的手直しに与えた影響に、色濃く現れている。

協力者政権としての国民党は、対外的には米国という覇権国家の意志に応え、その支持を確実なものにするため、ときにメディアに対して寛容な措置を取り「自由な報道」(free press)をつくりだした。一方で、対内的には権威主義統治の権威を保つべく、民間社会に対する権力上の優越性を利用して、権威主義的な性格を持つマスメディアシステムを維持し続けた。この時期の台湾のマスメディアに関係する制度は、ほぼ既存のルートの上を歩み続けるか、せいぜい部分的な手直しがおこなわれる程度であった。より具体的にいうなら、米国はこの時期、台湾に対して一貫して力関係のうえでの優位性を保っていたが、この力が相対的に強まったり弱まったりするたびに、台湾のメディア制度の小幅な変化が起きた。

一九五〇年代初期には、米国の台湾当局に対する支持はさほど明確ではなかったため、国民党はそれ以前よりやや寛容なメディア政策をとり（一九五二年の「出版法」の制定など）、「報道の自由」を積極的に涵養して「民主主義のショーウィンドウ」（democratic window dressing）に仕立て、米国の軍事的・経済的な援助を獲得しようとした[28]。

その後、民営の『聯合報』が台湾最大の新聞のひとつへと発展すると、米国国務省は、一九六三年に、同紙の創業者の一人である王惕吾を訪米視察に招聘した[29]。ここからは、この時期の米国の「報道の自由」の重視と、「自由中国」に対する期待がみてとれる。しかし一九五〇年代中期以降、「米華相互防衛条約」の締結にともない、米国と台湾の関係が徐々に安定し、外部の後ろ盾を失う心配がなくなると、国民党は「ショーウィンドウ」を取り壊しはじめ、マスメディアに対して相対的に厳しい統制を敷くようになり（一九五八年の出版法改正など）、対内的な統治権威を維持しようとした[30]。

しかし、米国が一九六〇年代末から「中国と接近してソ連を牽制する」戦略に転じると、台湾の地政学的な位置づけは見直されることとなり、台湾は国際連合からの脱退に追い込まれ、駐台米軍は撤退し、米国との断交にまでいたった。こうした情勢のもと、国民党は部分的な政治改革に踏み出し、対内的な正当性を強化して、損なわれた対外的正当性を補おうとした[31]。メディアにも優遇措置（新聞用紙の輸入の開放、用紙の輸入関税の引き下げ、新聞のページ増など）を与え、民間の新聞社の協力を取りつけて、米国と国際社会の支持を取り戻そうとした[32]。

マスメディアへの制度的統制

このように統治エリートは外部からの支持を取りつけるために、メディア政策の部分的な手直しをおこなったが、とはいえ国民党は、民間社会に対する自らの相対的な自立性に乗じて、マスメディアと世論に対する制度的な統制を続け、米国の価値観が台湾内部での権威主義的統治の基礎を過度に蝕むことを避けた。統治エリートは、発行登録管理、用紙の統制、ページ数規制、印刷発行地規制、および報道内容の検閲といった制度面の手段を通じてのみならず、組織的・経済的なチャネルを通じてメディアを支配下に置き、その企業組織構造と市場構造に影響を与え、党国体制に有利な報道内容と社会の雰囲気づくりをおこなった。

組織の取り込みとしては、政府はまず国民党党営および公営のメディアの所有権を掌握した。台湾省政府、国民党、国防部はそれぞれ、地上波チャンネルである台湾テレビ、中国テレビ、中華テレビを実質的に掌握していた。(33)*(2) つぎに、政府は民営メディアのトップを党国体制のなかに組み入れた。たとえば二大新聞の『聯合報』と『中国時報』の経営トップである王惕吾と余紀忠は、一九六九年からそろって国民党中央委員に任命され、一九七九年からは国民党中央常務委員を務めた。(34)

さらに、国民党は各メディアの内部に組織ネットワークを巡らせ、メディアのなかに入り込んでいった。国民党は一九六五年五月に中央委員会文化伝播工作会のもとに「新聞党部」をつくり、報道各社のなかに支部組織を設置した。(35) 行政院でも一九七五年七月からテレビ放送の改善を理由に「研究小組」を設置し、定期的にテレビ局三社の幹部を招集して「テレビ番組連携部会」を開き、テレビ番組の海外からの購入・販売や脚本の内容を検閲した。(36) 金銭面での取り込みとしては、政府に協力的なメディアに対し、さまざまな助成金や融資、広告などの経済的利益が頻繁に与えられた。[37]

市場構造の面では、政府に取り込まれた「御用メディア」が徐々に安定的な寡占体制を築いていった。『聯合報』と『中国時報』の発行部数は、一九五〇年代末から党営や公営の新聞に迫るようになり、[38]一九七〇年代には寡占体制を揺るぎないものにし、一九八〇年代にはこの二紙が新聞発行市場の三分の二を占め、[39]広告市場の半分近いシェア（四五％）を占めるまでになった。[40]

このような状況のもと、台湾の報道と世論の環境は、おしなべて国民党の権威主義体制に有利に、政治改革を訴える対抗勢力には不利なものであった。民間の新聞は、党営や公営の新聞各紙に比べれば、党国体制に批判的な報道や評論を掲載する傾向にはあったが、[41]一九八〇年代中期以前は、国民党の権威主義的統治について厳しく批判することはなかった。[42]権威主義体制期の終盤に「美麗島事件[*3]」が起きた際にも、大多数のメディアは、後に民主化運動のマイルストーンとみなされることになるこの市民運動に対し、同情的な、あるいはバランスをとった報道をせず、「美麗島の取り憑かれた群衆を捉えて殺せ」という立場をとった統治者に迎合して、異議申し立てをする人びととその行動を厳しく非難した。[43]

以上をまとめると、この時期の台湾の報道の自由の発展状況は総じて低く、「消極的な報道の自由」は限られていた。統治エリートは米国の政治的・経済的な支援を獲得するため、ときにメディアに対して寛容な政策をとることがあった。だが、全体としてみれば、国民党政権は、米国の価値観によってメディア制度に対する権威主義的な統制が阻害されることを恐れ、基本的には、メディアの党営・公営、メディアに対する統制、報道内容の検閲といった干渉を続けた。一方で、「積極的な報道の自由」もきわめて限られていた。権威主義的な政府の支持のもと、寡占的な市場構造や政府の側に偏った偏向報道が、人びとが公正な情報を入手したり、メディアへのアクセスを得たりする機会を阻害していた。

二　対米依存の持続と報道の自由の拡大（一九八八〜二〇〇八年）

対米依存の持続

一九七〇年代以降、台湾と米国のあいだの公式な軍事協力と国交関係は弱体化していった。しかし米国は依然として、世界で唯一、台湾に対して政治的・経済的な支援を提供し、中国とのパワーバランスの維持に協力する意思を持つ大国であり、国民党政権は経済、安全保障、外交の各面で、米国に依存し続けた。

資本面では、経済援助の供与は終了したが、米国の台湾への直接投資は依然として多く、一九八八年から二〇〇八年までの海外からの対内投資額のうち、米国は約五分の一（二〇・七％）を占めた。貿易面では、米国は二〇〇〇年まで一貫して台湾の最大の輸出市場であり、二〇〇一年までは最大の貿易パートナーであった。一九八八年から二〇〇八年までのあいだ、対米貿易黒字は台湾の貿易黒字額の六七・七％を占めていた。

経済的な依存に加え、外交面および安全保障面でも、台湾は米国の協力に大きく依存していた。一九七一年に国際連合を脱退したのち、アジア開発銀行（ＡＤＢ）、アジア太平洋経済協力（ＡＰＥＣ）、世界貿易機関（ＷＴＯ）などの国際機関への参加と名義をめぐる問題に際して、台湾は常に、米国の支持に依存するか、中国との交渉に際して米国の協力に頼ってきた。一九七九年に米国と断交した際、米国は「米華相互防衛条約」に代わるものとして「台湾関係法」を制定し、台湾との関係を新たに再定義した。同法では、「防御性武器を台湾人民に提供する」ことを含む米国の台湾政策を明確に定め、同時に「台湾人民の人権を守り促進する」という条項も付されている。[44]同法にもとづき、台湾は安全保障面で米国への依存を続け、米国は台湾の人権政策に圧力をかけるための作用点を掌握してきた。[45]こうした政治・経済的な依存構造のもと、米国と台湾のあいだではしばしば非公式な政府間ネットワークを通じて、貿易や武器売却、技術移転といった議題についての実質的な協議と交渉がおこなわれ、これらはすべて、米国の台湾に対する意思疎通のパイプ、ひいては圧力をかける手段にもなってきた。

自由化圧力の高まり

政治面および経済面での依存構造に乗じ、米国はその覇権としての優越性を利用して台湾に政治・経済改革を迫り続けた。一方、台湾内部の社会運動、政治的対抗勢力、民間資本の力も着実に拡大し、権威主義的な政府に対してさまざまな分野での抑圧をやめるよう求めるようになり、統治エリートの社会に対する自立性の維持が困難になった。こうした力関係の構造的な変化によって、自由化および民主化が国民党にとって、対内的・対外的な正当性を維持するうえでの有効な道筋となり、ついにはメディアに関係する制度の大幅な規制緩和をもたらし、権威主義的統治のもとで固定化されていた軌道が打ち破られることになった。

具体的には、米国は政府間の外交ネットワークを通じて、一九七九年の美麗島事件などの重大な政治事件への関心を示し続け、国民党に戒厳令の解除と人権の保障を求めた(46)。米国議会はさらに一九八一年の陳文成事件*〔4〕を受けて対外援助法を改正し、米国市民を迫害する国家への武器輸出を停止する権限を大統領に付与した(47)。さらに下院の関連委員会は一九八六年に、台湾に党禁〔本文の二〇三ページを参照〕の解除、報道検閲の廃止、言論・集会・結社の自由の保障、議会民主主義制の実施を具体的に求めた(48)。

こうした外部からの圧力に呼応するかのように、台湾社会では一九八〇年代初頭から、政治的な対抗勢力や、多様なアジェンダ（消費者、農民、労働者、女性、環境など）を掲げた社会運動がつぎつぎに生まれ、権威主義体制の存続に対する大きな圧力となった(49)。協力者政権としての国民党は、それまでのように内外の役割のあいだで板挟みになることなく、政治改革を進めることで政権の正当性を維持しようとした。一九八七年七月、蔣経国は三八年の長きにわたった戒厳令の解除をついに宣言し、一九八八年一月一日には正式に「報禁」が解除され、ここに一連のマスメディア改革が始まった。

外交面でのネットワークのほか、米国は政府間の経済的なつながりを通じても、台湾に対して、新自由主義的な改革に着手するよう求めた(50)。たとえば、経済制裁や技術移転の停止などの手段を使って、日本や韓国、台湾などの国々に、金融市場と貿易市場の開放を迫った(51)。また台湾に対しては、関税優遇措置の廃止を切り札として、関税や非関税障壁を引き下げ、台湾元を切り上げるよう求め(52)、一九六八年から増加の一途をたどってきた対台貿易赤字の解消を試みた。さらに公平な貿易の促進を理由に、一九七四年通商法三〇一条で定めた経済制裁をちらつかせ、知的財産権保護の改善を求めた。

外部からの圧力に呼応して、台湾の民間資本も一九八〇年代から、国民党に対して各種のライセンス制度の規制緩和や、貿易・投資規制の緩和を要求し、社会運動の発生や新自由主義によって悪化した生産条件や国際競争の影響を緩和しようとした。
内外からの圧力に応えるため、政府は一九八四年に「経済の自由化、国際化、制度化」の推進を宣言し、一九七六年からおこなってきた対米特別調達を維持したのみならず、関税や非関税障壁を相次いで削減し、台湾元を切り上げ、知的財産権の保護措置を積極的にとり[53]、米国産農産物輸入の市場開放までおこなった[54]。金融面では、外貨管理、対外投資、国内金融事業の大幅な規制緩和をおこなった。また、数多くの国営系やライセンス型の事業（金融、通信、運輸、放送）もつぎつぎに民営化ないし自由化した[55]。

たとえばケーブルテレビ産業についてみると、米国政府は「アメリカ映画協会」のロビイングを受け、一九九一年三月にケーブルテレビの合法化と非合法のケーブルテレビ局の取り締まりを米台著作権保護交渉の重要な議題に組み入れ[56]、台湾の地下ケーブルテレビによる海賊版映画の放映から生じる経済的損失を軽減しようとした。その後、台湾では一九九三年八月に「有線電視法」（ケーブルテレビ法）が可決され、非合法だったケーブルテレビが全面的に合法化され、著作権問題の管理が可能になるとともに、ケーブルテレビ産業の自由化にもつながった。ここからも、新自由主義が台湾のメディア制度の自由化の推進力のひとつとなったことがわかる[57]。

この時期の台湾内外における力関係の基本的な構図は、つぎのようなものであった。米国の覇権は引き続き、台湾に対して新自由主義的な路線を進むよう圧力をかけ、台湾の内部でも、市場の力が政府の権力に比較して日増しに強くなった。この新しい状況を受けて、台湾政府は自身の政治的正当性を保つため、市場経済を中心に据えたメディア制度改革をさらに進めようとした。これは、新聞やテレビ産業での相次ぐ自由化策や、公営メディアの民営化・公共化、民間メディアへの規制の緩和などとして具体化された。たとえば一九九九年と二〇〇一年の「有線電視法」の改正により、一九九三年の同法制定時には存在した、マスメディアの集中度やクロスメディア所有についての規制が撤廃され、外資の持ち株比率の上限も緩和された[58]。一九九九年制定の「衛星広播電視法」(衛星ラジオ・テレビ法)でも、複数のメディア領域にまたがる寡占や外資の出資比率の上限についての規定が緩やかなものとなった[59]。このほか、多くのラジオ・テレビ放送、デジタルストリーミングについても、新自由主義的な価値観の影響は不可避となり[60]、メディア制度はさらに市場経済のロジックへと歩みを進めた。

民間資本の影響力の高まり

一九八〇年代末以降、政府は市場経済を中心に据えたマスメディア制度を推し進めていったが、この新たなメディアシステムは逆に、政府のメディアに対するコントロールの力を削ぎ、メディアに対する民間資本の影響力、さらにこれがメディアを取り込む能力を強めることとなった。この趨勢はメディアセクターの企業の組織構造と市場構造を変え、市場主導型の自己検閲や報道バイアスといった問題を生み出した。

市場経済においては、民間資本は、新聞雑誌などの発行、広告の出稿、出資といったチャネルを通じてメディアに対する影響力を発揮する。そのため、メディアの流通チャネルを握る事業者(セブンイレブンを傘下に置く統一グループや大手ケーブルテレビ事業者など)、主要な広告スポンサー(二〇〇六年以降、何年も連続して台湾最大の広告スポンサーとなってきた遠雄集団など)、メディアの経営者や投資家たちは、いずれもメディアの財務構造や組織構造、報道の内容にまで影響を与える力をとくに持つプレイヤーとなっている。

広告の影響をみると、二〇〇〇年代から二〇一〇年代初頭にかけて、広告収入は、テレビ局の年間収入の約八〇~九〇%を占めていた。[61] このうち約一〇~一五%が政府から、八五~九〇%が民間企業からの収入であった。[62] 政府はかつてのように制度と組織を通じて容易にメディアへの影響力を行使することはできなくなったが、依然として、民間企業と同じように、市場メカニズムと財務手段を通じてメディアへの作用力を及ぼすことができる。[63] 二〇〇三年から二〇〇五年にかけて、行政院は、もともと各省庁がそれぞれ取り扱っていた広報予算を取りまとめ、政策広報やステルスマーケティング型報道[*5]をおこなうに際して、メディアに一括発注する方式に改めた。[64] その予算額は総額で二〇億台湾元近くにのぼった。[65]

メディアは、財務構造上、広告主に依存するものであるため、その組織構造もその影響を受ける。広告主の声はメディアの声より大きくなりがちであり、それゆえ企業の影響力は政府を上回ることが多い。広告主の声はメディアの声より大きくなりがちであり、それゆえ企業の影響力は政府を上回ることが多い。そして営業部門は編集部門より優位に立ち、一部のメディアにいたっては、記者に広告をとってこさせ、その営業成績と昇進をリンクさせている。

ニュースの生産プロセスのなかで、報道部門は編集の自主性を犠牲にして営業部門の広告需要に合わせる傾向が生まれ、報道内容が広告主に有利になり、報道や番組の内容に広告メッセージを直接組み込むことすらある。[66] ベテラン記者の黄哲斌が描写したように、「記者は広告営業マンとなり、PR会社と広告主がニュースの執筆者になり、政府と大企業の手が編集部のなかにまで伸びて、内容を指定する。これは背徳的な馬鹿騒ぎの仮面舞踏会である。金を払って新聞を買う読者は、自分がコンビニで配られる広告と政府広報を買っていることを知らないのだ[67]」。

財務面および組織面での構造に加え、メディア産業の市場構造についても、大企業の利益を反映した所有権の集中化やクロスメディア所有の流れが進み、報道内容のバイアスへの懸念がさらに高まった。新聞を例にとると、一九八八年の「報禁」の解禁から三年のうちに、従来からの二大新聞である『聯合報』と『中国時報』が、市場での優位な立場を利用して小規模新聞や新興紙の挑戦を速やかに退け[68]、広告市場と読者市場の七〇〜八〇%を占めるに至った[69]。その後、それぞれ一九九七年、二〇〇三年に『自由時報』と『蘋果日報』がこの寡占体制に参入し、現在まで続く四大紙体制ができあがった。

寡占現象はテレビ産業でも起きており、水平的・垂直的統合、クロスメディア所有と経営権の移動の繰り返しが起きてきたが、長期的にみると、ケーブルテレビ事業者は五大グループの手中にある[70]。陳炳宏の研究によると、メディアのグループ化やクロスメディア所有はいずれも、コンテンツの多様性に大きな打撃を与える[71]。メディアの市場経済化ののち、経済パワーは徐々に政治パワーに取って代わり、報道の自由に対する最大の脅威となった[72]。

以上をまとめると、この時期の台湾の報道の自由は顕著に拡大した。とくに「消極的な報道の自由」は大幅に改善した。これは、政府エリートが米国の政治的・経済的な圧力のもとでメディア制度の自由化を進め、メディアが政府の干渉から解放された結果である。しかし一方で、「積極的な報道の自由」の拡大は限定的だった。それは市場経済において、メディアがさまざまな市場勢力の取り込みの対象となり、これが持続的な集中化をもたらし、また市場主導型の自己検閲と報道バイアスといった問題を引き起こして、人びとがより多元的な情報を得たり、メディアへのアクセスを得たりする力を削いだからである。

三　対中依存と報道の自由の後退（二〇〇八～二〇一五年）

対中経済依存と海峡を跨いだ政治・ビジネスネットワーク

二一世紀に入って以来、中国はグローバル経済、国際政治、地域安全保障などさまざまな面で実力を高めており、台頭しつつある世界の大国とみなされ、東アジア地域において米国と覇権を争うまでになっている。台湾は依然として外交、安全保障の面で、米国にかなりの程度依存しているが、経済面では二〇〇〇年代以降、中国への依存が強まっている。その原因の一部は、中国共産党が、武力による統一を一度も放棄していないものの、長年にわたり「経済を通じた統一促進」を対台湾統一戦線工作の戦略に組み入れてきたことにある。

二〇〇〇年代を通じて、中国政府は台湾が重要な経済パートナーと自由貿易協定を締結することへの「不同意」を続け、グローバルな経済統合が進むなかで、台湾は周縁化されてきた。しかし二〇一〇年、中国政府はアーリーハーベストにより台湾に「利益を譲歩」するかたちで、台湾と「海峡両岸経済協力枠組協議」（ＥＣＦＡ）を締結し、これにより台湾の対中経済依存はさらに強まった[73]。貿易依存の面では、中国は二〇〇四年から二〇〇五年にかけて米国を抜いて、台湾の最大の輸出先および貿易パートナーになった。資本面については、台湾政府は一九九一年から台湾企業による中国投資を解禁した。対中投資は安定的に伸び、二〇〇二年からは、中国以外の国・地域向けの投資総額を上回るまでになった。一方、二〇〇九年からは、特定の産業に限って中国資本の対台湾投資を段階的に開放し、中国の資金の台湾への流入が増加した。

両岸間の経済交流が深まるにつれ、二〇〇〇年代には「海峡を跨いだ政治・ビジネスネットワーク」がつぎつぎと生まれた。たとえば、ボアオ・アジア・フォーラムや国共フォーラム、海峡フォーラム、両岸企業家サミット、そして中国各地で設立された台湾系企業の協会組織である台商協会などである。こうしたネットワークを通じて、台湾の実業家は中国政府の側から経済利益を獲得し、中国市場で事業展開を図る機会を手にするようになった。中国政府の側も、許認可権や特別な優遇条件を提供することで、台湾の実業家を取り込める機会を手にした(74)。

マスメディアも例外ではない。海峡を跨いだ政治・ビジネスネットワークは、メディア分野においても急速に広がった。中国政府は、台湾メディアの国際組織や国際的な場への参加を阻止することに力を注ぐ一方で、台湾メディアとの意思疎通ネットワークを積極的に構築した(75)。たとえば、中国政府は「海峡メディアサミット」を何度も開き、台湾のメディア経営者や報道関係者を中国に招いた。台湾の対中窓口機関である海峡交流基金会は、二〇〇九年一〇月二七日に初めて「メディア幹部視察団」を組織して中国を訪問した。中央通訊社の編集長や、多数の有力新聞社、テレビ局の役員、編集長、総経理、ニュース部門の幹部などが参加し、国務院台湾事務弁公室（国台弁）の王毅主任や中国の対台湾窓口機関である海峡両岸関係協会の陳雲林会長を訪問した。また、中国政府は台湾のいくつかのメディアの幹部を北京での「非公開座談会」に招き、「中央の言論方針を伝えた(76)」。

①フリーダムハウスによる指標

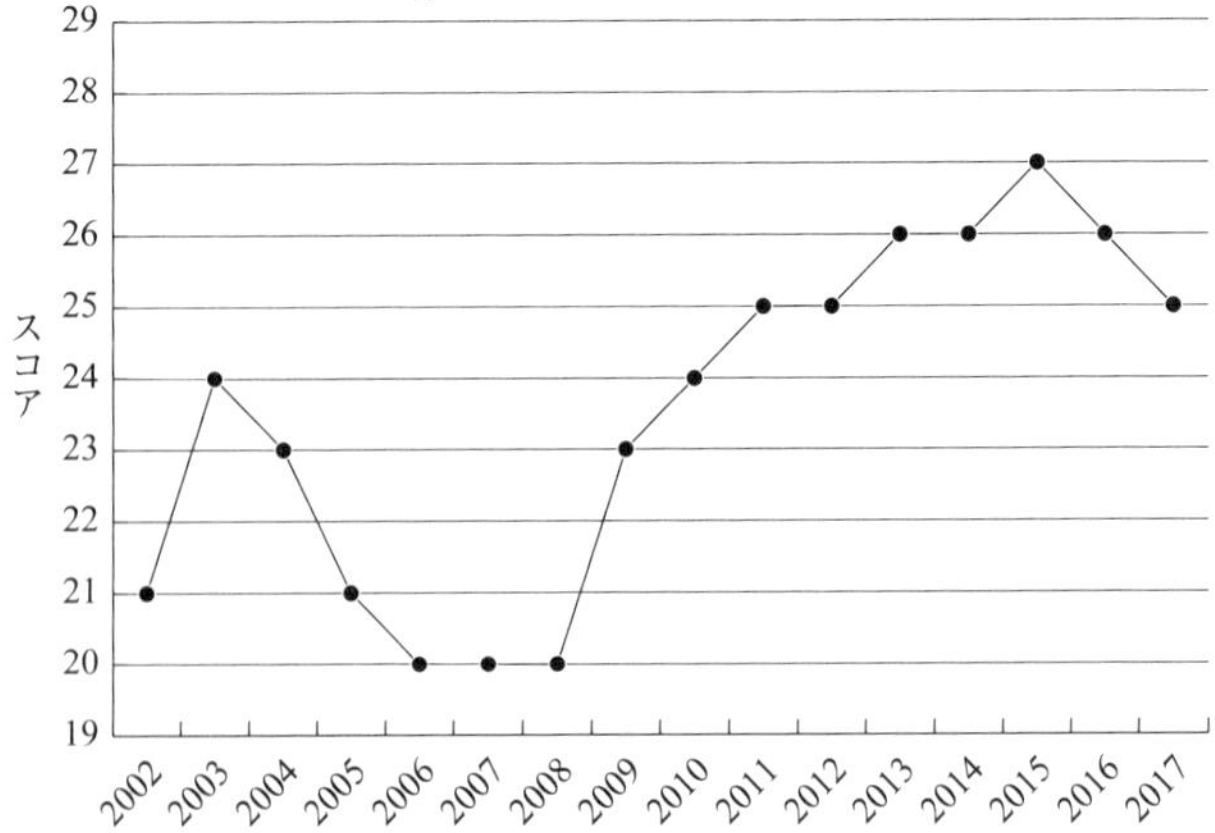

注：スコアが高いほど，報道の自由は低い。
出所：フリーダムハウス（https://freedomhouse.org/）より筆者作成。

②国境なき記者団による指標

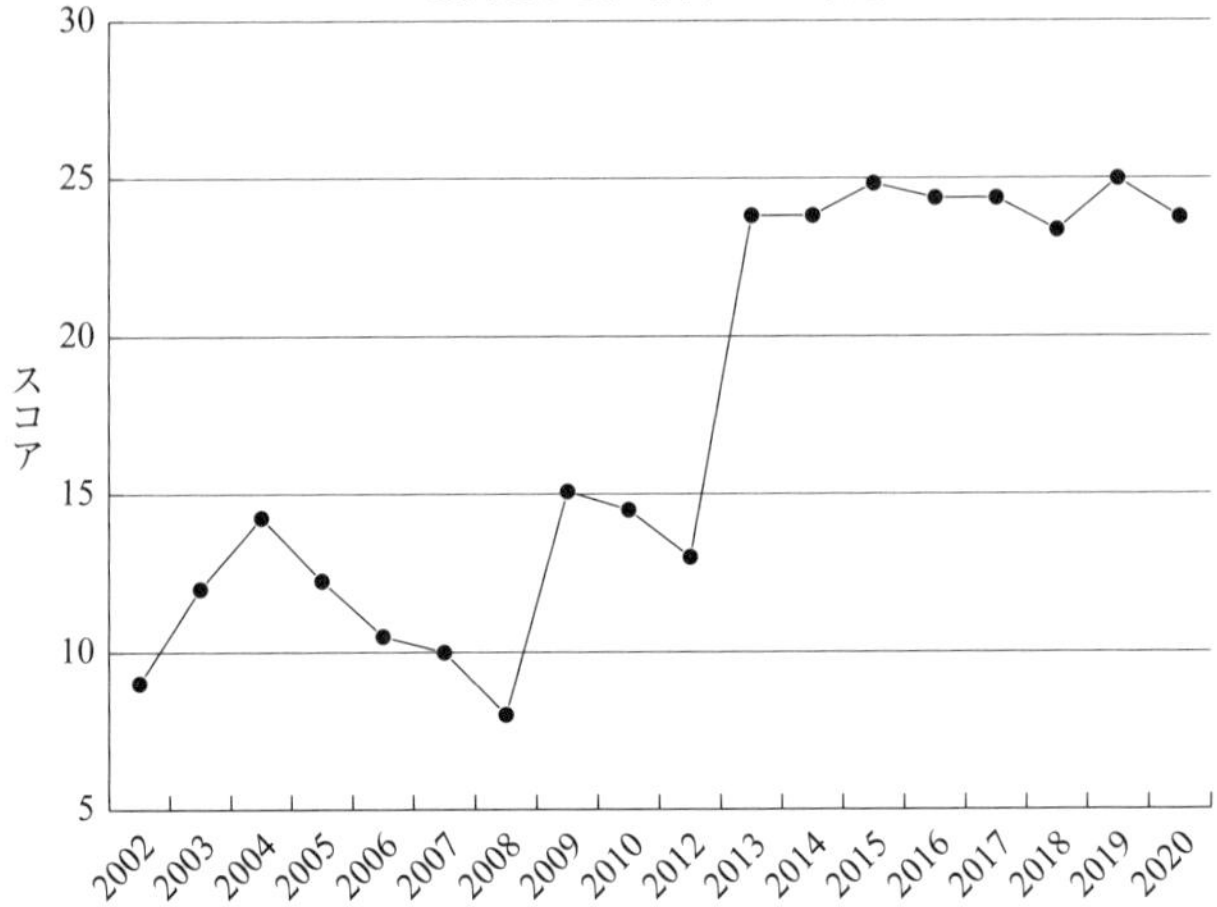

注：スコアが高いほど，報道の自由は低い。
出所：Reporters Without Borders（https://rsf.org/en）より筆者作成。

図 7-2　台湾における「報道の自由」の変化

緊密な経済交流と政治・ビジネスネットワークにより、中国政府は刊行市場、広告市場、資本関係といった市場チャネルを通じて、台湾のマスメディア（統一派、独立派のいずれとみなされているかを問わず）を取り込み、台湾における政治代理人として、統一戦線工作の宣伝戦略を遂行するチャンスを手にするようになっている。

図7−2から国際的な指標をみると、台湾の報道の自由が二〇〇八年以降に低下したことがわかる。

刊行市場を通じた影響力

中国共産党はしばしば、その刊行市場を利用して台湾のマスメディアを支配下に置いてきた。中国は一三億の人口を擁する巨大な市場であるため、多くの台湾メディアは、中国に拠点を置いたり、新聞を発行したり、テレビコンテンツを販売したり、インターネットでの露出を増やしたりして、購読料や版権料といった収入を増やし、広告機会も獲得したいと考えている。[77] しかし、中国政府は通常、台湾メディアに対して、中国と台湾の双方で、そのメディアに対する審査のゲーム・ルールを遵守したうえでないと中国市場に参入する入場券を与えない。

テレビを例にとろう。台湾テレビの胡元輝・元総経理によれば、同社は二〇〇一年に北京や中国の他の都市に拠点を設置する計画があったが、中国政府は同社の記者を通じて明確なメッセージを幹部らに伝えた。それは、台湾テレビが当時、放映していた法輪功の番組を打ち切らなければ、拠点新設の申請は認可されない、というものであった。結局、法輪功の番組の放映が続いていたあいだは、申請は引き延ばされ続け、この番組が当初からの予定どおりに終了したのち、許可が下りた。[78] この事件ののち、中国市場の開拓に意欲をもつ台湾メディアは、可能な限り法輪功の話題を避けるようになった[79]。

また、独立派とみられているテレビ局（民間全民テレビ、三立テレビなど）であっても、番組やドラマの放映権を中国市場向けに販売するために、北京にとって微妙な話題を自己規制したことがある[80]。たとえば民間全民テレビは中国中央電視台（ＣＣＴＶ）と提携して中国で台湾語ドラマを中国語字幕付きで放映しようとした際に、提携が円滑に進むよう、中国政府の不興を買う可能性のある報道や番組の放映を意識的に控えた[81]。さらに、同社の創設者で民主進歩党（民進党）の中央常務委員であった蔡同栄は、二〇〇九年の民進党中央常務委員会において、ウイグル独立運動のリーダー、ラビア・カーディルを追ったドキュメンタリー映画『愛の十の条件』の放映権購入や放映などを同社が手がけることを拒否した。

同様に、三立テレビでも二〇〇八年から同社のテレビドラマの中国市場への販売に取り組むなかで、当時の張栄華総経理が二〇一一年一二月、政治的にセンシティブな「台劇」（台湾ドラマ）という言い方をわざわざ「華劇」（中国語ドラマ）という創作語で言い換えた。しかし、中国の国家新聞出版広電総局は三立テレビの経営陣に対し、同社のテレビドラマの放映が中国で円滑に認可されるには、ふだんから台湾アイデンティティを喧伝し、中国を批判している、人気の政治討論番組「大話新聞」の放映を停止しなければならないとほのめかした。中国政府の圧力のもと、この番組は二〇一二年五月、打ち切りの憂き目に遭った[82]。

広告市場を通じた影響力

くわえて、中国政府は広告市場を通じても、台湾メディアを取り込んでいる。二〇〇〇年代末、国台弁と中国の各省・市政府は、台湾のマスメディアの紙面をしばしば買い取り、投資誘致や観光についてのステルスマーケティング型報道をおこなった(83)。このような広告手法は台湾の法律では許されていないが、監察院の調査報告によれば、『中国時報』と『聯合報』は遅くとも二〇一〇年から、中国の各省・市政府の資金を受け取り、中国各地の観光PRをステルスマーケティングのかたちで多数、違法に掲載している(84)。

後述する旺旺グループにいたっては、北京に「旺旺中時文化伝媒」という広告代理店を開設し、中国政府が提供する広告案件を専門に受注して、台湾のメディアに発注している。ネットメディアの「新頭殻」(Newtalk)の調査報道によると、二〇一二年三月、旺旺中時グループ(後述)は「旺旺中時文化伝媒」を通じて、福建省とアモイ市の政府資金を受け取り、福建省長の台湾訪問に合わせて宣伝計画を立て、『中国時報』や他紙に、多くの紙幅を割いてステルスマーケティング的な報道記事を掲載した(85)。

所有を通じた影響力

さらに中国政府は、資本市場を通じても、台湾のメディアを勢力下に取り込んでいる。たとえば中国政府は、一部の台商〔第一章を参照〕に、台湾メディアの所有権を獲得するよう奨励したことがある。旺旺グループの例をみると、同グループは、創業初期には台湾で米菓を製造販売していたが、一九九二年以降、中国市場で食品事業を展開するようになり、中国最大の米菓、乳酸飲料メーカーへと発展し、その後さらに中国でホテル、病院、保険業、不動産業などの事業に投資した(86)。驚いたことに、同グループは二〇〇八年に突然、『中国時報』を買収することを決め、翌二〇〇九年には中国テレビと中天テレビを買収して、台湾に「旺旺中時グループ」を設立した。同グループの蔡衍明総裁は、自分は、『中国時報』を買収するよう北京から指示を受けた代理人ではないとしながらも、国台弁が誰かに同紙を買収させようとしていたことを知っていた、と述べている。(87) しかし、台湾政府のあるベテラン官僚によれば、実際には、国台弁は中国共産党中央宣伝部の指示のもと、国民党のあるベテランの幹部格の人物と協力し、『中国時報』が反・中国共産党色の強い香港系の壱伝媒（ネクストメディア）の手中に落ちないよう、同紙を買収してほしいと蔡衍明を説得したのだという。(88)

蔡は二〇〇八年一一月に『中国時報』を買収したのち、同年一二月に国台弁の王毅主任と会見した。そこで蔡は、王に対して「今回の買収の目的のひとつはメディアの力を借りて、両岸関係のさらなる発展を推進することです」と述べ、王は旺旺グループの本業である食品事業とメディア事業の発展を全力で支持する、と約束した。(89) 台商の立場からすると、台湾メディアの買収は、両岸関係のなかでの自らの政治的影響力を高め、それによって中国政府から投資補助金やその他の商業的利益を取り付けることができる、ある種の戦略的手段なのかもしれない。(90) たとえば旺旺グループは、中国時報グループを買収したのちに、中国政府が提供する多額のステルスマーケティング型の広告費を獲得しただけでなく、子会社「中国旺旺」も中国政府からの補助金を受け取っている。その額は二〇一一年には四七〇〇万米ドル強と、純利益の一一・三%を占めた。(91)

このほか、旺旺中時グループはそのメディアを通じた影響力を利用して、中国当局から特別待遇を受けている。たとえば中国国務院が二〇一四年一一月に公布したいわゆる「六二号文（『国務院の税収等優遇政策の整理・規範化に関する通知』）の目的は、中央政府の事前許可なしに地方政府が外資に提供したすべての租税優遇措置を取り消し、撤回することにあった。旺旺中時グループはすぐに、台湾の六大経済団体、中国各地の台商協会、海峡交流基金会と協力して、中国政府に対して、これまで地方政府が台湾企業への提供に同意した租税優遇を保留する、あるいは少なくとも補償するよう求めた。具体的には、旺旺中時グループは二〇一五年四月に台商フォーラムを開催し、傘下の紙媒体とオンラインメディアで大きくスペースを使って関連報道をおこなった。これに対する中国側の答えとして、国務院は二〇一五年五月、地方政府がすでに提供、または提供することに同意済みであった台湾系企業への優遇を復活させることを決議した。

中国に対する経済依存構造のもとで、中国政府はさまざまな市場利益を用いて台湾メディアを勢力下に取り込み、台湾メディアに対する力関係のうえでの優位性を不断に高めていった。これに対して、二〇〇八年の世界金融危機の影響、および二〇一一年に台湾で政府のステルスマーケティング型報道を禁止する立法措置がとられたことで、台湾の企業と政府が台湾メディアに対して提供できる広告収益は大幅に減り[92]、両者の台湾メディアに対する影響力は日増しに低下していった。

こうした力関係の構造変化を受けて、台湾メディア（統一派・独立派を問わず）は企業利益を最大化するため、自社の組織を手直ししたり、メディア市場構造に影響力を及ぼしたりして、中国政府の政策やイデオロギーに有利になる制度的な変革をおこなった。財務構造の面では、金融危機や台湾政府によるステルスマーケティング的手法の中止ののち、台湾メディアはさらにいっそう中国からの収入に依存するようになった。一部のメディア（全国民間テレビや三立テレビなど）は番組の放映権を中国に売ろうとし、また一部のメディア（旺旺中時グループや『聯合報』など）は積極的に中国当局からの発行機会や広告費、さらには特殊な利益を得ようとした。

旺旺グループは、財務上の観点から、組織面でも相応の調整をおこなった。たとえば、中国時報を買収してから二年のうちに、両岸事業に関連する人員と業務の組織を、それまでの「政治組」から「大陸新聞センター」に移し、経営トップと幹部らが関連報道を直接コントロールできるようにした[93]。また、旺旺中時グループは二〇〇九年八月に、中国および両岸に特化した情報を提供し、台湾と中国の相互理解を促進するとして、『旺報』という新聞を創刊した。この新聞では、ニュースの編集プロセスで、編集部がメディアのオーナー、営業部門、番組部門と協力し、編集の自主性を部分的に押さえ込み、中国政府にとってデリケートな話題については自己検閲して慎み、北京が設けた「不文律」を犯さないように注意する傾向にある[94]。このような自己検閲は、当初は、トップが正式な会議や非公式な意思疎通チャネルを通じて編集長や総主筆などの幹部に編集方針を伝えるというかたちをとるが、編集部内でこれがルーティン化し、社会化していく過程を経るに従い、記者や編集者たちは徐々に上意を忖度するようになり[95]、これに慣れて、当たり前の組織文化とみなされるようにさえなっていく[96]。

メディアの組織構造が変わるに従い、台湾メディアが生み出すコンテンツの多くは、中国政府に有利なバイアスを内包するようになった。一般的にいって、中国政府は台湾メディアに、中国政府にとってセンシティブなトピック、たとえば天安門事件や台湾独立、チベット独立、ウイグル独立、法輪功などに触れてほしくないと考えている。反対に、中国当局が提唱する価値観（「調和のとれた社会」、両岸交流、相互理解、平和的発展など）を台湾メディアが喧伝することを喜ぶ[97]。

張錦華の研究によると、『中国時報』と『聯合報』は、中国からのステルスマーケティング型報道を引き受けていない『蘋果日報』や『自由時報』と比較して、中国の「調達団」[*6]による台湾訪問をより肯定的に、より多く掲載する傾向にある[98]。同様に、『中国時報』と『聯合報』は、新疆ウイグル自治区における衝突を報じるに際して、明らかに中国の共産党メディアの立場と一致する「当局による秩序維持フレーム」（維穏）を採用しており、かつそのニュースの情報源はそれぞれ一〇〇％、七七・八％が中国当局である[99]。

『中国時報』の言論紙面の状況は、報道面よりもさらに深刻だ。「時論広場」は長年にわたり、台湾の自由な公共的討論空間であるとみなされていたが、同紙が蔡ファミリーに買収されたのち、経営幹部らはコラムの執筆者らに対し、「中国にとってデリケートな話題にはなるべく触れない」、あるいは「強い批判の言葉は避ける」よう伝えた[100]。ついには、ほぼ「中国政府の拡声器」状態に陥り、その立場は中国政府の視点に合わせたものとなり、中国政府のイメージを守るだけでなく、ひるがえっては台湾社会の主流の見方を退けるようになった[101]。似たような状況は、独立派とみなされるメディアでも起きている。三立テレビのベテランディレクターによれば、同社の経営陣はドラマコンテンツを中国に売れるよう、二〇〇八年から報道部に対して、天安門事件やチベット独立、法輪功に関するニュース報道をなるだけ減らすよう密かに指示したという[102]。ある研究によれば、三立テレビでは遅くとも二〇一〇年から、天安門事件関連のニュースの数が年を追うごとに減少しているという[103]。

メディア市場の構造をみると、一部の台商がメディアの所有権市場でのプレゼンスを拡大し、台湾メディアのグループ化とクロスメディア所有の流れが強まっている。たとえば、旺旺グループは二〇〇八年から中国時報、中国テレビ、中天を買収し、二〇一一年にはさらにケーブルテレビ大手の中嘉網路

（ＣＮＳ）を買収する計画を公表した。旺旺中時グループはすでに巨大なメディアグループとなっていたため、多くの人が、この買収案は公共的な情報の多様性に対する潜在的な脅威となると考えた。[104]二〇一二年七月三一日には、小さくない規模の「反メディア独占運動」が起きた。

ＣＮＳはケーブルテレビ事業大手五社のなかで最大のシェアを有していたため、ケーブルテレビチャンネルの多くはこの件を報道することで、ＣＮＳを買収することになるかもしれない旺旺中時グループの機嫌を損ねることを恐れ、反対運動の規模に見合う報道をおこなわなかった。[105]しかし、人びとがメディアの寡占化と報道の偏向に対して疑念を抱いたことから、二〇一三年一月以降、反メディア独占の立法化への注目が高まり、これは二〇二〇年末の現在も審議中である。中国政府の側に傾斜したメディア制度の構造が今後も持続するか、あるいは自己強化されていくのか。それは、関連法の整備を通じて政府の相対的な権限を拡大し、それをもって市場の力の不当な関与を制御できるか、あるいは独立メディアを育成できるか否か、といった点にかかっている。

以上をまとめると、二〇〇八年から二〇一六年にかけての時期、台湾の報道の自由は後退傾向にあった。「消極的な報道の自由」の変化はさほど大きくはなかったが、それは政府のメディア・コントロールをめぐる制度に大きな変化が起きていないからである。しかし逆に、「積極的な報道の自由」は徐々に低下した。多くの台湾メディアが、刊行市場、広告市場、資本関係などさまざまな市場利益のチャネルを通じて中国政府の支配下に置かれたためで、これらのメディアの事業規模の拡張、メディア集中度の上昇、外部指向型の自主検閲の実施、中国政府に有利な報道バイアスなどが、人びとが多元的な情報とマスメディアに接する能力を大幅に削いでしまっているのである。

おわりに

本章では、時系列的な視点に立ち、また外的要因に注目して、台湾の報道の自由が「米国ファクター」と「中国ファクター」のあいだをいかに揺れ動いてきたかを探ってきた。台湾のケースは、政治・経済面で相対的に弱小な国家において、その自由と民主主義がいかに地政学的な構造の制約を受けるか、またグローバルな、ないしリージョナルな大国の支配を受けるかを十分に示している。台湾が、自由主義的な政治体制をとる米国の覇権に対して経済的に依存している時期、台湾の報道の自由は徐々に改善へと向かった。しかしその経済依存の対象が、抑圧的な政治体制をとる中国の覇権へと徐々にシフトするとき、台湾の報道の自由には後退現象が起きた。

本章にはいくつかの理論的・経験的なインプリケーションがある。まず、報道の自由に関する先行研究では、「消極的な報道の自由」の面により多くの焦点があてられ、「積極的な報道の自由」は相対的に重視されていない[106]。筆者は、報道の自由に関する研究の視野を、その消極的な側面から積極的な側面にも拡大することを提唱したい。民主化の後、政府の権力が制度からの制約を受けるようになった一方で、企業のパワーが相対的に自由な市場経済のなかで拡張し、往々にして、積極的な報道の自由が消極的な報道の自由より脆くなっているからである。また、経済グローバル化が進む世界では、外部の政治・経済勢力が、国境を越え、政府の監督を逃れて、国内メディアの営みに介入する機会が増えている。これは、人びとがものごとの真相に近づき、メディアを活用し、民主的なコミュニケーションに参加する権利を脅かすようになっている。だからこそ積極的な報道の自由の質は、より注目されるべきである。

第二に、本章ではいくつかの理論的な観点に対して、理論構築とその応用面での拡充をおこなった。本章では、呉介民が「中国ファクター」の枠組みにもとづいて提示した「政治代理人モデル」と、筆者が博士論文のなかで提示した「経済依存」志向の「自己利益」理論を統合した。さらにこれを、現在の台湾のメディアに対する中国ファクターの影響だけでなく、過去の米国ファクターの影響にも応用した。また、米国ファクターの影響を分析するうえで、若林正丈が示した「協力者政権」のジレンマという視点も活用した。

第三に、本文が有するより実際的な含意は、台湾以外のケースにも応用できるだろう。中国が台頭と繁栄をとげるなか、研究者らは中国が他の国々の人権問題や民主主義に脅威をもたらすのではないかと注意深く見守るようになっている。かりにこのような懸念が現実のものになるなら、台湾は、中国が格別の関心を寄せる国として、真っ先にその打撃を受けたということになろう。したがって、台湾の経験は、中国の権威主義の広がりの影響を受ける可能性のある国々にとっての参照対象になるであろう。

最後に、中国ファクターの衝撃をこうむった台湾の報道の自由について、原則的な立場から、政策的思考をめぐらしてみたい。国家のレベルでみると、二〇〇八年から二〇一六年のあいだの台湾における報道の自由の後退の根源は、台湾の中国経済に対する依存構造にあった。したがって、台湾の自由や民主主義が蝕まれ続けないためには、政府は引き続き、産業構造の調整に取り組み、貿易や投資をより多元的でバランスのとれたものへと変えていかなければならない。さらに、より主体的な経済の基盤と体質を鍛えることが重要である。

メディア産業のレベルでみると、中国政府は主に市場チャネルを通じて台湾メディアを取り込んできた。したがって、台湾メディアが取り込まれ、（中国の）現地協力者となってしまうインセンティブを抑制するためには、政府は引き続き、メディア市場に積極的に介入し、メディアの自主的、多元的な発展に寄与するインフラを提供するべきである。たとえば、台湾公共テレビ（ＴＢＳ）の強化や、市民の独立メディアの育成、商業メディアの適切なコントロール（とくにメディアの集中化やクロスメディア統合、外資の出資比率、中国資本による台湾の広告業への投資の規律づけなど）をおこない、台湾のメディアが国内外の市場勢力（外国政府も含む）の不適切な干渉を払拭する手助けをするべきである。

本文の主な研究範囲は一九四九年から二〇一六年であるが、二〇一六年から現在（二〇二〇年）まで、台湾における報道の自由を取り巻く状況はやや変化している。そこで最後に、状況をアップデートしておきたい。先の図7－2が示すように、台湾における報道の自由度は二〇〇八年から徐々に後退を続けたものの、二〇一六年以降は後退の勢いが緩やかになり、わずかに改善の兆しさえ見せている。この現象は、台湾の中国に対する経済依存度の低下と歩みを同じくしていると同時に、中国政府による台湾メディアの取り込みに対する台湾の政府と市民社会による抵抗とも関係がある。まず、経済依存については、台湾政府は二〇一六年の政権交代以降、経済関係の多角化を積極的に推進している。具体的には、「新南向政策」〔ＡＳＥＡＮやインドなどの関係強化政策〕を打ち出し、中国への経済依存の抑制に努めており、同年以降、台湾企業による対中投資は、その他の国・地域への投資合計額を下回るようになっている[107]。

つぎに、メディアの所有権については、親中的な台湾企業や外資による台湾メディアへの投資や買収合併計画に対して、市民団体による厳しい監視の目が光っており、また国家通訊伝播委員会（NCC）の厳しい審査も歯止めとなっている。一部、旺旺グループによる中国テレビ、中国時報、中天テレビの買収や王雪紅（HTC創業者）によるTVBS買収などの実現例もあるものの、失敗に終わったものには、旺旺中時グループによるケーブルテレビ大手のCNS買収、蔡衍明らによる香港系の壱伝媒（ネクストメディア）の買収、頂新グループによるCNSの買収、米国のDMGエンターテインメントのダン・ミンツCEOによる東森テレビへの出資などがある。

三点目として広告市場である。台湾メディアが中国政府によるステルスマーケティング型報道を引き受けたことは、台湾の監察院や国内外のメディアに暴かれたほか、一部は台湾政府に罰金を科された。

四点目として刊行・視聴者市場についてみると、本章で論じてきたように、中国市場に進出し、番組放映権の輸出を考えていた台湾メディアも一部あったが、中国のテレビ・映画政策が国内産業の保護にシフトしたため、期待したほどの利益は見込めなくなり、足元の台湾市場の開拓にあらためて取り組むようになっている。二〇一二年に「華劇」（中国語ドラマ）を売り込もうと人気の討論番組「大話新聞」を打ち切った三立テレビも、二〇一七年にはその司会者だった鄭弘儀を復帰させ、政治討論番組の放送を開始した。

まとめると、これまで述べたような各種の市場チャネルを使った中国政府による台湾メディアの経済的支配に対し、台湾政府や市民社会の反発が目立つようになってきており、メディアの経営方針や報道の自由に及ぼす影響もおのずと限られるようになってきている。しかしその一方で、このような状況にあっても中国政府は、近年、台湾に対して「フェイクニュース」（disinformation）を主軸にした情報操作を仕掛け、台湾のメディアや世論に影響を与え続けている。これが台湾の報道の自由と民主主義の営みに負の衝撃を与えるかどうか、今後さらに注視と研究が待たれるところである(108)。

注記

＊ 本章は、黃兆年「新聞自由中的美國因素與中國因素」（吳介民・蔡宏政・鄭祖邦編『吊燈裡的巨蟒：中國因素作用力與反作用力』新北市：左岸文化出版、二〇一七年、三九五～四四八頁）を本書収録用に再構成し、大幅に加筆・修正したものである。なお、原論文は台湾科学技術部専題研究計画（MOST 110–2636–H–004–001–）の研究成果の一部である。

（1） 経済の自由化と政治の民主化はメディアの自由をもたらしたが、メディアの市場化は、市民が多元的な情報を入手したり、メディアへのアクセスや活用の権利の改善を制約することともなった（洪貞玲「誰的媒體？誰的言論自由？：解嚴後近用媒介權的發展」『台灣民主季刊』三（四）、二〇〇六年、一～三六頁、羅世宏「自由報業誰買單？新聞與民主的再思考」『新聞學研究』九五号、二〇〇八年、二一三～二三八頁）。とはいえ全体的にみれば、一九八〇年代末以降、台湾の報道の自由はそれ以前に比べて大きく進歩した。

（2） Samuel P. Huntington, *The Third Wave: Democratization in the Late Twentieth Century* (Norman: University of Oklahoma Press, 1991), pp. 266–267〔サミュエル・P・ハンチントン（坪郷實・中道寿一・藪野祐三訳）『第三の波――二〇世紀後半の民主化』三嶺書房、一九九五年〕.

（3） Azar Gat, "The Return of Authoritarian Great Powers," *Foreign Affairs* 86(4) (2007), pp. 59–69〔アザル・ガット「21世紀は権威主義的資本主義大国の時代になるのか」『フォーリン・アフェアーズ・リポート』二〇〇七年八月号〈https://www.foreignaffairsj.co.jp/articles/200708_gat/〉〕; Larry Diamond, "The Shape of Global Democracy," *Brown Journal of World Affairs* 15(2) (2009), pp. 77–86; Joshua Kurlantzick, and Perry Link, "China: Resilient, Sophisticated Authoritarianism," in Christopher Walker (ed.), *Undermining Democracy: 21st Century Authoritarians* (Washington, D.C.: Freedom

House, 2009), pp. 13–28; Thomas Ambrosio, "Constructing a Framework of Authoritarian Diffusion: Concepts, Dynamics, and Future Research," *International Studies Perspectives* 11(4)(2010), pp. 375–392; Joshua Kurlantzick, *Democracy in Retreat: The Revolt of the Middle Class and the Worldwide Decline of Representative Government*（New Haven, Conn. & London: Yale University Press, 2013）; Michael Pillsbury, *The Hundred-Year Marathon: China's Secret Strategy to Replace America as the Global Superpower*（New York: Henry Holt and Co, 2015）〔マイケル・ピルズベリー（野中香方子訳）『China2049――秘密裏に遂行される「世界覇権100年戦略」』日経ＢＰ社、二〇一五年〕; Andrew J. Nathan, "China's Challenge," *Journal of Democracy* 26(1)(2015), pp. 156–170. 張茂桂「倡議中國效應研究的觀點」『台灣社會學會通訊』七二（二〇一一年）、二五～三〇頁、吳介民『第三種中國想像』（新北市：左岸文化、二〇一二年）。

（4） James E. Sciutto, "China's Muffling of the Hong Kong Media," *Annals of the American Academy of Political and Social Science* 547（September 1996）, pp. 131–143; Perry Link, "The Anaconda in the Chandelier: Chinese Censorship Today," *The New York Review of Books*（April 11, 2002）; Ngok Ma, "State-Press Relationship in Post–1997 Hong Kong: Constant Negotiation Amidst Self-Restraint," *The China Quarterly* 192（December 2007）, pp. 949–970; Sarah Cook, *The Long Shadow of Chinese Censorship: How the Communist Party's Media Restrictions Affect News Outlets Around the World*（Washington, D.C.: The Center for International Media Assistance, National Endowment for Democracy, 2013）.

（5） Chien-Jung Hsu, "China's Influence on Taiwan's Media," *Asian Survey* 54(3)(2014), pp. 515–539; 川上桃子「市場機制下的政治滲透：台灣媒體產業中的中國影響力機制」『台灣社會學會通訊』八三号（二〇一五年）、一七～二〇頁。

（6） Fred S. Siebert, "The Libertarian Theory," in Fred S. Siebert, Theodore Peterson, and Wilbur Schramm, *Four Theories of the Press: The Authoritarian, Libertarian, Social Responsibility and Soviet Communist Concepts of What the Press Should Be and Do*（Chicago, Illinois: University of Illinois Press, 1979）, pp. 39–72〔F・S・シーバート、T・A・ピータスン、W・シュラム著（内川芳美訳）『マス・コミの自由に関する四理論』創元社、一九五三年〕.

（7） The Commission on Freedom of the Press, *A Free And Responsible Press*（Chicago, Illinois: The University Of Chicago Press, 1947）〔米国プレスの自由調査委員会著（渡辺武達訳）『自由で責任あるメディア――マスメディア（新聞・

ラジオ・映画・雑誌・書籍）に関する一般報告書』論創社、二〇〇八年〕; Theodore Peterson, "The Social Responsibility Theory," in Siebert et al., *Four Theories of the Press*, pp. 73–104.

（8） Denis McQuail, *McQuail's Mass Communication Theory*, 4th ed（London: Sage Publications Ltd, 2000）〔デニス・マクウェール著（大石裕監訳）『マス・コミュニケーション研究』慶應義塾大学出版会、二〇一〇年〕.

（9） 吳介民「中國因素的在地協力機制：一個分析架構」『台灣社會學會通訊』八三号（二〇一五年）、四～一一頁。

（10） Jaw-Nian Huang, "Liberalization, Economic Dependence, and the Paradox of Taiwan's Press Freedom," Ph.D. Dissertation, Department of Political Science, University of California, Riverside, 2016.

（11） 蕭全政『政治與經濟的整合』（台北市：桂冠、一九八八年）、四一～五〇頁。

（12） Peter Hall, and Rosemary Taylor, "Political Science and the Three New Institutionalisms," *Political Studies* 44(4)(1996), pp. 936–957, at p. 938, pp. 940–941.

（13） James Mahoney, and Kathleen Thelen, "A Theory of Gradual Institutional Change," in James Mahoney, and Kathleen Thelen (eds.), *Explaining Institutional Change: Ambiguity, Agency, and Power*（Cambridge & New York: Cambridge University Press, 2010), pp. 1–37, at pp. 8–9.

（14） 蕭全政「台灣威權體制轉型中的國家機關與民間社會」中央研究院台灣研究推動委員會（編）『威權體制的變遷：解嚴後的台灣』（中研院台灣史研究所、二〇〇一年）、六三～八八頁。

（15） 馬星野「中國國民黨與大眾傳播現代化」『報學』六（八）（一九八二年）、三～六頁、引用は五頁。

（16） 薛化元等『戰後台灣人權史』（國家人權紀念館籌備處、二〇〇三年）、九三～一一〇、一九三～一九四頁。

（17） 陳國祥・祝萍『台灣報業演進四十年』（台北市：自立晚報、一九八七年）、五三、五五頁。

（18） 程宗明「對台灣戰後初期報業的原料控制（一九四五～一九六七）：新聞紙的壟斷生產與計畫性供應」『「中華傳播學會年會」論文』（一九九七年）、郭良文・陶芳芳「台灣報禁政策對發行與送報之影響：一個時空辯證觀點的思考」『新聞學研究』六五号（二〇〇〇年）、五七～九四頁。

（19） 侯坤宏「戰後台灣白色恐怖論析」『國史館學術集刊』一二号（二〇〇七年）、一四三、一四五、一六五～一六七頁。

(20) 陳國祥・祝萍『台灣報業演進四十年』、四九〜五〇、五三〜五六頁、薛化元等『戰後台灣人權史』、九三〜一五一頁。

(21) Thomas B. Gold, *Dependent Development in Taiwan* (Harvard University, 1981), pp. 146, 148; Bruce Cumings, "The Origins and Development of the Northeast Asian Political Economy: Industrial Sectors, Product Cycles, and Political Consequences," in Frederic C. Deyo (ed.), *The Political Economy of the New Asian Industrialism* (Ithaca: Cornell University Press, 1987), pp. 44–83.

(22) The Taiwan Council for Economic Planning and Development, *Taiwan Statistical Data Book 2011* (Taiwan, Taipei: Council for Economic Planning and Development, Executive Yuan, R.O.C. [Taiwan], 2011), p. 255.

(23) *Taiwan Statistical Data Book* (National Development Council), various year.

(24) 林麗雲「台灣威權政體下『侍從報業』的矛盾與轉型：一九四九〜一九九九」張笠雲編『文化產業：文化生產的結構分析』(台北市：遠流、二〇〇〇年)、八九〜一四八頁。

(25) 若林正丈『台湾の政治——中華民国台湾化の戦後史』(東京大学出版会、二〇〇八年)、六七頁。

(26) 東西冷戦期、米国は世界各地で協力者政権を育てたが、その多くは権威主義的な国家であった。台湾のほか、韓国、フィリピン、インドネシア、イラン、ラテンアメリカの軍事政権などである。米国が、自由民主主義を対外的に提唱する一方で、協力者政権の戦略的価値を自由化、民主化の堅持よりも重視していたことがわかる(Nancy Bernkopf Tucker, *Taiwan, Hong Kong, and the United States, 1945–1992: Uncertain Friendships*, New York: Twayne Publishers, 1994, p. 77)。

(27) 若林『台湾の政治』、六六〜六七頁。

(28) 林麗雲「台灣威權政體下『侍從報業』的矛盾與轉型：一九四九〜一九九九」張笠雲編『文化產業：文化生產的結構分析』(台北市：遠流、二〇〇〇年)、一〇一〜一〇五頁。

(29) 王麗美『報人王惕吾：聯合報的故事』(天下、一九九四年)、一〇八頁。

(30) 林麗雲「台灣威權政體下『侍從報業』的矛盾與轉型」、一〇六頁。

(31) 若林正丈『台湾の政治』一一〇〜一一七頁、一二八〜一三八頁。
(32) 林麗雲「台灣威權政體下『侍從報業』的矛盾與轉型」、一〇九〜一一三頁。
(33) 王振寰「廣播電視媒體的控制權」『解構廣電媒體：建立廣電新秩序』(台北市：澄社、一九九三年)、八三〜一〇三頁。
(34) 王麗美『報人王惕吾』、一七三〜一七四頁。
(35) 林麗雲「台灣威權政體下『侍從報業』的矛盾與轉型」、一〇九、一一一、一一四〜一一五頁、管中祥「『國民黨國機器』操控媒介形式的轉變（一九二四〜一九九九）」『中華傳播學會年會」論文』(二〇〇〇年)、一〇〜一三頁。
(36) 薛化元等『戰後台灣人權史』、一三六〜一三七、一四七〜一四八頁。
(37) 林麗雲「台灣威權政體下『侍從報業』的矛盾與轉型」、一〇四、一〇七頁、賴祥蔚「國共政權控制報紙的政治經濟比較」『新聞學研究』七三号（二〇〇二年）、一五一〜一五三頁。
(38) 陳國祥・祝萍『台灣報業演進四十年』、七八頁。
(39) 林麗雲「變遷與挑戰：解禁後的台灣報業」『新聞學研究』九五号（二〇〇八年）、五〜六頁。
(40) 陳國祥・祝萍『台灣報業演進四十年』、一九一、二〇六〜二〇七頁。
(41) 吳豐山「台北市公營報紙與民營報紙言論比較」(國立政治大學新聞研究所碩士論文、一九七一年)。
(42) 林麗雲「台灣威權政體下『侍從報業』的矛盾與轉型」、一一二〜一一三頁。
(43) 陳佳宏「『美麗島大逮捕』前後國內輿論情勢之發展：以主流平面媒體為主的分析」『台灣史研究』一四（二）（二〇〇七年）、一九一〜二三〇頁。
(44) The US Congress, "Taiwan Relations Act," January 1979.
(45) 若林正丈『台湾　分裂国家と民主化』(東京大学出版会、一九九二年)、一九九〜二〇二頁。
(46) 李潔明『李潔明回憶錄』(台北市：時報文化、二〇〇三年)、二四六頁。
(47) 若林『台湾　分裂国家と民主化』、二一四〜二一五頁。
(48) 同前、二三一〜二三三頁。

(49) 張茂桂『社會運動與政治轉化』（國策中心、一九八九年）。Hsin Huang Michael Hsiao, "The Rise of Social Movements and Civil Protests," in Tun-jen Cheng, and Stephan Haggard (eds.), *Political Change in Taiwan* (London: Lynne Rienner Publishers, 1992), pp. 57–74.

(50) 米国政府、国際通貨基金（ＩＭＦ）、世界銀行などが主導した一連の新自由主義改革はワシントン・コンセンサスと呼ばれる。詳しくは、John Williamson, "What Washington Means by Policy Reform," in John Williamson (ed.), *Latin American Adjustment: How Much Has Happened?* (Washington, D.C.: Institute for International Economics, 1989)を参照。

(51) 瞿宛文「民主化與經濟發展」『台灣社會研究季刊』八四号（二〇一一年）、二六三頁。

(52) 李潔明『李潔明回憶錄』（時報文化、二〇〇三年）、二四〇～二四一頁。

(53) 蕭全政「經濟發展與台灣政治的民主化」『台灣民主季刊』一（一）（二〇〇四年）、一〇～一一頁。

(54) 薛心鎔『變局中的躍進：俞國華的政院五年』（台北市：正中書局、一九九六年）五五～五八、一一九～一二一頁。

(55) 瞿宛文「民主化與經濟發展」、二六三～二六四頁。

(56) 翁秀琪「台灣的地下媒體」『解構廣電媒體：建立廣電新秩序』（台北市：澄社、一九九三年）、四四三～四六七頁、引用は四六三、四六七頁。

(57) 管中祥・張時健「新自由主義下的台灣媒體改革運動」『台灣史料研究』二四（二〇〇五年）、一九六～二三六頁。

(58) 陳炳宏「電視服務産業的流變：政經勢力的消與長」卓越新聞獎基金會編『台灣傳媒再解構』（台北市：巨流、二〇〇九年）、六一～六二、六四～七〇頁。

(59) 林麗雲『台灣傳播研究史』（巨流、二〇〇四年）、一八七～一八八頁。

(60) 邱家宜へのインタビュー（二〇一四年七月一日）、鍾起惠へのインタビュー（二〇一四年七月一五日）。

(61) 陳炳宏「探討廣告商介入電視新聞産製之新聞廣告化現象：兼論置入性行銷與新聞專業自主」『中華傳播學刊』八号（二〇〇五年）、二一〇頁。蔡滄波へのインタビュー（二〇一四年七月一〇日）。

(62) 鍾起惠へのインタビュー（二〇一四年七月一五日）。

(63) 何榮幸へのインタビュー（二〇一四年七月一四日）、胡元輝へのインタビュー（二〇一四年七月二五日）、洪建隆へのインタビュー（二〇一四年八月二四日）。
(64) 呂東熹へのインタビュー（二〇一四年六月二四日）、蘇正平へのインタビュー（二〇一四年七月二八日）。
(65) 台灣新聞記者協會・台灣媒體觀察教育基金會・媒體改造學社・傳播學生鬥陣「媒體人推動『總統候選人簽署反對置入式行銷』運動連署書」、二〇〇八年、台灣連署資源運籌平台。
(66) 陳炳宏「探討廣告商介入電視新聞產製之新聞廣告化現象」、林照真「誰在收買媒體？」『天下雜誌』三一六（二〇〇五年）。黃哲斌へのインタビュー（二〇一四年六月一六日）、何榮幸へのインタビュー（二〇一四年七月一四日）、王健壯へのインタビュー（二〇一四年七月二四日）、三立テレビニュース部ベテランディレクター（匿名）へのインタビュー（二〇一四年七月三〇日）、陳家帶へのインタビュー（二〇一四年八月二六日）。
(67) 黃哲斌「乘著噴射機、我離開《中國時報》」（二〇一〇年一二月一三日）〈http://puppydad.blogspot.com/2010/12/blog-post_13.html〉。
(68) 洪貞玲「誰的媒體？誰的言論自由？」、一〇～一二頁、林麗雲「變遷與挑戰」、一九頁。
(69) 蘇蘅『競爭時代的報紙：理論與實務』（台北市：時英、二〇〇二年）、七五頁。
(70) 「九六年通訊傳播績效報告」（二〇〇七年）、国家通訊伝播委員会ウェブサイト〈http://www.ncc.gov.tw/chinese/files/09022/950_090224_1.pdf〉。
(71) 陳炳宏「媒體集團綜效偏差之研究」『中華傳播學刊』一六（二〇〇九年）、一七七～二一三頁、陳炳宏「媒體集團化與其內容多元之關聯性研究」『新聞學研究』一〇四号（二〇一〇年）、一～三〇頁。
(72) 羅世宏「自由報業誰買單？新聞與民主的再思考」、二一三～二三八頁。
(73) 童振源「ECFA的爭議與成效」『國家發展研究』一一（一）（二〇一一年）、一〇九、一一二頁。
(74) 吳介民「中國因素的在地協力機制：一個分析架構」『台灣社會學會通訊』八三（二〇一五年）、五～八頁。Jieh-min Wu, “The China Factor in Taiwan: Impact and Response,” in Gunter Schubert（ed.）, *Handbook of Modern Taiwan Politics and Society*（New York, N.Y: Routledge, 2016）, pp. 425–445.

(75) Cook, *The Long Shadow of Chinese Censorship*, pp. 30, 32.

(76) 李志德『無岸的旅途』（台北市：八旗文化、二〇一四年）、一三三、一三五頁。

(77) 同前、一三三～一三四頁。呂東熹へのインタビュー（二〇一四年六月二四日）、陳曉宜へのインタビュー（二〇一四年六月二七日）、何榮幸へのインタビュー（二〇一四年七月一四日）、胡元輝へのインタビュー（二〇一四年七月二五日）、蘇正平へのインタビュー（二〇一四年七月二八日）、李志德へのインタビュー（二〇一四年八月一九日）。

(78) 胡元輝へのインタビュー（二〇一四年七月二五日）。

(79) 旺旺中時グループ幹部（匿名）へのインタビュー（二〇一四年六月一三日）。

(80) Cook, *The Long Shadow of Chinese Censorship*, pp. 32–33; Hsu, "China's Influence on Taiwan's Media," pp. 526–528. 川上「市場機制下的政治滲透」、一八頁。

(81) 民間全民テレビ番組部の前・幹部（匿名）へのインタビュー（二〇一四年七月一一日）。

(82) 紀淑芳「鄭弘儀被迫辭職內幕大公開」『財訊』四〇一（二〇一二年）、孫曉姿「鄭弘儀跟《大話新聞》說拜拜！」『新新聞』一三二六期（二〇一二年）、鍾年晃『我的大話人生：「大話新聞」停播始末&我所認識的鄭弘儀』台北市：前衛（二〇一二年）、二七、三三～三四、三九、五二、七八頁。

(83) 陳曉宜へのインタビュー（二〇一四年六月二七日）、倪炎元へのインタビュー（二〇一四年七月一六日）、何榮幸へのインタビュー（二〇一四年七月一四日）、蘇正平へのインタビュー（二〇一四年七月二八日）、李志德へのインタビュー（二〇一四年八月一九日）。

(84) 「糾正案文〇〇九教正〇〇二二」『監察院糾正案文』二〇一〇年一一月一一日、「聯合報聘大陸記者、寫置入新聞」『中國時報』二〇一二年一一月一七日、洪耀南等「中國效應如何影響台灣媒體」『通訊傳播實務研究』報告（國家發展研究所、二〇一四年）、一三～一九頁。

(85) 林朝億「福建置入中時、陸官員：發票來了、錢就匯過去」新頭殼（二〇一二年）〈http://newtalk.tw/news/view/2012-03-30/23697〉、李志德『無岸的旅途』（八旗文化、二〇一四年）一一八～一二七頁。

（86）「中時的江山如何淪陷？.」『動腦雜誌』三九二号（二〇〇八年）、五〇～五五頁。Andrew Higgins, "Tycoon Prods Taiwan Closer to China," *The Washington Post* (January 21, 2012).

（87）田習如「『台灣人民變中國人民、沒有降級』、蔡衍明：國台辦有找人買中時、但不是我」『財訊』三三五号（二〇〇九年）。

（88）Hsu, "China's Influence on Taiwan's Media," p. 520.

（89）林倖妃「報告主任、我們買了《中時》」『天下雜誌』四一六号（二〇〇九年）。

（90）陳曉宜へのインタビュー（二〇一四年六月二七日）、蘇正平へのインタビュー（二〇一四年七月二八日）。

（91）Fathom China, "In Profile Subsidies: Public Funds for Private Firms," in *GK Dragonomics Corporate Analysis* (2013); The Economist, "Perverse Advantage," *The Economist* (April 27, 2013).

（92）鍾年晃『我的大話人生：「大話新聞」停播始末&我所認識的鄭弘儀』（前衛、二〇一二年）、六七～七〇頁。

（93）黄哲斌へのインタビュー（二〇一四年六月一六日）、中国時報の前・ベテラン編集者（匿名）へのインタビュー（二〇一四年七月一四日）。

（94）呂東熹へのインタビュー（二〇一四年六月二四日）、倪炎元へのインタビュー（二〇一四年七月一六日）、民間全民テレビ番組部の前・幹部（匿名）へのインタビュー（二〇一四年七月一一日）、三立テレビ新聞部のベテランディレクター（匿名）へのインタビュー（二〇一四年七月三〇日）、馮賢賢へのインタビュー（二〇一四年八月一三日）。

（95）游婉琪へのインタビュー（二〇一四年五月二二日）、中国時報の前・ベテラン編集者（匿名）へのインタビュー（二〇一四年七月一四日）、倪炎元へのインタビュー（二〇一四年七月一六日）。

（96）川上「市場機制下的政治滲透」、一九頁。

（97）Cook, *The Long Shadow of Chinese Censorship*, pp. 25–26. 呂東熹へのインタビュー（二〇一四年六月二四日）、何榮幸へのインタビュー（二〇一四年七月一四日）、胡元輝へのインタビュー（二〇一四年七月二五日）。

（98）張錦華「從 van Dijk 操控論述觀點分析中國大陸省市採購團的新聞置入及報導框架：以台灣四家報紙為例」『中華

傳播學刊』二〇号（二〇一一年）、六五～九三頁。

(99) 張錦華・陳莞欣「從人權報導觀點分析五地十報新疆衝突報導框架」『新聞學研究』一二五（二〇一五年）、一～四七頁。

(100) 張鐵志へのインタビュー（二〇一四年六月二八日）。

(101) 蔡其達へのインタビュー（二〇一四年六月一七日）、王健壯へのインタビュー（二〇一四年七月二四日）。

(102) 三立テレビ新聞部のベテランディレクター（匿名）へのインタビュー（二〇一四年七月三〇日）。

(103) 洪耀南等「中國效應如何影響台灣媒體」、一九～二三頁。

(104) 林惠玲等「拒絕媒體酷斯拉！ＷＨＹ?・十二個Ｑ＆Ａ」國立台灣大學公共政策與法律研究中心（二〇一二年）、四～六頁。

(105) 鍾年晃『我的大話人生』、八一～八四頁。

(106) 陳鴻嘉・蔡蕙如「新聞自由文獻在台灣：書目分析、一九八七～二〇一四」『新聞學研究』一二三号（二〇一五年）、一九三～二三六頁。

(107) 經濟部投資審議委員會「核准僑外投資、陸資來臺投資、國外投資、對中國大陸投資統計月報」毎月号。

(108) Jaw-Nian Huang, "China's Influence on Taiwan's Media: A Model of Transnational Diffusion of Chinese Censorship," in Brian C. H. Fong, Jieh-min Wu, and Andrew J. Nathan（eds.）, *China's Influence and the Centre-periphery Tug of War in Hong Kong, Taiwan and Beyond*（London: Routledge, 2020）.

訳注

〔1〕一九八八年まで続いた新聞の新規発行禁止策などを中心とする報道統制策。

〔2〕この三社による寡占体制は一九九四年まで続いた。

〔3〕一九七九年に高雄市で起きた言論弾圧事件。雑誌『美麗島』主催のデモが発端となった。

〔4〕米国カーネギー・メロン大学の陳文成教授が台湾に帰省中、警備総司令部に呼び出された後に変死した事件。国

民党政権の特務の関与が強く疑われた。

〔5〕広告であることを隠し、中立的報道であるように見せかけた宣伝。

〔6〕馬英九政権期に、中国による台湾の経済的取り込み策の一環として地方政府などによって組織・派遣された、台湾の農産物や工業製品の買い付け団。

解説　精緻な分析を通じた渾身の台湾回収工作の暴露

園田茂人

筆者は二〇一三年からほぼ毎年、東京大学の学生を香港大学に引率し、サマープログラムを運営してきた。そのプログラムの冒頭でお話しいただいてきたのが、二〇年来の友人で、現在香港教育大学に勤務する呂大樂教授なのだが、その呂教授は二〇一七年あたりから「一国二制度を導入する際に予想していなかったことが、今、起きている」と口にするようになった。

香港の「高度な自治」を認める一国二制度が提起された一九七八年時点で、中国大陸に対する香港の経済的優位は明らかだった。中国が香港の制度に介入しないのは、世界経済と繋がった、その経済的価値の高さゆえであり、そうであるからこそ、一国二制度という概念が成り立ちえた。ところが中国の経済力が予想以上に強くなり、中国側の圧力に香港が抗しえなくなってきている。市場経済化した中国が、その経済力を背景に政治的な圧力をかけてくるといった構図は二〇年前の香港返還（一九九七年）時でさえ予想できなかった、というのである。

同様の状況は、中台関係にも当てはまる。国共内戦期を経て、みずから民主化を成し遂げ、中国から離反する動きを見せる台湾に対し、中国はさまざまな攻勢をかけてきている。そしてこうした活動を可能としている条件のひとつに、世界第二の規模となり、アメリカを凌駕しようとしつつある中国の経済力、およびこれによって支えられている軍事力などの「総合国力」の増強があることは間違いない。

万が一軍事的対立が起こり、物量戦になったら、台湾は中国に到底かなわない。人口規模ばかりか経済力でも、台湾は中国に圧倒されているからだ。しかし、台湾併合を無理やりに進めれば、中国は全世界を敵に回してしまいかねない。台湾には言論の自由と結社の自由が認められているから、中国側がアクションを起こしてきた場合、すぐに世界の知るところとなる。そのため、「台湾回収工作」は当然、水面下でおこなわれることになる。みずからの経済力や経済規模をテコに、中国は徐々に自分たちの言うことを聞くよう、さまざまな経路や方法を用いて台湾を懐柔・誘導しようとしているのである。本書はこれを「中国ファクター」（中国因素）と総称している。

本書では、中国側の「手練手管」が詳細に紹介されているばかりか、台湾側がどのように対応しているかについても記述されており、これが本書を読み応えのある本にしている。

もっとも、香港で雨傘運動が起こり、近年の「反送中」運動に繋がったように、台湾でも「太陽花（ひまわり）学生運動」が起こり、これが国民党から民進党への政権交代を引き起こすことになるなど、中国による「台湾回収工作」が順調に進んでいるようには思えない。実際、台湾の若者は、台湾人としてのアイデンティティを強く持つようになっていることもあって、中国側のアクションにきわめて敏感になっており、ときに世界との連帯を探りながら、みずからの言論の自由と民主主義を守ろうとしている。筆者がおこなってきたアジア学生調査でも、台湾では二〇一三年から二〇一八年にかけて対中イメージが悪化しており、日本やフィリピンなど中国との領海問題を抱える国の学生以上に、中国への警戒心が強いとする結果が得られている(1)。

本書の原著にあたる『吊燈裡的巨蟒』（左岸文化出版、二〇一七年）の刊行も、こうした文脈ぬきに、その意義を理解することはできない。何より、本書の刊行自体が中国ファクターへの渾身の反作用であって、台湾で保障されている言論の自由を活かした「台湾回収工作暴露本」的な特徴をもっていることは、本書を読めばすぐわかる。

＊

ところで筆者は、二〇一三年から二年ほど、台湾や韓国の友人とともに「政治的リスクと人の移動――中国大国化をめぐる国際共同研究」と題するプロジェクトを主宰し、その成果を『チャイナ・リスクといかに向きあうか(2)』という本にまとめた経験がある。中国に進出した日本、韓国、台湾の企業が、中国のもつ政治リスクをどの程度意識し、これに対応しているかについて検討を重ねてきたのだが、その際いつも問題になったのが、台湾企業と韓国企業、それにこれらを観察する台湾人研究者と韓国人研究者の、対極的ともいえる対応だった。

台湾人研究者は、絶えず（中央・地方問わず）中国政府による台湾企業の抱き込みを問題にし、その政治的インプリケーションについて問題にしていた。ところが、韓国人研究者はそうした論点にまったく関心を示さなかった。韓国企業も政治的リスクを意識することなく積極的に地方政府とのコネを作り、ビジネスチャンスを得ようとしてきた。韓国の企業や研究者にとっては、中国は抱き込みの対象であって、自分が抱き込まれることになるとは思っていなかったのだ。そのため、中国とのビジネス関係の構築が、みずからの政治的な自律性の喪失に繋がりかねないとする台湾人研究者の指摘は、韓国人研究者にほとんど通じていなかった。

ところが、本が出版されて一年たった二〇一六年に在韓米軍にＴＨＡＡＤ（終末高高度防衛）ミサイルを配置することが決まると、中国側が強烈に批判し、韓国への制裁措置を取るに至る。この制裁措置によって干上がった韓国企業や韓国人ビジネスマンを見て、韓国人研究者は中国とのビジネス関係がもつ政治的リスクを認識するようになったという。さすがに政治的な自立性の喪失が引き起こされるとまでは認識されていないが、大きな中国市場へのアクセス権をテコに強硬姿勢を示した中国に、強い違和感を抱いたのは間違いない。

同種の「覚醒」現象は世界各地で起こりはじめている。

中国政府が孔子学院や華人系移民、中国人留学生を通じて現地の情報操作、世論誘導をしているとし、こうした動きを「シャープパワー」として警戒する向きが強くなっている。シャープパワーという言葉は、一般に二〇一七年後半から使われるようになり、人口に膾炙するようになったとされる。とくにオーストラリアでは、二〇一八年にクライブ・ハミルトンが『目に見えぬ侵略――中国のオーストラリア支配計画[3]』を出版してからというもの、シャープパワーをめぐる議論がかまびすしいが、中国政府のこうした動きが各国で議論されるようになったのは、本書の原著が発行されてからのことである。

＊

本書は、原著の編者の一人である畏友・呉介民と、原著では一著者にすぎなかった川上桃子が共同編集した、日台合作の成果である。

呉は、筆者の「政治的リスクと人の移動」プロジェクトに参加してくれたときからキレキレだった。二〇一八年一一月の台湾社会学会年次大会で彼の報告を聴く機会があったが、多くの若い聴衆が彼を取り囲み、さながら中国ファクターと対峙する闘士といった雰囲気を醸し出していた。こうした彼の直情的な性格も災いしてか、呉が香港への入国を拒否されるようになったという噂を耳にしたことがある。

他方、東アジアの生産分業体制を研究していた経済学畑の川上が本書の趣旨に合った原稿を書いていたというだけでも驚きだが、その日本語版の刊行にも多大なエネルギーを注いだのは、台湾の置かれた複雑な事情を日本人読者に理解してもらいたいという、地域研究者の「本能」に駆られてのことだろう。しかも、各章の著者に新たに加筆してもらい、原著から独立した日本語版とでもいうべき内容にしているのだから恐れ入る。

ちなみに原著の書名である『吊燈裡的巨蟒』は"Anaconda in the Chandelier"の中国語訳だが、これはプリンストン大学のペリー・リンク教授が二〇〇二年の『ニューヨーク・レヴュー・オブ・ブックス』に寄稿した文章で用いたタイトルである。[4] シャンデリアに巻き付いたアナコンダとは、アナコンダ（中国の暗喩）は何もしないのに、周囲が勝手に恐れをなし、自己検閲をしてしまうメカニズムを表現したものだが、日本では、このリンク教授の文章が知られていないこともあって、別の書名となったようだ。

ともあれ、多大なコストが払われた本書の日本での刊行を喜びたいと思う。

注記

（1）園田茂人『アジアの国民感情』（中央公論新社、二〇二〇年）、一〇四〜一〇七頁。

（2）園田茂人・蕭新煌編『チャイナ・リスクといかに向きあうか——日韓台の企業の挑戦』（東京大学出版会、二〇一六年）。

（3）Clive Hamilton, *Silent Invasion: China's influence in Australia*（London: Hardie Grant Books, 2018）（山岡鉄秀監訳／奥山真司訳『目に見えぬ侵略——中国のオーストラリア支配計画』飛鳥新社、二〇二〇年）.

（4）Perry Link, "China: The Anaconda in the Chandelier," *The New York Review of Books*（April 11, 2002）〈https://www.nybooks.com/articles/2002/04/11/china-the-anaconda-in-the-chandelier/〉.

監訳者あとがき

本書は、呉介民・蔡宏政・鄭祖邦編『吊燈裡的巨蟒：中國因素作用力與反作用力』（左岸文化、二〇一七年）所収の一三篇の論考のなかから七篇を選び、大幅な再構成と加筆修正をおこなったうえで訳出したものである。刊行にあたっては、原著が出版された二〇一七年以降の動きも可能な限り取り込み、内容のアップデートをおこなった。また、各章の著者の協力を得て、日本の読者向けに必要な説明を盛り込むよう努めた。そのため、原著の「日本語版」というよりは、日本の読者向けに新たに編集・訳出した「日本版」としての位置づけを持つ訳書となっている。

私は二〇一二〜一三年に、アジア経済研究所の海外研究員として、台湾の中央研究院社会学研究所で一年半の在外研究をおこなう機会を得た。このときの私の研究テーマは、「後発工業国企業によるイノベーションのメカニズム」であり、新竹・桃園周辺のエレクトロニクスメーカーや半導体関連企業を訪問するほかは、台北郊外に位置する緑豊かな中央研究院のキャンパスにある社会学研究所の研究室で、文献を読んだり、インタビュー記録を整理したりする日々を送っていた。

折しもこの時期の台湾では、経済関係の深まりを介した中国の政治的影響力の浸透が急速に進みつつあった。二〇一二年の総統選挙では、中国政府が中国で事業を営む「台商」たちに航空券の補助をおこなって帰台投票を促し、著名な「台商」らが代わる代わる国民党支持を訴えて、馬英九の再選を後押しした（本書第一章）。また、親中派の台湾人企業家によるマスメディアの買収を通じて、台湾における中国報道にゆがみが生じ、社会問題となっていた（同七章）。

このような、軍事的・外交的な圧力行使とは異なる間接的な経路を通じた中国の影響力の浸透を、「中国ファクター」（中国因素）という枠組みでとらえ、その背後にあるメカニズムを鮮やかに描き出したのが、本書の共編者である政治社会学者の呉介民である。鋭い知性と温かな人柄をあわせもつ呉の周りには、多くの研究者や学生らが世代を超えて集まっており、呉らが在籍する社会学研究所は、中国の政治的影響力が台湾社会の民主主義と自由に及ぼす影響を学術的な視点からとらえようとする研究者らが、活発な議論を繰り広げる討議の場となっていた。この時期に社会学研究所に在籍していた私は、期せずして、台湾における「中国ファクター」論の誕生に立ち会うことになったのである。

本書の原著である『吊燈裡的巨蟒』は、呉介民、蔡宏政、鄭祖邦が組織したワークショップを出発点として刊行された。この本は、台湾における「中国ファクター」研究の代表的成果として大きな反響を呼び、人口約二三〇〇万人の台湾において、累積部数は三〇〇〇部強にのぼったという。私も、呉らの協力を得ておこなった調査をもとに執筆した論考「台湾マスメディアにおける中国の影響力の浸透メカニズム」（『日本台湾学会報』第一七号、二〇一五年）の中文版を寄稿した。

二〇一八年半ばに、呉介民から同書の日本語版の出版について相談を受けたとき、私はその作業が相当に困難なものとなるであろうことを予感しつつ、即座に「やりましょう」と返答した。台湾が直面する困難と、それに対する台湾社会の「反作用」の粘り強くしなやかなさまを日本に紹介することに、強いやりがいを感じたからである。それはまた、長年にわたって台湾をフィールドとしてきた日本人研究者としての私の責務であるとも思われた。

とはいえ、本書の刊行は予想以上の難産であった。台湾の人びとに向けて書かれた各章の議論を日本の読者向けに「ひらく」作業は容易ではなく、多くの方の助力をえて、ようやく出版にこぎつけることができた。

原著を編集した左岸出版の黄秀如さんには、各章の再構成と圧縮、加筆修正をしていただいた。翻訳者の津村あおいさんには、黄さんが編集した原稿を読みやすい日本語に訳出していただいた。これを受けて私が監訳と編集をおこない、各章の著者と相談しながら、日本の読者向けに必要な加筆修正と再構成をおこなった。原著の誤りの修正とデータのアップデートも、可能な範囲でおこなった。

松金公正さん（宇都宮大学）、山﨑直也さん（帝京大学）には、それぞれ民間宗教に関わる専門用語、台湾の教育制度と教科書制度の日本語訳についてご教示いただいた。ただし、本書の翻訳にありうる誤りはすべて、私の責任である。

鐘寧さんには、各章著者とのやりとりにご協力いただいたほか、編集作業を的確にサポートしていただいた。林政宇さんには、各章著者との調整、資料の収集などでお世話になった。また、日本語への翻訳に際しては、中華民国大陸委員会からの助成を得た。園田茂人先生には、本書の意義を東アジアの分脈に即して解説していただいた。

編集者の勝康裕さんには、本書の企画の段階から刊行にいたるまで伴走していただいた。とかく作業の滞りがちな私を勝さんが厳しく叱咤激励してくださらなければ、本書の刊行にはさらに時間を要したことであろう。また、白水社の竹園公一朗さんは、本書刊行の意義をご理解くださり、出版への道を開いていただいた。心より御礼申し上げる。

本書の編集・翻訳作業は、二〇一八年ごろから表面化した米中対立とその深まり、二〇一九年以降の香港情勢の緊迫化、そして二〇二〇年に発生し、いまなお見通しのきかない新型コロナウイルス感染症拡大の世界的な広がりのなかでおこなわれた。これらはいずれも、東アジアと世界の国際秩序を大きく変える重大なできごとである。本書が論じた「中国ファクター」のありようも、当然、これらの変化から多大な影響を受けつつある。

しかし、台湾と東アジアの「これから」を見通すうえでは、その「これまで」についての理解こそがもっとも重要な手がかりとなるはずだ。本書が、中国と台湾のあいだの作用と反作用のダイナミズムの「これから」、そして台湾社会の「これから」を考えるうえでの糸口となれば、望外の喜びである。

二〇二一年五月

監訳者　川上桃子

*

著訳者紹介

編　者

川上桃子（第 1 章）
1968 年生まれ。博士（東京大学）。現在，アジア経済研究所地域研究センター長。専門は台湾を中心とする東アジアの産業発展，台湾研究。主な著作に，「『恵台政策』のポリティカル・エコノミー」川上桃子・松本はる香編『中台関係のダイナミズムと台湾』（アジア経済研究所，2019 年），「『問題解決型コア部品』ベンダーとしての台湾企業の興隆過程と知識の獲得」『アジア経済』第 59 巻第 4 号（2018 年），『圧縮された産業発展――台湾ノートパソコン企業の成長メカニズム』（名古屋大学出版会，2012 年）がある。

呉介民（第 1 章）
1962 年生まれ。博士（コロンビア大学）。現在，中央研究院社会学研究所研究員。専門は政治社会学，政治経済学，社会運動論。主な著作に，Brian Fong, Wu Jieh-min, and Andrew Nathan（eds.）, *China's Influence in the Centre-Periphery Tug of War in Hong Kong, Taiwan and Indo-Pacific*（New York: Routledge, 2021），『尋租中國：台商，廣東模式與全球資本主義』（国立台湾大学出版中心，2019 年），「政治ゲームとしてのビジネス――台湾企業の政治的役割をめぐって」園田茂人・蕭新煌編『チャイナ・リスクといかに向きあうか――日韓台の企業の挑戦』（東京大学出版会，2016 年）がある。

著　者（執筆順）

蔡宏政（第 2 章）
1966 年生まれ。博士（ニューヨーク州立大学ビンガムトン校）。現在，国立中山大学教授。専門は世界システム論，東アジア地域研究。主な著作に，「中國社會福利體制階層化的政治經濟學根源」『台灣社會學刊』第 50 期（2012 年）がある。

イアン・ローウェン Ian Rowen（第 3 章）
1979 年生まれ。博士（コロラド大学ボルダー校）。現在，シンガポール南洋理工大学准教授。専門は観光地理学，社会運動論，台湾研究。主な著作に，*Transitions in Taiwan: Stories of the White Terror*（New York: Cambria Press, 2021）; “The geopolitics of tourism: Mobilities, territory and protest in China, Taiwan, and Hong Kong,” *Annals of the American Association of Geographers*, 106（2）（February 2016）がある。

古明君（第 4 章）
1968 年生まれ。博士（ニュー・スクール・フォー・ソーシャル・リサーチ）。現在，国立清華大学副教授。専門は文化社会学，中国研究。主な著作に，“Local Strategies of Engaging the State: The Cultural Legitimization and Heritagization of Mazu Belief,” in Szu-chien Hsu, Kellee S. Tsai and Chun-chih Chang（eds.）, *Evolutionary Governance in China: State-Society Relations under Authoritarianism*（Cambridge, MA.: Harvard University Press, 2021）がある。

洪瑩發（第 4 章）
1977 年生まれ。博士（国立東華大学）。現在，国立政治大学博士級研究人員。専門は華人民間信仰，台湾の民俗，地方社会・空間研究。主な著作に，『代天宣化：臺灣王爺信仰與傳說』（博揚文化出版，2017 年），『解讀大甲媽：戰後大甲媽祖的信仰的發展』（蘭臺，2010 年）がある。

黄健群（第 5 章）
1975 年生まれ。博士（国立政治大学）。現在，全国工業総会大陸事務組組長，文化大学兼任助理教授。専門は中国研究，政治経済学，国際関係論。

鄭祖邦（第 6 章）
1973 年生まれ。博士（国立政治大学）。現在，仏光大学副教授。専門は政治社会学，マックス・ヴェーバー研究。主な著作に，「在中國因素下香港本土意識的分歧與整合：2003 至 2016 年」『台灣社會學』第 38 期（2019 年）がある。

黄兆年（第 7 章）
1984 年生まれ。博士（カリフォルニア大学リバーサイド校）。現在，国立政治大学助理教授。専門は政治経済学，メディア政治。主な著作に，*The Political Economy of Press Freedom: The Paradox of Taiwan versus China*（London: Routledge, 2019）がある。

園田茂人（解説）
1961 年生まれ。現在，東京大学東洋文化研究所教授。専門は比較社会学，アジア文化変容論，中国社会論。主な著作に，『アジアの国民感情――データが明かす人々の対外認識』（中公新書，2020 年），『中国人の心理と行動』（NHK ブックス，2001 年），『日本企業アジアへ』（有斐閣，2001 年）がある。

訳　者

津村あおい
早稲田大学政治経済学部卒。台湾経済ニュースの日本語翻訳をはじめ，台湾外交部（外務省）などで政府機関の国際広報物や報道発表資料の翻訳などを手がける。訳書に『蔡英文 新時代の台湾へ』（共訳，白水社，2016 年）などがある。

人名・事項索引

［マ　行］

中国《チャイナ》ファクターの政治社会学
台湾への影響力の浸透

二〇二二年六月五日　印刷
二〇二二年六月二五日　発行

編者 © 川上桃子
　　　 呉介民
監訳者 © 川上桃子
訳者 © 津村あい
編集 勝康裕
装幀 コバヤシタケシ
発行者 及川直志
印刷所 株式会社理想社
発行所 株式会社白水社

東京都千代田区神田小川町三の二四
電話 営業部〇三（三二九一）七八一一
　　 編集部〇三（三二九一）七八二一
振替 〇〇一九〇-五-三三二二八
郵便番号 一〇一-〇〇五二
www.hakusuisha.co.jp

乱丁・落丁本は、送料小社負担にてお取り替えいたします。

誠製本株式会社

ISBN978-4-560-09852-3
Printed in Japan

マオとミカド

日中関係史の中の「天皇」

城山英巳

「支那通」からチャイナスクールまで、帝国陸軍から自民党・共産党まで、蔣介石や毛沢東と渡り合い、大陸を暗躍した人々の群像。

彭明敏

蔣介石と闘った台湾人

近藤伸二

李登輝と同時代を生き、民主化運動のシンボルと言われた人物の波瀾万丈の人生を貴重な証言と史料で再現したノンフィクション。

台湾海峡一九四九

龍應台／天野健太郎 訳

時代に翻弄され、痛みを抱えながら暮らしてきた「外省人」と台湾人。〝敗北者たち〟の声に真摯に耳を傾け、一九四九年を見つめ直す。